双一流视野下
研究生创新能力
培养与评价

基于SEM的研究

主　编/马　燕　兰晓红
副主编/范文翔　张莉莉
胡慧丽　韩淑珍
杨揄娟　郭惠芬
汪爱珠

西南师範大學出版社
国家一级出版社　全国百佳图书出版单位

图书在版编目（CIP）数据

双一流视野下研究生创新能力培养与评价：基于SEM的研究 / 马燕，兰晓红主编. — 重庆：西南师范大学出版社，2021.1
ISBN 978-7-5697-0530-0

Ⅰ. ①双… Ⅱ. ①马…②兰… Ⅲ. ①研究生-创造能力-能力培养-研究 Ⅳ. ①G643.0

中国版本图书馆CIP数据核字（2021）第009344号

双一流视野下研究生创新能力培养与评价

基于SEM的研究

SHUANGYILIU SHIYE XIA YANJIUSHENG CHUANGXIN NENGLI PEIYANG YU PINGJIA
JIYU SEM DE YANJIU

马　燕　兰晓红　主编

责任编辑：张浩宇
责任校对：杜珍辉
封面设计：闰江文化
排　　版：张　祥
出版发行：西南师范大学出版社
　　网　址：http://www.xscbs.com
　　地　址：重庆市北碚区天生路2号
　　邮　编：400715
　　电　话：023-68868624
经　　销：全国新华书店
印　　刷：重庆邮政印务有限公司
幅面尺寸：185 mm × 260 mm
印　　张：15.75
字　　数：350千字
版　　次：2021年6月　第1版
印　　次：2021年6月　第1次印刷
书　　号：ISBN 978-7-5697-0530-0

定　　价：68.00元

前　言
PREFACE

随着我国经济的发展、改革的深化及高等教育的快速发展，社会对高层次复合型人才的需求不断增大的同时，对人才综合素质和创新能力的要求也不断提高。高校对于研究生的培养工作肩负着新的历史使命，即研究生阶段应该培养的不仅是符合传统目标要求，更应培养具有创新精神、创新意识和创新能力的高级专门人才。教育部在《面向21世纪教育振兴行动计划》中提出：瞄准国家创新体系的目标，培养、造就一批高水平的具有创新能力的人才。研究生的创新能力是研究生培养质量的重要体现，也是科学研究和社会经济发展对研究生培养的必然要求。加强研究生创新能力培养，不断提高研究生的培养质量，成为当今提升高校研究生教育内涵发展的当务之急。因此，构建研究生创新能力培养与评价体系，有利于指导我国高校开展研究生的教育教学改革实践，转变以知识教育为主的传统观念，建立以人为本的人才培养模式，从而实现高校研究生培养的转型发展。

本书以我们研究团队长期从事研究生创新能力研究项目和课题为基础，遵循科学研究的规范，明确研究过程，试图从基于结构方程模型SEM的实证研究为切入点，研究研究生的创新能力培养与评价，展示一条新的开展研究生创新能力培养和评价路径。本书既可作为研究生教材，也可作为研究者在从事相关研究生教育研究的资料。由于书中后部分涉及丰富的调研数据及评价模型，因此也可为教育专业的师生在教授或学习教育评价类课程时提供参考。

全书分为两大篇：第一篇，理论探究，介绍研究生创新教育的发展历程，国际形势，研究生创新能力的基础理论，重点讨论我国研究生创新教育的现状与问题，探讨研究生创新能力培养和提升体系的构建，然后探讨研究生创新教育的保障机制的构建，以及结构方程模型理论基础；第二篇，践行运作，该篇以我们研究团队真实的研究数据为基础，详尽地从研究生Seminar课程模式、研究生创新创业教育、研究生科研创新能力、研究生科研绩效四个方位展开调研，了解现状，从而构建其评价指标体系。

本书的特点之一是研究内容详实完整。本书遵循规范、科学的研究范式和流程，将详实的研究工作记录归类、整合为丰富的书本内容，本书的内容涉及完整的研究历程，从研究生创新教育的古往今来到实证研究案例，让师生了解创新教育的来龙去脉，了解研究生创新能力培养的现状及评价体系。

本书的特点之二是研究方法独特新颖。本书以实证研究为基础，引入SEM（结构方程模型，Structural Equation Modeling）实证研究方法，以系统层级的视角探索影响高校研究生创新能力的因素及其之间的复杂关系，有利于进一步丰富高校研究生创新能力影响因素的分析方法。为研究生创新能力的培养与评价提供了新思路。

本书的特点之三是实践数据鲜活丰富。本书中的数据均来自于我们团队的真实研究课题和研究项目，这些鲜活的调研数据，涉及研究生创新教育的多个方面，极大地丰富了研究生创新教育的内容，从而使得本书具备较强的科学性和可读性。

本书的作者从事研究生教育工作20余载，依托教育部人文社科规划基金项目、重庆市研究生教育教学改革研究重大项目和重庆市教育科学“十三五”规划重点项目等项目的支持，产生了一批有一定应用价值的研究成果，这些鲜活的、富有生命力的研究经验与研究成果，成为研究生创新教育研究性教材编写的基石。

本书的编写工作得到了重庆市教委、重庆市学位办、重庆市学位与研究生教育学会等上级部门的大力支持，从2015年至今，课题组通过获得的重庆市研究生教育教学改革重大项目：重庆市研究生创新创业实践教育研究（编号：YJG151007）、大数据背景下基于SEM的研究生科研绩效评价研究（编号：YJG181008）等项目的支持，持续开展研究生科研创新的研究与实践，在此表示衷心感谢。在本书的编写过程中，尤其感谢我们研究团队所有成员的辛劳付出，正是大家无私的奉献，才有今天丰富的研究成果；正是大家积极的参与，此书才能很快和大家见面。

编者

2020年6月

目　录

CONTENTS

理论探究篇 ……………………………………………1

第1章　研究生创新教育的发展历程 ……………………………3

1.1 研究生培养模式改革与发展 ……………………………3

1.2 研究生创新教育国际交流与合作 ……………………12

1.3 研究生创新教育培养的实施路径 ……………………15

第2章　研究生创新能力培养的国际经验借鉴 ……………………25

2.1 国外研究生创新能力的培养 ……………………………25

2.2 我国研究生创新能力培养现状与存在的问题 ……………38

2.3 对我国研究生创新教育的启示与建议 ……………………40

第3章　研究生创新能力培养的理论基础 ……………………47

3.1 创新理论 …………………………………………………47

3.2 创新能力概念 ……………………………………………49

3.3 研究生创新能力提升的基本要素 ………………………53

第4章　研究生创新能力培养体系构建 ……………………57

4.1 研究生创新教育理念与创新教育目标 ……………………58

4.2 研究生创新能力培养的课程体系构建 ……………………60

4.3 研究生创新实践体系构建 ………………………………69

4.4 研究生创新教育保障机制构建 …………………………78

第5章　结构方程模型(SEM)理论基础 ······89
5.1 总论 ······89
5.2 结构方程模型的发展历程 ······90
5.3 结构方程模型的简介 ······91
5.4 使用SEM的原因 ······92
5.5 SEM主要建模方法 ······94
5.6 结构方程模型基本步骤 ······97
5.7 SEM的基本思想和方法 ······97
5.8 SEM协方差 ······105
5.9 分段SEM ······106

践行运作篇 ······109

第6章　研究生Seminar课程模式教学效果评价体系构建 ······111
6.1 基本理论概述 ······111
6.2 基于SEM的实证研究 ······117
6.3 模型的检验与改良 ······131
6.4 模型的解读与研究结论 ······134

第7章　研究生创新创业教育调研与评价体系构建 ······139
7.1 创新创业概述 ······139
7.2 基于SEM的调查分析 ······141
7.3 研究生创新创业教育评价模型的构建 ······145
7.4 研究生创新创业教育问题分析与思考 ······155

第8章　研究生科研创新能力调研与评价体系构建 ······161
8.1 研究生科研创新能力培养价值 ······161
8.2 教育评价与科研创新能力内涵与实践联系 ······166
8.3 研究生科研创新能力评价指标体系构建 ······169
8.4 科研创新能力评价SEM实证分析 ······173
8.5 研究生科研创新能力的提升策略 ······187

第9章　研究生科研绩效调研与评价体系构建 ······191

9.1 科研绩效概述 ······191

9.2 研究生科研绩效评价指标体系构建 ······199

9.3 基于SEM的研究生科研绩效影响因素实证分析 ······217

9.4 研究生科研绩效水平的提升策略 ······232

参考文献 ······237

理论探究篇

研究生教育是我国教育结构中最高层次的教育，肩负着为国家现代化建设培养高素质、高层次和创造性人才的重任，是增强我国综合国力和国际竞争力的重要支撑力量。研究生教育的根本任务是要培养高素质的创新人才，创新应该是研究生教育的核心，创新能力是研究生培养质量的衡量标准，这就决定了研究生教育中“创新教育”的必然性。

本篇共有五章，从研究生创新教育的发展历程、研究生创新能力培养的国际经验借鉴、研究生创新能力培养的理论基础、研究生创新能力培养体系构建和结构方程模型（SEM）理论基础五个维度，论述研究生创新能力培养的可能性、现实性及紧迫性。

第1章

研究生创新教育的发展历程

1.1 研究生培养模式改革与发展

“研究生培养模式是人才培养模式的一种特殊体现，它主要是按照社会对高层次人才的需求，为研究生构建的知识、能力、素质以及实现这种结构的总体运行方式。”它所研究的内容是如何将研究生培养过程中所涉及的各个因素进行最佳结合与构成。研究生培养模式直接影响着研究生教育的质量。但研究生培养模式作为一种“形式”的存在，无论培养期间会发生怎样的改变，它终究是要服务于其本质内容。研究生教育的目的是研究生培养模式确立的根本依据，同时也是研究生培养模式的归宿。

改革开放40余年，经过不断探索与创新日渐形成了具有中国特色的研究生培养模式，主要经历了以下几方面的改革：培养类别从单一的学术型培养逐步转变为学术型、专业型两者并重，实施分类培养；课程设置从以二级学科为依据转变为以一级学科为平台；随着研究生规模的增长，导师指导方式从最初的“一带一”师徒制模式，转向“一带多”的多种指导方式并存，强调“双师型”联合培养模式；研究生创新基地、研究生实践基地、研究生暑期学校、研究生论坛、研究生学术活动月等教育创新计划项目逐步出台并日渐完善，成为变革研究生培养模式改革、推动研究生自主创新的重要平台。

1.1.1 研究生培养模式的演变

1978年，教育部发出《关于高等学校1978年研究生招生工作安排意见》，决定将1977年与1978年研究生的招收工作合并进行，统称为1978年研究生，当年全国共录取研究生1.07万人，至2018年，全国共录取研究生85.8万人，增加80余倍。同时，为满足国家战略发展需求，硕士研究生从最初的纯学术型、补充师资的培养模式，历经应用型人才、联合培养、专业学位、创新型人才、分类培养等改革与发展，为中国经济与社会发展提供了必要的人才支持。

1.依据二级学科，实行纯学术的培养模式

1978年，中国开始恢复研究生招生，但并未区分硕士、博士，而是统称为研究生，以学习年限为依据，划分为二年制、三年制和四年制研究生三种，其中前两者是中国硕士研究生的雏形。当时，国家各项事业处于恢复阶段，硕士研究生教育以培养高等学校师资和科学研究人才为主要目标，培养具有社会主义觉悟，具有系统而坚实的基础理论、专业知识和科学实验的技能，至少熟练掌握一门外语，身体健康，能够独立进行科学研究工作的科学技术和马列主义理论研究人才。研究生毕业后主要从事科学研究工作或担任高等学校教师，这一纯学术、单一的培养目标与当时恢复高考后国家缺乏此类人才相联系。这个时期的培养模式是以课程学习为主，但由于师资、生源等差异，所采取的指导方式也有所不同。有的采取单一导师指导，由导师决定所学课程，比如中国“第一号”博士马中骐在攻读硕士研究生之前已有其他课程的学习基础，研究生期间只需学习英文和微分几何两门课，其余时间从事科研工作。有的采取导师指导小组集体指导的形式，如大连理工大学在1978年招收了9个专业共108个学生，工程力学研究所（当时学校力学专业分系和所，系招收本科生，所招收研究生）的工程力学专业34人，编成一个班，导师组由钱令希、唐立民、钟万勰三位教师领衔，统一上课，集体培养。同时这个时期也很注重研究生的国际交流与联合培养。1978年，中国在研究生教育上确立了“重点突出、统筹兼顾、保证质量、力争多派”的国家公派留学生选派原则，制定了3000人的派遣计划，派出人员有进修生、研究生和部分本科生。1979年，邓小平访问美国并签订中美互派留学生协议，确立了改革开放初期研究生国际教育以留学教育为主的思想，奠定了中外联合培养研究生的基础。

随着学位条例制度的确立，研究生培养开始走向规范，校际，学科间开始相互交流、集思广益，培养过程逐步规范。1980年，《中华人民共和国学位条例》（以下简称《学位条例》）经第五届全国人民代表大会审核通过，将中国高等教育层次结构划分为学士、硕士和博士三个等级，对培养对象、培养目标、课程要求、论文标准、导师资格及遴选制度给出了具体规定，为研究生培养的规范化提供了法理依据。同年，很多学校开始对改革开放时期入学的第一届研究生(在校的二年级研究生)提出完成学位论文的要求,如大连理工大学当时的工程力学研究所第一批研究生,34人起初都不分研究方向,《学位条例》审核通过后,学校要求他们完成学位论文,并将他们安排到5个研究室(结构分析和优化、有限元理论和应用、弹塑性理论、流体力学和实验力学),由研究室的老师确定论文题目,安排指导教师。1981年《学位条例》正式实施后,大连理工大学对第一批的100名研究生进行学位论文公开答辩,成为中国实施学位制度后的首批硕士学位获得者。同年5月,《中华人民共和国学位条例暂行实施办法》(简称《实施办法》)正式实施,标志着中国研究生人才培养制度的初建。这个时期的硕士研究生培养对象,不仅面向优秀本科应届毕业生,也面向在职人员。这个时期的招生培养方式是国内与国外攻读相结合。《实施办法》明确了硕士学位的考试课程和论文标准:课程包括马克思主义理论课、一门外国语和三至四门基础理论课、专业课。学位论文对所研究的课题应当有新的见解,表明作者具有从事科学研究工作或独立担负专门技术工作的能力,确立了科研与课程在硕士研究生培养中并重的模式。硕士生指导教师遴选的具体标准和实施办法一直由学位授予单位自行拟定,延续至今。标准中规定了每个招收硕士生的学科、专业须在指导力量、研究工作和物质条件等方面具备条件,须由学术水平较高且在教学或研究工作中有成绩、目前仍从事科学研究的教授、副教授(研究员、副研究员或相当职称的人员)担任指导教师。1981年11月,国务院批准首批硕士学位授权单位358个,拥有硕士学位的学科、专业点3185个,当年硕士的招生录取数为9600人,硕士在校生为32200人,每个单位平均90人,每个专业平均10人。

经过几年的发展,讨论与制定硕士研究生培养方案受到各单位的关注,并开始初期探索。1982年,教育部委托华东化工学院、复旦大学等邀请有关学科的专家进行培养方案的集中研讨,会后下发了《教育部部属高等学校化工流体力学与传热、传质与分离工程、化学反应工程三个专业攻读硕士学位研究生培养方案》《教育部部属高等学校理论物理、固体物理专业攻读硕士学位研究生培养方案》《关于印发教育部、农牧渔业部部属高等学校研究生培养工作经验交流会纪要的通知》等文件。

这一时期,随着中国学科目录设置得以确定,培养单位开始按二级学科培养方案尝试培养硕士研究生。1983年,国务院学位委员会第四次会议审议通过《高等学校和科研机构授予博士和硕士学位的学科、专业目录(试行草案)》,共设置了63个一级学科,638个二级学科,促进了硕士研究生培养的规范化。但因各培养单位均处在研究生培养的探索时期,所以在硕士学位课程建设上出现了学位课程局限于具体的研究方向、学位课程制定不够合理等问题。为解决这些问题,各培养单位开始加强交流。成立于1981年的“教育部直属综合大学研究生教育管理研究会”(中国学位与研究生教育学会文理科工作委员会的前身),曾举办多届学术研讨年会,交流探索研究生招生、培养工作，推动了研究生培养共识的形成及管理的规范化，各培养单位纷纷开始完善学位课程。1985年，西安交通大学提出按照二级学科建立硕士学位课程的构想，要求每个硕士研究生招生学校严格按照各专业的学位课程确定培养计划。

2.试点推行应用型人才培养模式和联合培养模式

随着社会对于高层次工程领域人才需求的增长，工程硕士人才培养开始试点。1984年，西安交通大学邀请清华大学等11所高等工科院校，在西安召开培养工程类型硕士学位研究生研讨会。会上各校纷纷阐述本校对培养工程类型硕士学位研究生的设想和方案，会后向教育部提出了《关于培养工程类型硕士生的建议》，教育部转发了此建议，并同意在11所高等工科院校开展工程类型硕士生培养的试点工作。由此，中国硕士研究生培养目标突破了单一的学术型人才培养模式，开启了应用型人才培养的尝试。同年，为提高研究生在实践过程中的应用能力，部分高校和科研院所尝试联合培养硕士研究生。复旦大学、浙江大学与上海光学精密机械研究所正式联合培养研究生，成立联合指导小组，开展联合招生、联合制订和实施培养计划、共同编写研究生教材、进行论文答辩与学位评定等，其中一年半的课程学习主要由复旦大学、浙江大学负责，在二年级第一学期期末，双方老师根据联合培养研究生的学习情况与所在学校的实验条件，逐个讨论研究生的论文选题。1986年，国家教育委员会《关于改进和加强研究生工作的通知》明确提出，在每个层次特别注重应用型学科研究生的培养，标志着硕士研究生培养模式从传统学术型向学术型、应用型并重的模式转变。

随着在职人员攻读硕士研究生学位的人数日益增加，研究生培养模式又进行了双导师联合培养的改革尝试。1987年，国家教育委员会明确指出，在职人员被录取为委托培养研究生后，由招生单位的指导教师和有关单位具有高级技术职务并符合硕士生指导教师条件的专家合作指导，开了硕士研究生培养中双导师联合培养的先河。

硕士研究生教育从恢复到发展的这10余年，初步缓解了中国高端专门人才青黄不接的局面。此后，高端人才培养的领域也逐步进行了调整与优化，以更加符合这一时期国家建设的需要。1988年，国家教育委员会发文，提出要加强和改革高等文科教育，并提出要改革农科类研究生教育。1989年，国家教委发布《关于加强培养工程类型工学硕士研究生工作的通知》指出：高等学校和科研机构人才紧缺的状况已得到缓解，而厂矿企业、工程建设等单位高级专门人才数量不足，要面向厂矿企业、工程建设等单位，培养工程类型的工学硕士研究生，这是高等学校研究生培养工作中的一项重要任务和变革。按照新的培养类型，各工科院校从培养目标、招生对象、培养方法、教学要求、论文标准等方面重新设定，制定了专门的培养方案。虽然没有在制度上进行突破，但意义重大，加快了培养高层次应用型人才的步伐，对于后来培养专业学位硕士研究生起到了很好的示范作用。这个时期，国家鼓励厂矿企业、工程建设等单位与高等学校密切配合，提供科研课题、经费和必要的工作条件支持研究生联合培养，这是“产学研联合培养”的起源。理工类高校按照文件精神，以培养校所学术科研力量及工程应用高级人才为主要任务，积极开展产学研联合培养，构建了中国研究生联合培养初期的规章制度。之后，“产学研联合开发工程”正式启动，虽主要是面向经济领域，但也在提高研究生科教水平方面起到了助推作用。中国科学院、清华大学、复旦大学等单位与技术创新试点企业密切合作，为企业定向培养研究生初步探索了产学研联合培养研究生的机制和制度，提高了研究生的技术水平和实践能力。

3.开设专业学位，加快在职人员的培养

20世纪90年代前后，中国专业学位研究生教育开始起步，标志着研究生人才培养类型从传统单一学术型向学术型、应用型的多元化模式转变。1989年，国务院学位办发文提出设立培养中国式MBA研究小组，试行专业学位硕士研究生的培养。1990年，国务院学位委员会通过《关于设置和试办工商管理硕士学位的几点意见》，标志着中国第一个专业学位的确立。1992年，受国务院学位委员会办公室和国家教委研究生工作办公室的委托，工商管理硕士协作组召开了研讨小组会议，会议制定中国培养工商管理硕士学位研究生的参考性培养方案——《工商管理硕士生培养管理的若干规定(征求意见稿)》。同年，国务院学位委员会批准了黄达等学位委员提出的“按专业授予专业学位证书”的建议，按专业学位本身而不是学科门类授予学位，这是《学位条例》中学位授予方式的重要变革，突破了在原有的学科类型下加括号标注人才培养规格的方式。

此外1990年中国颁发了新的《高等学校和科研机构授予博士、硕士学位的学科、专业目录》。在新学科目录的指导下，部分高校如哈尔滨工业大学组织了硕士研究生培养方案的修订，优化学科结构和研究方向，拓宽了二级学科内涵。1997年，国务院学位委员会颁布了新的《高等学校和科研机构授予博士、硕士学位的学科、专业目录》，后续微调了硕士研究生课程设置，可按一级学科范围内相关的二级学科进行拓宽，要体现二级学科本身的特征和学科应有的知识结构，奠定了硕士研究生按一级学科培养的基础。部分培养单位开始按一级学科培养硕士研究生，如哈尔滨工业大学的计算机科学与工程硕士培养方案。

1997—2008年，面向在职人员的专业学位培养方式得到了快速发展，到2008年专业学位类别19个，各专业学位授权点1481个，专业学位教育、招生规模由1997年的9395人增加到2008年的151869人，大多数以非全日制的方式进行培养，与企事业单位进行全面合作，引入“订单式”培养，聘请在职人员所在单位的高级技术专门人才作为校外导师。

4.构建研究生创新平台,提升创新能力

随着我国创新型国家建设步伐的日益加快,硕士研究生教育中逐步加大了创新能力的培养。1999年,国家发布《2000年全国招收攻读硕士学位研究生简章》明确提出,硕士研究生教育需要培养具有创新精神的人才。2003年《2003—2007年教育振兴行动计划》出台,明确提出推进研究生教育创新计划,鼓励并资助研究生科研创新,促进研究生教育与生产劳动和社会实践紧密结合,提高研究生培养质量,促使拔尖创新人才脱颖而出。2005年,研究生教育创新计划正式实施,相关的项目开始启动,包括研究生暑期学校、创新中心等。研究生暑期学校主要是利用暑期邀请某一学科领域的专家开展讲座论坛、前沿报告等,部分院校还增加了实验室参观、项目设计等活动,旨在推动研究生优质教育教学资源的开发,包括实验室资源、某一学科领域的中外专家资源的共享,以拓展研究生的学术视野,激发研究生的创新思维。该项目前期采取国家审批的方式,每个项目资助约30万元,10年之后转变为自行举办模式,日渐成为研究生创新教育与创新型人才培养的重要部分,成为弥补研究生日常培养过程中创新性、开放性不足的重要平台。2003—2012年,中国研究生暑期学校已举办近200校次,举办院校有60多所,参加学员2万多人,学校受益面不断扩大,学科领域不断拓宽。北京航空航天大学前后共举办了10余届宇航科学与技术(后演变为航空航天国际)研究生暑期学校,至今仍在持续,在国内外同学科领域获得了广泛赞誉。研究生创新中心则是集中了优质教育教学资源,能够为研究生的创新活动与科研实验提供良好的实践平台。2003—2007年,依托高校已有的教学科研平台,中国共批准建设了59个以开放、共享和自主创新为特点的创新基地。重庆大学的研究生创新中心建设了多个跨学科的实验室,鼓励研究生自主选题、创新与管理。西北工业大学的研究生创新中心以实验中心、主题实验室、虚拟实验室三位一体的方式,鼓励研究生开展创新研究。河海大学得到了长江水利委员会与黄河水利委员会的支持和经费投入,在武汉和郑州两地共建研究生联合培养实践基地,实现了基地的联合举办与共建共管。

5.实行学术学位与专业学位分类培养,全面提高质量

“十一五”末期,随着中国各行各业的均衡发展,对于高层次应用型人才的需求更为突出,加大专业学位研究生培养成为新的热点。2008年,国务院学位委员会第26次会议指出,要调整学术学位和专业学位的比例,改变全日制硕士研究生以攻读学术型学位为主的局面,为各行各业培养一线专业人才。大力培养专业学位硕士研究生,加强应用型高层次人才的培养力度,成为硕士研究生培养的主要改革方向。2009年3月,130位出席全国专业学位教育指导委员会联席会年度工作会议的代表向教育部建议,调整、优化硕士研究生教育培养结构,随后教育部发文确定了中国硕士研究生教育将

逐渐从以培养学术型人才为主向以培养应用型人才为主转变的战略方向，明确招收应届本科毕业生攻读全日制专业学位，强调建设一支高水平"双师型"教师队伍。自此，中国专业学位硕士研究生培养进入新的历史阶段，联合培养成为新趋势。《国家中长期教育改革和发展规划纲要(2010—2020年)》《国家中长期人才发展规划纲要(2010—2020年)》纷纷出台，强调建立以科学与工程技术研究为主导的导师责任制和导师项目资助制，推行产学研联合培养研究生的双导师制，建立学校教育和实践锻炼相结合、国内培养和国际交流合作相衔接的开放式培养体系，为硕士研究生联合培养与发展营造了良好的政策环境。此后，教育部、中国科协下发文件，选择清华大学等6所高校、中国科技馆等7家科技场馆，联合开展培养高层次科普专门人才的试点工作，科普硕士挂靠于教育硕士、新闻传播硕士、艺术硕士等专业，形成了不同方向、不同侧重点的联合培养模式。

"十二五"期间，硕士研究生的课程设置、培养模式、教学方式均开展了改革与探索。随着研究生教育的发展和完善，按二级学科设置课程体系来培养硕士研究生已满足不了"宽口径、厚基础"的人才培养要求，也不利于研究生知识体系的构建。2011年《学位授予和人才培养学科目录》颁布，各高校尝试按一级学科设置课程、培养研究生。2013年《关于深化研究生教育改革的意见》出台，明确提出推进分类培养模式改革，随后《关于深入推进专业学位研究生培养模式改革的意见》出台，提出以职业需求为导向，以实践能力培养为重点，以产学研结合为途径，鼓励培养单位结合区域经济社会发展特点和自身优势，制定各具特色的培养方案。在此背景下，各大高校积极探索硕士研究生学术学位、专业学位的分类培养模式改革。清华大学将研究生的分类培养与硕士、博士的各自定位相结合进行了改革，确立研究型、复合型、应用型并存的多元化人才培养目标，实施针对性的培养计划提升研究生的核心能力。针对应用型硕士研究生，实施"应用型创新人才培养计划"和"专业实践能力培养与训练计划"。中国科学技术大学对专业学位研究生采取集团化培养模式，将专业相近的专业学位统筹设置在管理学院、公共事务学院、软件学院、纳米学院、人文学院5个学院，加快资源共享和优势互补。哈尔滨工业大学在分类培养中，创造性地增设分类选型阶段，以科学学位入学的硕士研究生根据就业取向和课题方向，可自由选择学术研究型或应用研究型培养模式。2014年《关于改进和加强研究生课程建设的意见》出台，提出要改变只重科研而忽视课程建设的倾向，将课程质量作为评价学科发展质量和衡量人才培养水平的重要指标，强调硕士研究生培养中科研与课程学习并重的模式。2015年《关于加强专业学位研究生案例教学和联合培养基地建设的意见》出台，强调案例教学、交流合作平台等。

"十三五"期间，学术学位与专业学位的硕士研究生分类培养改革仍在继续。2016年教育部发文规定，从2016年12月1日后录取的研究生从培养方式上按全日制和非全日制形式加以区分。2017年《学位与研究生教育发展"十三五"规划》出台，勾勒出中国

2020年以前学位与研究生教育改革发展的路线图，强调加强学术学位研究生创新能力培养、专业学位研究生实践能力培养，预计到2020年专业学位硕士研究生比例将达到在校研究生总数的60%左右。

1.1.2 研究生培养模式的展望

1.坚持立德树人，全方位开展育人工作

新形势下研究生思想政治教育将围绕立德树人根本任务，坚持引导研究生形成正确的世界观、人生观、价值观，将中国特色社会主义核心价值观教育继续深化、入脑入心；基于研究生的培养目标及自身发展特征，围绕研究生关心的时政热点，提升思政课主渠道教学效果。强化导师在研究生思想政治工作中的作用，注重朋辈教育作用，构建党政齐抓共管协同配合的思政工作领导体制，通过研究生党建、学风建设、集体组织建设、个人综合能力提高等途径，实现全员育人、全方位育人、全过程育人。

2.探索线上教育，教育方式更加灵活多样

"互联网+"经济的到来，为研究生人才培养模式带来了新的呈现手段，通过线上方式开展教育教学日益流行。2017年《学位与研究生教育发展"十三五"规划》提出：探索在线开放等形式的教学方式，建设一批优质研究生网络公开课程，丰富信息化教育资源和手段，加强优质数字教育资源开发与共享，构建信息化学习与教学环境，满足个性化学习需求。同年，《国家教育事业发展"十三五"规划》提出：积极发展"互联网+"教育，引导学校与教师依托网络学习空间记录学生学习过程，推进优质教育资源共建共享，加快推动教育服务模式和学习方式的变革。线上教育最具代表性的是清华大学2013年正式启动的学堂在线，这是清华大学自主研发的中文慕课（MOOC）平台，面向全球提供在线课程。2015年，学堂在线运行了包括清华大学、北京大学、复旦大学、斯坦福大学、麻省理工学院、加州大学伯克利分校等国内外几十所顶尖高校的优质课程，涵盖计算机、经管创业、理学、工程、文学、历史、艺术等多个领域。截至2016年10月，学堂在线注册用户数达到500万，选课人次690万，运行的课程数量已经超过1000门。2016年发布的"全球慕课排行"中，学堂在线被评为"拥有最多精品好课"的三甲平台之一。

3.招生培养就业联动机制将日渐优化

随着研究生规模的扩大，社会各界对于加强研究生人才培养质量、加强内涵建设的呼声日益高涨。为了实现研究生规模与质量的共同提高，国家加大了对研究生就业情况的关注，通过就业走向指导培养单位适当调整学科专业设置方向，通过提升服务社会需求的实际能力，来实现研究生人才培养的"供给侧改革"。根据社会需求和就业动向来调整研究生人才培养的类型与规格，随着产业结构和市场需求的变化而调整人才选拔目的，实现供需平衡。2017年，教育部发布《关于推动高校形成就业与招生计划人才培养联动机制的指导意见》指出：推动高校形成就业与招生计划和人才培养联动机制。政府和高校将会更加重视招生、培养和就业的联动，搭建有效的联动机制，使其成为提高高校人才培养质量的核心和枢纽。

4.产教融合、科教融合的力度将进一步加大

随着各国之间综合国力的竞争日益激烈，未来的研究生培养将分为两类人才：一类是侧重科研创新的学术学位人才；另一类是侧重高层次应用技能的专业学位人才。科教融合、产教融合的力度会进一步加大。2017年，《学位与研究生教育发展“十三五”规划》强调：加强学术学位研究生创新能力培养，强化问题导向的学术训练，围绕国际学术前沿、国家重大需求和基础研究，着力提高博士研究生的原始创新能力；加强专业学位研究生实践能力培养，加大行业、企业及相关协会等社会力量参与专业学位研究生培养过程的力度，构建互利共赢的应用型人才产学合作培养新机制，支持建设一批专业学位研究生联合培养基地。同年，《国家教育事业发展“十三五”规划》强调：紧密结合承担国家和区域重大科研任务，强化博士生原始创新能力，加快培养科技创新前沿的人才。探索专业学位研究生开放式培养模式，推行“双导师”等行业企业联合培养机制，结合承担行业企业实际科研生产项目，加快培养能够解决一线实际问题、宽口径的高层次复合型人才。

5.进一步提升从国际化视野培养国际通用人才的力度

随着经济一体化、全球化时代的到来，中国与世界各国的交流、合作日益紧密。尤其是2013年习总书记提出“一带一路”合作倡议以来，中国积极发展与沿线国家的经济合作伙伴关系，共同打造政治互信、经济融合、文化包容的利益共同体、命运共同体和责任共同体，中国在世界舞台上发挥着越来越重要的作用。服务国家“一带一路”合作倡议，从全球化视角培养研究生层次的国际通用人才，成为研究生人才培养的新趋势。2017年，教育部发布《学位与研究生教育发展“十三五”规划》指出：积极对接国家外交战略，在更宽领域、更深层次上开展研究生教育的国际交流与合作。以“一带一路”等为引领，加快培养一批具有国际视野与跨文化交流能力、通晓国际规则、能够参与国际事务和国际竞争的高层次专门人才。2017年，《国家教育事业发展“十三五”规划》指出：统筹推动教育开放，优化教育对外开放布局，实施共建“一带一路”教育行动。对接“一带一路”沿线国家和地区，遴选一批具备一定学科专业、国际交流和人才培养、国别研究基础的高校和职业学校，建设一批“一带一路”人才培养基地，专门培养高素质复合型人才。

6.进一步加大师资培训力度,持续推进导师小组集体指导形式

随着对研究生教育内涵、质量的关注度越来越高,如何进行分类指导、提升研究生人才培养质量也受到前所未有的关注。研究生培养的质量与导师的业务水平和能力有着密切关系,随着导师负责制的不断深化落实,加大对研究生导师思想政治、道德品质、教学科研等各方面的培训显得尤为重要。越来越多的高校,加大了对研究生导师海外进修与访学活动的支持,促进提升研究生导师的整体素质与能力。在指导研究生方式上,通过导师组联合指导的方式也更加普及,越来越倾向于通过多种途径与方式,无论是中外导师、校所导师、校企导师,还是科研团队中的导师合作组,充分利用中外、校内外导师的科研与实践资源,共同指导研究生学业,提升其综合素质与专业能力。

7.进一步促进多途径、多样化的跨学科学习与研究模式

在研究生人才培养过程中,跨学科、跨领域的多元化学习与科研方式也将更加普及,包括设置跨学科的课程,建立一体化的课程体系;设置跨学科的科研课题,由多个不同学科领域的导师集体指导;设置跨学科学位委员会,对跨学科培养研究生进行审核把关等,以适应复合型人才的培养需求。2017年,教育部发布《学位与研究生教育发展"十三五"规划》指出:支持导师合作开发、开设课程,鼓励国际和跨学科合作。鼓励跨学科、跨机构的研究生协同培养,构建跨学科平台,培养跨学科人才。通过跨学科的学习、科研训练、论文答辩等,实现复合型创新人才的培养。

1.2 研究生创新教育国际交流与合作

改革开放40余年来,随着国际国内形势的变化,中国研究生教育国际交流与合作经历了从起步、规范,再到繁荣发展的几个阶段,从初期的单向的派出学习到20世纪前后双向的交流合作,从政府为办学主体逐步过渡到扩大高校办学自主权。研究生教育国际交流与合作的形式日益多元,形成了出国留学、来华留学、中外合作办学为主的多样化交流合作模式;规模逐渐扩大,中国成为世界各国留学研究生的主要生源输出国和各国学生重要的留学目的地;中国研究生教育内涵更为深刻,开放水平日益提高,合作层次逐步深化。作为中国改革开放体系的重要内容和组成部分,40余年来中国研究生教育国际交流与合作形成了符合中国特色的国际交流合作战略布局,研究生教育国际交流合作事业的发展既促进了中国研究生教育事业的提高,也为中国提供了重要的人才和科技支撑。

1.2.1 推动中国研究生教育事业的发展

研究生教育国际交流与合作助力中国研究生教育的起步与发展。改革开放初期，研究生教育国际交流为国内研究生教育事业发展提供了重要补充，为当时中国发展基础薄弱的研究生教育提供了可靠、丰富的经验借鉴。当时，中国派出的留学研究生，围绕国内发展较为薄弱、急需、新兴的学科领域展开学习，派出人员的层次结构，以国内人才培养状况为基本依据，重点补充中国研究生教育在高层次人才培养方面的不足。同时，出国留学研究生在回国参与国家建设、科学研究的过程中，很大程度上推动了中国的学科领域发展，包括学术思想、理论和研究方法的更新，并创设了一大批曾经空白的学科，陆续引进了大批有利于高层次人才培养的新教材以及教学方法，极大地提高了中国学科建设和高等教育、研究生教育发展水平，对高等院校人才培养的质量提升产生了重大影响。

研究生教育国际交流与合作为中国研究生教育事业提供了各类人才支持。在出国留学研究生中，很多人回国后成为国内研究生教育事业的一线教育者、管理者或研究者，把自己在国外学习和掌握的先进知识运用到国内研究生教育人才培养、科研管理、行政服务工作当中。中国科学院院士路甬祥教授在20世纪80年代学成回国后，积极开展流体传动及控制学研究，提高了中国在液压传动领域的学术水平。同时，其在担任副校长、校长期间，对浙江大学的专业与学科布局、机构设置等进行了系统改革，极大地推动了浙江大学的发展。同样的，在西德柏林工业大学取得工学博士学位的匡镜明教授回国后长期从事通信工程专业领域的教学与科研工作，作为硕导、博导培养了百余名专业硕士、博士人才，并在中国学位与研究生教育学会、全国工程硕士专业学位教育指导委员会分别担任主任委员、委员，为中国研究生教育事业发展贡献智慧。

中国研究生教育事业的国际影响力日益提高。40余年来，中国同国外的研究生国际交流与合作，已经由改革开放初期的向国外学习与借鉴的单向需求，逐步转向为中外合作互补的双向需求。从输入与输出规模来看：一方面，中国学生在世界各国留学生中所占比重靠前，成为世界各国的主要生源输出国；另一方面，中国的研究生教育受到越来越多的海外留学生的青睐，已经成为新兴的研究生留学目标国。同时，广大留学研究生在留学国与所在国之间建立了广泛的国际学术交流网络，多样化的研究生教育交流合作模式，政府、高校、社会多个层面的合作渠道使中国与世界各国的联系更为紧密。中国已经步入世界研究生教育国际交流与合作的中心地带，成为世界研究生教育国际交流与合作的重要组成部分。

1.2.2 促进中国社会经济各领域的发展

研究生国际交流与合作为中国培育了一大批具有国际视野、把握国际学术前沿的科技创新人才。截至2010年,中国科学院院士中,改革开放以来的留学归国人员占了大多数、工程院院士中,这一比重甚至超过了50%。世界高层次水平人才的回归显著提高了中国的科研水平,大大缩短了中国与国际一流学术水平的差距,而且一些学科已经达到了国际领先水平,如中国科学院院士潘建伟教授于1999年获奥地利维也纳大学实验物理博士学位,回国后投身科研事业,承担了多项重大项目,积极推动中国量子信息、量子科技研究,成就斐然,并于2017年12月入选"2017年十大科学人物",被称为"中国量子之父"。早年于美国加州大学伯克利分校取得博士学位的邓兴旺教授,现为北大耶鲁联合植物分子遗传与农业技术中心主任,长期从事植物分子遗传及生理学方面研究,多次在《细胞》《自然》等权威刊物上发表有影响力的学术论文,在调控植物光形态建成的有关基因研究中成绩突出,研究成果已成为行业标准。

国际留学研究生为中国经济建设和行业发展贡献了重要力量。留学归国人员通过承担国际合作和委托项目,通过科研成果转化,以及通过政策支持研究为国家创造巨大的直接经济效益。他们在促进中国经济结构调整和产品的更新换代,引进和传播国外先进的管理理念和制度等方面发挥了不可替代的作用。尤其是在市场经济建立阶段,海外留学人员引进了新的国际资本,丰富了原有的融资方式,带来了风险投资及现代企业管理等先进理念,他们活跃在中国经济快速增长的领域,成为第三产业的领跑者和跨国公司在华的领头人,在中国从计划经济向市场经济的过渡过程中起到了积极作用。

研究生国际交流与合作为中外友好关系的建立发挥了积极作用。40余年来,留学归国人员在扩大本单位、国家与国际社会交流中,发挥了国际学术界联系的桥梁和纽带作用。21世纪初,中国留法学者在驻法使馆的支持下成立了支持贵州建设服务团,通过实地考察后提出了"人才+项目"的培养模式,并支持了一批当地骨干赴法进修,从事国内紧缺专业的学习和研究工作,在支持贵州干部发展方面发挥了积极作用。2000年以来,在德国的中国留学人员和华人学者相继成立了物理、化工、经济、计算机、生物医学、机电等专业学会,2002年成立了"中国留德学者学生团体联合会",这些学会、联合会在集聚各领域高层次人才、开展学术交流活动、研讨国际科技发展动向以及开展多种形式的科研合作等方面发挥了积极作用。来华留学研究生毕业回国后,在加强和发展中国与其所在国关系方面发挥了积极作用。从南京大学毕业并获得历史学博士学位的苏丹留学生加法尔克拉尔艾哈茂德,回国后担任了阿拉伯国家驻华使团首席联络官和中国问题专家,致力于维护阿拉伯国家与中国的友好关系。

1.3 研究生创新教育培养的实施路径

在教育部推进“研究生教育创新工程”的背景下，深化教育改革，制定并完善符合研究生发展要求的创新型培养方案势在必行。研究生创新教育培养的实施，就是要不断探索新形式下研究生教育的特点和规律，培养具有创新能力的符合社会发展需要的高层次人才。研究生创新教育培养的实施路径，既是观念树立、思路梳理，更是联系实际、指导实践。正像高尔基所说，每个人都知道，把语言化为行动，比把行动化为语言困难得多。面对纷繁复杂的现象，面对千头万绪的工作，我们尤其要对研究生创新教育培养的实施路径进行更加深入的思考和讨论。

1.3.1 更新理念：制订科学合理的培养方案

研究生培养方案主要规定本专业研究生的基本要求、研究方向、课程设置和学制、学位论文及实践环节的安排等。培养方案要以党的教育方针为指引，贯彻先进正确的教育理念，遵循《中华人民共和国学位条例》以及《暂行实施办法》。制定培养方案还要联系各个大学的具体实际和学科专业特点，注重发挥本校学术优势，充分开发和利用教育资源，形成研究生教育特色。

1.办学定位：坚持高等教育大众化背景下的精英教育

当前我国已经步入高等教育大众化阶段。高等教育大众化，为研究生教育发展提供了坚实而广泛的基础，同时，也为研究生教育理念的更新提供了沃土。新的时代格局，给研究生教育带来了新的机遇和挑战。高等教育大众化进程，首先体现为大学本专科招生规模扩大，由于本科教育与研究生教育的密切联系，故专科招生规模的扩大必然伴随研究生教育规模的扩张。然而，高等教育大众化给研究生教育带来的不仅仅是诸如研究生扩招之类的问题，从研究生教育思想高度来看，目前实践中的具体问题与研究生教育发展的基本理论问题相关：在高等教育大众化过程中，研究生教育的发展趋势是继续走精英教育的路子还是表现为大众化的走向？或者研究生教育呈现出另外一种发展趋势？当前我国研究生教育的持续扩招问题、扩招的规模问题、研究生教育质量问题、人才观问题、管理体制问题都与该问题紧密联系。这正是高等教育大众化给研究生教育理论界带来的值得关注的理论难题，而且对该问题的回答是否科学所产生的影响远甚于对具体研究生教育问题的解决。

在高等教育大众化条件下，研究生教育必须坚持精英型定位，进一步彰显精英教育的价值。精英教育，主要体现为一种渗透性的教育思想，一种超越性的价值追求。从理论上讲，大众化教育与精英教育并不矛盾。新时期的精英教育并不排斥建立在科学发展基础上的规模扩张，更不意味着培养质量标准的降低。马丁·特罗认为，大众化阶段就高等教育的整体而言，并不排斥精英教育作为它不可替代的组成部分。从客观实际的要求看，研究生教育必须坚持精英型定位。实现高等教育大众化就必须建立起"超前成熟"的高等教育制度。但是，在扩张过程中，研究生教育面临的问题，如制度性、资源性等方面的问题，远比普通高等教育的问题难解决。在高等教育大众化背景下，坚持研究生精英型教育，有利于发掘和利用有限的教育资源。为此，我们必须坚持精英教育的理念，以此指导研究生培养方案的制定，并贯穿于研究生培养的全过程，努力保持和提升研究生教育的质量水平。

2. 目标牵引：促进研究生全面发展

教育的对象是人，教育的目的是培养人与塑造人，培养其积极的人生态度。研究生教育要培养创新型人才，就必须坚持以人为本。在研究生教育中，研究生是教育的中心，也是教育的目的。坚持以人为本，突出研究生的发展，是现代研究生教育的基本价值取向。

我国研究生教育并不缺少目标。从国家宏观层面来讲，早在1986年国家教委《关于改进和加强研究生工作的通知》就指出：研究生教育要贯彻面向现代化、面向世界、面向未来这一总的指导思想，要按照德、智、体全面发展和加强理论联系实际的要求，加强研究生的政治思想教育和业务能力的培养，达到品学兼优，更好地为四化建设服务。研究生教育是高等教育的重要组成部分，高等学校一般的培养目标及标准同样普适于研究生培养目标的制定，只是在思想政治、道德品质和学术水平上要求更高。如《中华人民共和国学位条例》对于硕士、博士学位的授予分别提出了递增的学术标准。从微观实用的层面来看，各个大学都要求研究生掌握某些知识，通过一定训练和考试，拿到相应学分和证书。从培养特色的角度来讲，又有创新能力、实践能力、适应能力等价值取向。只有坚持以人为本，以创新能力为导向，把这些目标有机结合并体现在培养方案中，建立科学合理的培养方案，才能促进研究生全面发展。

3. 彰显个性：体现鲜明的办学特色

长期以来，我国的大学虽然在发展历程、人文和地域环境、隶属关系、层次类型等方面有所不同，但是办学理念、教学方法、管理方式等方面的具体做法却差异很小，常常出现风格趋同、百校一面的现象。大学对于研究生来说，应该是学习知识、独立思考、专注研究、切磋互助、探索真理与锻炼能力、增长才干的场所，而不是通过课程考试、发表应景的学术文章，拿到各种证书、文凭的地方。如果研究生只是关注短浅目标、完成基本学业，不仅制约了学生专业能力和创新能力培养，而且使学校难以吸引高质量的生源。

办学特色是办学模式多样化的体现。大学的类型层次、学科、专业、师资、办学条件乃至历史文化各不相同,这为创造研究生教育特色提供了基础条件。各个大学在研究生培养方案的制定中,都应该根据内外条件,通过纵横比较、独立创造,形成独特的特色与风格。例如,在培养方案制定中,有条件的学科,要积极推进按一级学科培养研究生的方案改革。对精品课程建设开展立项试点工作,从每个点选取2—3门对研究生创新能力培养有重要影响的课程,改革教学内容、方法和手段,加强教材建设。结合"211工程""985工程"等建设项目,加强交叉学科的研究生培养,推行研究生交叉选课和"双导师"制等制度。具有行业背景的大学,可依托行业开展应用型研究生培养。重点选取行业中影响较大、有较好研究条件的单位,建立应用型研究生培养基地等,这些都是有益的探索与尝试。

1.3.2 打造平台:加强学科建设

1.科研创新实践过程培养人才

任何学科优势地位的确立,从根本上都取决于其科研创新的能力。优势学科与一般学科的分层主要体现在科研能力和科研成果等方面。大学发展史上每个优势学科的兴起,都是以重大科技创新成果为依据。培育优势学科,就必须加快发展科研能力、提高科研水平,在关键重大项目的研发上夺取制高点。在这一点上,卡文迪什实验室的成功经验值得我们借鉴,19世纪下半叶,英国为改变实验物理弱国的状况,在剑桥大学创办了卡文迪什实验室。卡文迪什实验室在长达120多年中其学科主要研究方向发生过5次转变,其研究方向一直(至少到20世纪70年代)保持甚至代表物理学科发展的主流方向,使英国迅速发展成为"执世界实验物理牛耳的强国"和"世界物理中心"。由此看来,根据学科发展的趋势及时调整学科的主导方向是必须的,因为没有学科研究方向的正确选择,就难以产生众多的创造性成果和培养出杰出的人才。科研创新不仅是学科发展的根本动力,也是决定学科竞争力的关键因素。

2.管理创新过程培养人才

团队建设和管理创新是学科发展的必然要求。"没有一流的师资队伍,就没有一流的学科",师资队伍建设是优势学科形成的关键,学科建设水平归根到底取决于师资队伍建设的水平。哈佛大学前校长科南特曾说过:"大学的荣誉不在于它的校舍和人数,而在它一代又一代人才的质量。一个学校要站得住,教师一定要出色。"各学科应结合自己的发展目标、发展规划和自己的实际,加强学术梯队和创新团队的建设。首先,要选拔和培养学科带头人。学科带头人是学科的灵魂,学科带头人的学术地位,在国内外学术界的影响力、人格魅力和人品道德等往往能左右局势的发展。如,美国1999年大学评估中，加州理工学院排在第一，超过了哈佛大学和麻省理工学院，主要原因之一是它的实验物理和航空技术成为世界顶尖的学科。正如田长霖先生所说："加州理工学院为什么会变成这么著名的大学？它的腾飞就是靠两个教授，一个是密立根——物理诺贝尔奖获得者，他使这个学校的实验物理迈进了世界一流；然后是冯·卡门——钱学森先生的老师，他把美国的航空技术带起来了，有了这两个人，加州理工学院就世界知名了。"学科带头人，首先要有广博的知识、严谨的治学态度、创新的意识、追踪学术前沿的敏锐洞察力、出色的组织和协调能力，还要有宽广的胸怀和高尚的人格风范。其次，是培养学术骨干。学术骨干是学科队伍的主体，是学科可持续发展的根本力量。不断增强学科点的师资力量，形成年龄、知识、职称、学历结构渐趋合理的学科梯队。再者，是加强创新团队建设。要适应科技和经济社会发展趋势，以应用为导向，在优势学科领域和技术前沿方向，加强应用基础研究和重大应用技术的前瞻性研究，培养拔尖人才和高水平研究团队，为解决未来发展面临的重大应用科技问题培育原始创新源，提供技术和人才储备，增强持续创新能力。与此同时，适度调整科研、学科的组织结构和运行机制，强化质量意识，打破学科壁垒，推动资源整合与共享，形成多学科交叉的氛围，进一步提升科技创新能力。

3.文化创新过程培养人才

学科文化创新是优势学科建设发展中又一不可或缺的重要因素。学科文化是指各个学科领域具有的独特的语言、独特的思考问题角度和方式以及相应的价值观念和行为准则。托尼·比彻在总结学科文化分析研究成果后指出：各学科领域的学者教授在教育价值、教学方向和生活方式等文化问题上有重大差别。学科是大学的内核，学科文化是学科的成长环境，也是大学履行其使命，发挥其社会职能的隐性背景。良好的学科文化能够形成良好的学科人文社会环境和学科精神氛围，激发人的积极性和创造性，能调节和规范人们在学科活动和社会活动中的行为，促进学科向纵深发展，形成学科优势，推动学科间相互融合、渗透，产生新的学科。学科文化的主要特点是学术性、专业性和开放性。要建立相应的学术评价、奖惩制度等制度，协调好学术和行政之间的关系，营造自由、开放的学科文化氛围。哈佛大学前校长博克曾说过：只有具有安全和自由保障的学者才能探求科学真理。因此，要提高大学的核心竞争力，必须高度重视学科内涵的培育，发展底蕴深厚的学科文化，着力营造富有特色的学科文化氛围，使大学真正成为学术发达、人才荟萃、潜力无限的高等学府。通过价值观念、工作习惯、思维方式、生活方式对人的发展加以定向和规范，从而使人才在学科文化的特定氛围中成长，促进学科人才的培养。营造良好的学科文化氛围，促进学科向纵深发展，形成学科优势，推动不同学科间相互渗透的学术氛围。

4. 国际学术交流培养人才

加强国际科技交流合作，是打造学科优势和特色、缩短跨越发展进程、提升学科水平的捷径之一。主动开展国际交流，可以最大限度获取参与国际交流的好处。知名大学特别注重通过合作、进修等形式培养人才，促进其科研能力的提升。同时，为加强以优势学科为核心的学科群建设，要鼓励学科间，特别是优势学科与支撑学科、相关学科之间的交叉渗透、协同合作、相互促进、共同发展，这些对于高水平研究生创新人才的培养都具有非常重要的意义。

1.3.3 注重基础：提高课程教学质量

1. 修改教学计划，增加教学实践环节

教育计划是大学研究生教育主管部门组织，各学院各学科共同参与制定的计划。全面的教育计划应包括以传授知识为主的第一课堂和以培养能力为主的第二课堂。科学的教育计划应该把理论知识、实践能力有机、协调地组织起来。改革和调整现在教学计划中学位课和非学位课的结构欠合理而基础面又过窄的现象，适当增加有针对性、有组织性的实践环节，有易于保证教学实践质量，增加学生积累直接经验的作用，促进学生创新意识和创造能力发展。爱因斯坦说过：我们所能体验到的最美妙的事物乃是一种神秘的东西，这是一切真正艺术和科学的根源。研究生教育，如果只教授所谓客观事实，而不激发学生的创造热情，这是与教育的目的背道而驰的。

2. 重组教学内容和课程体系

课堂教学内容是实验、学习和科研等实践环节的理论基础，而实践环节是课堂教学理论知识的具体应用。只有将理论与实践有机地结合起来，才能培养出既有丰富的理论知识，又具有较强的实际操作技能，符合社会需要的合格人才。但作为这项任务"基础工程"的教学内容和课程体系，往往带有一定的功利化色彩，留有很深的传统烙印。同时，教学内容又滞后于现代社会文化和科技发展水平。要把握现状，认真分析知识经济发展和科学技术进步的未来走势，重新确定培养目标，精选教学内容，体现学术性和前沿性，修订、完善新的课程体系。让研究生学到必要、实用的间接经验，从而培养出适应科技和社会发展需要的人才。

3. 完善教材体系

"因材施教"是我国教育的优秀传统，应当加以继承和发扬，并注入新的内容。教材创新是教育创新的重点之一，因为教材是教师教和学生学的依据，它的编写意图、知识体系、教学要求、训练设计等直接影响着教学效果。学科教材要更新那些陈旧老化、繁琐复杂、严重脱离生活实际和社会需要的内容，及时反映现代科学技术的新进展。研究生创新能力的培养要与时俱进，如果脱离了现实社会的需要，即脱离了直接经验，学生的创新资源就会枯竭，就谈不上培养创新型的人才。

4. 运用现代教学手段，提高教学效率和效果

教学内容中有许多现象和过程不易在通常的教学条件下呈现，导致学生产生认知困难，加之授课学时减少与教学内容增加的矛盾日益突出。如果运用多媒体教学、网络教育等方式，就可以根据教学需要，由学校教师选择和编制课堂演示教学软件，将教学的重点、难点，用适宜的形式表现出来，变抽象的内容为直观、生动的知识，提供直接经验以及与实际环境相互作用的机会，促进研究生对事物全面、准确的认识，提高认知的效率。

5. 建立科学的内部教学评价体系和实施办法

进行教学评价，是实现全面管理和指导基层改革与发展的重要手段，同时也是大力推进研究生教育、教学改革与管理改革的有力举措。对研究生评价，不以卷面考试成绩为唯一依据，要考虑实践环节和实际能力；对教师评价，不以出勤率、工作量为唯一依据，要考虑实际的教学效果。同时，为鼓励和引导教师提高教学水平，在考核教师工作量时，可包含教学法研究成果数量、老教师带新教师的工作量等。

总之，直接经验与间接经验的关系问题是研究生教育过程中的共性问题，处理好这个关系，既是取得良好教学效果的前提，也是研究生教育教学改革日趋成熟、日臻完善的标志之一。

1.3.4 以人为本：建设高素质的导师队伍

1. 完善激励机制和约束机制

结合教师职务聘任制工作的实施，建立分层次的导师岗位制度。明确上岗条件、确定岗位职责和任期目标，给予相应的报酬和奖励。用明确的工作目标、相应的生活待遇、良好的教学和科研条件及环境，吸引优秀人才上岗工作。规范管理与考核方式，强化监督指导，加强检查评估。通过这些措施的实施，形成导师队伍能上能下、能进能出的开放机制，从而吸引、选拔和稳定优秀导师人才，鼓励其奋发进取。同时，结合学科建设和教学科研工作，建立学术梯队建设管理的制度办法，逐步形成以不同层次学科带头人为核心的一批学术梯队，保证导师队伍组织有序、结构优化。

2. 进行组织创新，适应当代科学不断交叉、渗透的发展趋势和科技创新的需求

在导师队伍建设中，要发挥大学固有的学科、信息和人才优势，发挥各学科间交叉、融合的能力和潜力，就要改变学校内部以往院系之间界线分明而不利于合作的学

科组织形式，打破制度壁垒。组建一批多学科集成的创新团队，建立矩阵式学科组织结构，是有效的导师队伍组织管理模式之一。在(二元)矩阵式学科组织结构中，纵向为学科导向，由院系、学科领导实施管理；横向为问题(科研项目)导向，由项目领导实施管理，做到学科系统与项目系统的有机结合，责任更加明确，有利于提高工作效率。必要时还可建立多元矩阵，构成立体网状的矩阵结构，适应复杂的工作任务与客观需要。建立健全管理制度，积极支持以高层次拔尖人才为核心的围绕重大科研项目集中攻关的学科群创新团队建设，带动导师队伍建设和研究生培养水平的提高。同时，还要鼓励各种形式的高层次人才协作，不断推出新的科研成果，孕育包含研究生成员的新创新群体。

大学可以聘请研究机构、产业部门或其他相关行业或机构的科研及管理人员担任兼职导师，社会人才资源可以以较低代价、较强目的性和针对性为大学所用，同时社会单位也可以聘请大学教师担任有关科研或生产项目负责人。通过这些途径，教师可以提高理论水平和专业实践能力，在把科研能力转化为现实生产力的同时，进一步丰富和充实教学内容。建立这种双向交流、合作培养的机制，可以充分挖掘社会资源，为导师队伍的充实和提高提供更好的平台。

3.提高整体学历层次和水平，促进以博士为主体的高学历导师队伍快速成长

在学历教育培养方面，学校要保证培养经费及时到位、拓宽培养渠道、强化出国培养、做好政策导向。培养经费可以采取学校、所在单位与个人共同承担的办法，适当减免相关教师的教学工作量。对在职取得博士学位的导师，可以提供一定数额的科研资助经费。开辟同国外大学联合培养在职博士的渠道，试行个人为主、学校资助、签订协议到国外攻读博士学位的办法，使教师有机会通过国家或单位公派形式到国外攻读博士学位。这也是研究生教育国际化的内在含义。支持和帮助以博士为主体的高学历导师队伍利用各种科研资源，争取各项基金，争取大项目、大课题，开展创造性工作；采用绩效考核机制引导他们充分发挥自身优势，高质量完成工作任务。根据导师的业绩和学术水平，积极推荐他们作为各类专家、评委人选和学科带头人后备人才的候选人，为他们的成长创造一定的外部条件。定期资助他们出国进修，进行博士后研究或开展学术交流，加强与国外同行的交流、合作。支持他们在校内流动，鼓励他们结合工作自主组合承担科研课题或跨单位聘任。导师有了高水平的科研能力和项目支撑，研究生创新能力就有了“源头活水”。

4.正确处理大学内部人才关系，加大拔尖人才乃至大师级人才的培养和引进力度

鉴于拔尖人才乃至大师级人才资源的稀缺性和重要性，其培养和引进更显紧迫。国务委员刘延东在教育部直属大学咨询委员会第十九次全体会议上强调：要培养拔尖

创新人才，加快教育教学改革，优化质量评价体系，注重大学文化建设，形成多样化的人才培养模式。在分析校情、确定目标的基础上，全面策划、强化措施，做好人才的培养和引进工作。抓住关键，从人才培养、承担项目、申报奖励、成果转化、申请专利、发表论文、学术交流、梯队建设、基地建设、学科建设、学术创新等方面入手，把拔尖人才队伍的建设当作一个系统工程，整合各部门力量，疏通各环节，形成上下左右密切配合、相互支持，政策措施和资源配置到位的制度环境。

1.3.5 发挥优势：改进德育工作

1.培养研究生创新品质

通过文化素质教育，优化研究生的心理品质。在培养研究生创造力的同时，注意培养其他良好的创造心理品质。加强文化素质教育，丰富和拓宽德育的内涵，对于开启智力、开阔眼界、陶冶情操、完善人格，树立正确的世界观、人生观具有重要的作用。文化素质教育不仅能教育研究生学会做人、学会生活、学会健体、学会审美，同时还能使他们学会学习。在创造活动中，正确的世界观可以帮助人们正确认识问题、分析问题和解决问题，而错误的世界观可以把人的智力活动和个性品质的发展引向错误的方向。因此，提高文化素质对于研究生成才、提升品位、培养创新能力十分重要。研究生教育要高度重视并制定行之有效的实施办法，完善和提高文化素质教育工作，培养学生优良的创造心理品质。

通过鼓励和组织创造性活动，激发创造潜力，这是培养研究生创造思维和创造力的必要手段。例如组织高年级研究生参与导师的科研活动，因为这不仅需要有再生性思维，更需要有创造性思维，这种思维带有更强烈的探索动机，经过存疑、假设、推理、验证等阶段，能够达到对新事物或真理的认识。

2.培养研究生思想意识

通过政治思想和品德教育，培养科研精神。科学研究离不开探索者的自信心，科研活动的动力，总是来源于科研精神。具有科研精神和创造热情的人，就能巩固学科专业思想、主动确定工作目标，并能为此进行顽强的劳动，克服科研活动中的种种障碍，经得起失败的考验。

改革开放和市场经济，必然对大学教育和研究生产生影响。例如大学校园出现种种不文明现象，甚至出现违纪违法等行为；在择业上的功利思潮也较普遍，较少考虑国家利益和专业需要。学校要加强对研究生进行马克思主义基本原理和爱国主义、集体主义、社会主义的教育，提高他们对祖国、人民、社会的责任感和使命感，激发创造热情，提升其创造意识。

3.培养研究生综合能力

目前的教育体制对于研究生综合能力的培养和素质的提高是不完善的。很多研究生到工作岗位之后有“不适应”的现象,面对具体工作束手无策。主要表现为动手能力差、组织管理能力弱及人际关系处理不好等问题。研究生作为高层次人才不仅应当具有扎实的专业理论知识,而且要具有较强的组织管理能力、实际动手能力、表达能力及社交等综合能力,还应具有善于与他人合作共事等多方面的素质。此外,开展综合素质教育、情商教育也是德育工作的题中应有之义。

第2章

研究生创新能力培养的国际经验借鉴

2.1 国外研究生创新能力的培养

研究生教育是适应科学技术发展和需要而设立的一种特殊而专门的教育层次，同时它的发展又受到复杂社会因素的制约和影响。纵观世界范围内的研究生教育，其起源可以追溯到十九世纪初期的德国柏林大学。教育家威廉·洪堡、费希特等在世界上第一次提出科学研究也是高等学校主要任务的观点，在大学中确立"教学与科研相结合"的原则，强调科学知识的创造与探索、倡导学术自由，从而创立了世界上最早的研究生教育。在随后不长的时间内柏林大学迅速成为欧洲教学水平和科学研究成果两方面都遥遥领先的学校，成为世界各地包括巴黎大学、剑桥大学、哈佛大学、东京大学等大学学习的楷模，研究生教育也因此在德国、美国、俄国、日本等国家发展起来，世界范围内的研究生教育得到较大规模的发展是在二次世界大战之后，国外研究生教育非常注重研究生创新能力的培养。英、美等国家研究生教育就是一个不断实施教育创新、积极推进基于创新型人才培养的教育模式和教学方法改革的过程，其目的就是培养一大批能够参与全球化经济和科技竞争的创新型高层次人才。经一个多世纪的发展和完善，发达国家的大学已经形成了与经济社会和科技发展相适应的比较完备的研究生培养教育体系。特别是国外著名大学都已有一套相对成熟的适合本国国情的研究生教育培养机制。

2.1.1 美国研究生创新能力的培养

美国的研究生教育代表着当今世界的顶尖水平，无论是在社会文化还是学校教育制度上，美国的研究生教育都有很多值得世界其他国家学习的地方。

1.美国研究生创新能力的培养机制

创新是美国研究生教育的灵魂，为了确保这一办学理念能够落实，美国研究生教育依托一种完善的培养机制来加以保障。

（1）重视基础理论学习，强调博学

美国研究生教育在20世纪50年代后开始着重强调基础理论的学习和知识面的广度。美国麻省理工学院物理系教授格罗吉姆斯认为：具有较宽广和较扎实的基础理论知识对高级科学技术人员是极为重要的，这为他们进一步成长打下了重要基础。在这一理念的指导下，美国各研究生培养机构普遍重视基础课在培养计划必修课中所占的比例，鼓励学生选修自己感兴趣的基础课程，不设最高学分限制。

（2）重视知识的融合

美国教育界认为，跨学科研究是最容易实现创新的地方，跨学科学习本身可以冲破传统束缚，有利于研究生独立性和创造性的培养。因此在研究生教育中，美国高校特别重视研究生的跨学科学习和跨学科研究，特别重视交叉学科和边缘学科的教学和研究。为此，许多院校都设立了跨学科奖学金，鼓励研究生积极从事跨学科学习和研究。20世纪60年代以来，许多美国大学对传统的课程内容、学科结构等进行改革，成立了许多跨学科研究组织。例如，麻省理工学院设立了人工智能实验室、学习和记忆中心等34个跨学科研究机构，并成为研究生从事跨学科研究的重要基地。

（3）学制灵活，适应性强

为了增加学制的灵活性，美国高校研究生教育普遍实行学分制管理。在学分制中，除了必修课之外，研究生必须按照最低学分要求选修与本学科或本研究相关的课程。选修课的学时比例往往都高于必修课的比例。此外，研究生可以拥有自己的独立研究时间。据统计，在两年的硕士课程期间里，研究生的独立研究时间为108个学时，是上课时数的两倍。这种充满弹性的学制为学生自由选择研究对象提供了更大的自由空间，更有利于研究生的学术创新。

（4）鼓励研究生广泛参与各种科研实践活动

首先，把学术型研究生，特别是博士研究生看作科研创新的重要力量，鼓励他们积极参与导师组织的科研活动,甚至让相关专业的研究生参加并承担大量国防科研任务和符合国家需要的重大科研项目。其次,创造条件让研究生以助教、讲师或助理研究员等身份参与学院或研究机构的科研教学工作。再次,鼓励研究生参与各种学术会议,经费大多由导师资助,会议论文可以作为学术成果。最后,实行校企合作培养研究生模式。导师积极鼓励研究生到企业实习,让研究生在实习或学习过程中及时把握社会需求,更有利于做出创造性贡献。

2.美国研究生创新能力培养的特点

美国研究生教育代表着当今世界高等教育的最高水平,在紧紧围绕创新这一核心理念上,美国研究生教育在创新能力的培养上形成了以下特点:

(1)重视发挥研究生导师的主导作用

为了提高导师在研究生创新能力培养环节中的主导作用,美国研究生培养机构普遍实行个体指导与集体指导相结合的导师制度。新的研究生入学之后,首先要为其确定一位专业指导教师,然后还要成立一个指导委员会,类似于我国的导师组,成员通常由3—5名不同专长的教授组成,组长由研究生的专业导师兼任。研究生的学习计划首先要在导师指导下由研究生和导师共同讨论拟定,提交指导委员会通过后再实施。研究生在学习中不仅可以向自己的导师请教和探讨问题,也可以随时找指导委员会的任何一名教师询问问题或交流,委员会的教师则把学生的咨询视作是一种荣誉和自豪。美国研究生教育的这种导师结构从师资上确保了研究生可以拥有合法而宽广的知识来源渠道以及接受不同学科背景和学术思维训练的机会,是促进研究生创新能力培养的关键性举措。

指导委员会平时还要检查学生学习计划的完成情况、组织考试和负责最后的论文答辩,并决定是否推荐授予学位等等。值得注意的是,研究生往往在入学一段时间与老师有了相当的接触之后才确定指导教师,而且实行双向选择制度,如果研究生在论文撰写工作正式开始之前对导师的指导感到不满意,可以随时提出更换指导教师的要求。这种灵活性也保证了导师可以因材施教地对研究生进行学术指导。

(2)非常注重能力和创新精神的培养

美国研究生教育的一个最突出特点就是不仅重视知识的获取,更注重对研究生能力的培养,特别是创新能力与创新精神的培养。这一核心特点体现在研究生培养环节的各个方面。

在教学环节上,美国研究生教育特别强调对权威的质疑精神和批判精神,鼓励学生在课堂上随时对自己有疑问的地方提出问题,导师也真诚地欢迎学生与自己进行讨论和交流,鼓励学生提出反对或不同意见。为了鼓励学生创新,课堂教学以启发式教学为主,授课除了必要的讲授外,更多的是试验和探究性活动。教师更强调对学生自主学习能力和探究能力的培养,上课往往只是引导性的,简明扼要,把大量的时间留给学生在课堂上进行探究活动。为此,研究生必须在课前花费大量时间看书、准备讨论提纲等。

在实践环节上,美国研究生教育非常重视培养学生的自主动手能力。研究生的实验工作都要自己动手,教师只是起指导、顾问作用。另外,他们还很重视研究生对研究工具的学习和掌握,如,统计学、研究方法、计算机和外语等。在美国,统计学和研究方法之类的科研工具类学科往往都是研究生的必修课。

为了培养研究生的创新精神,研究生管理部门还对研究生的培养环节做出特别的规定和要求。首先,学习计划中除了主修方向外,必须还要有若干个副方向。其次,研究生导师组的成员中除了一名本学科导师之外,必须有两名是外系或外单位的导师。最后,为了避免任人唯亲现象,不少学校不赞成学生在同一个地方连续攻读学士、硕士和博士,甚至有学校明确规定"不准学生在本校连读"。这些措施都旨在培养宽基础,具有创新意识的高层次人才。

(3)宽进严出,严把质量关

美国的研究生学制是弹性的,入学制度也是相对宽松的,但是并不因为这一点而降低任何学位的培养质量标准。美国研究生教育一般被视为国家的精英教育,为了确保人才质量,普遍实行典型的宽进严出制度,研究生毕业要比入学难得多。从培养环节角度来看,最初研究生的选拔、课程学习、科研、论文撰写到最后的学位授予都有一套完整的规章制度和办法来监督,且考试、考核和答辩环节都由导师和指导委员会把关。为了保证质量,各研究生培养机构对学位授予还实行一定的强制淘汰制度,这一制度保证了研究生的培养质量。据统计,一般研究生院淘汰率在10%—15%,名牌大学的淘汰率则高达30%—40%。论文是研究生,特别是博士研究生培养质量的重要标志。为了保证博士论文的质量,学校会对申请博士学位的候选人采取预答辩制度,只有通过层层考核,论文选题和写作都获得答辩委员会认可的情况下,才能进入下一步的答辩环节,才能有获得学位的权利。如果发现学生在学习过程中有任何学术不端行为,将会视其严重程度对其作出相应处罚,严重者将取消学位。

总之,通过对美国研究生教育中创新能力培养的考察,可以毫不夸张地说美国研究生教育的各个环节和全部过程都是围绕创新能力的培养而进行的,美国研究生教育的实质就是创新教育。

3.美国:"新自由主义"理念下的创新教育

约翰·杜威(John Dewey)是美国新自由主义的核心代表人物之一,他的《自由主义与社会行动》系统地阐述了“新自由主义”哲学的内涵，即“新自由主义”的三个永恒要素是“自由、个性及自由智慧”。之后，以杜威为代表的“新自由主义”哲学作为核心价值取向影响着美国的教育实践。“新自由主义”认为，教育是影响人们思想、性情与态度的最重要力量之一，最能敏感而持续地反映人的自由智慧水平，这种自由智慧的内核就是科学精神和科学方法，即科学的实验方法、合作的研究方式及反思性的思维方式。在“新自由主义”理念观照下，美国的教育非常注重对学生合作态度、质疑与探究的科学精神的培养，并将这种理念贯穿到整个教育过程之中。美国社会认为，大学是国家创新体系中最重要的组成部分，其主要责任就是科学研究与人才培养，特别是研究生教育决定着国家科技性质和水平，因此，它理应承担较多的科技创新与学术发展责任。基于此，美国采取了很多带有“自由主义”理念的、立体化的改革措施对研究生的创新能力进行培养。

（1）以培养科学创新精神为核心价值理念

合作、质疑与探究的科学精神正是科学创新的基础性条件。美国对研究生创新能力的培养就从学生的科学精神与科学态度开始。他们认为，研究生教育的主要目的并非单纯的知识学习，而在于智力开发与知识探索。重点在于培养学生的研究风气、研究习惯以及研究方法，以增强专业技能与科学探索能力。研究生教学与管理工作必须紧紧围绕着促进研究生探究精神的形成与发展来开展。同时，大学非常重视研究生教育的目的性与计划性，并且一切计划都应考虑到研究生的智力和所学知识的紧密结合，同时，还应使研究生能接触到必须回答的科学、文化、艺术等问题。

（2）以培养计划确保创新性要求，以灵活学制确保创新实现

美国的研究生教育有一套完整而严格的培养方案，依据培养目标和计划，对研究生的课程学习、科研参与以及论文写作都有严格规范，并对研究生实行高淘汰率制度，这个方案不但具有很强的约束力，而且对研究生的培养目标进行了清晰的界定，如将职业性与专业性作为研究生教育的首要目标，要求硕士“获得从事学术活动和职业工作的能力，可以在这一领域从事创造性的专业工作”，对博士则要求“具有从事创造性学术活动和科学研究的能力”，并要求他们“终生探求知识”。学术性学位的研究生侧重于学术能力训练与科学精神熏陶，为将来的学术生涯掌握系统的研究方法以及学术规范，因此，对攻读学术型学位的研究生需要特别强调创新精神和创新能力的培养。但是，攻读专业硕士学位的研究生并非只专注于实用技能的训练与提升，而同样应将创新能力与创新精神作为其重要的培养目标。如广为人知的专业硕士学位MBA就将创新精神和创新能力的培养贯穿到了整个课程体系与培养计划的实施过程中。美国的研究生教育并不规定严格的学习年限，而是以学分制为基础实行弹性学制，这样就可以使学生有充足的时间对所选择的研究对象进行研究，给学术创新提供了时间保障。

(3)以课程与科研为媒介强化基础理论学习与博学

"新自由主义"的教育观认为,跨学科学习与研究不但可以促进研究生独立性和创造性的培养,更容易冲破传统知识的束缚,在知识的交叉与融合中实现创新。受此影响,美国的研究生教育强调宽广而扎实的基础理论知识的学习,并从课程设置中得以体现。首先是各培养机构在培养计划中设定了基础必修课在整个课程体系中的最低比例,一个专业设置百余门课程以供学生选择,规定研究生必须选修与本人研究领域相关的一定数量的课程,选修课的学时不低于必修课,但不设置上限,并鼓励学生尽可能多地根据自己的兴趣选择选修课。

其次是各高校非常注重新型交叉学科与边缘学科的教学与科研。研究生的课程设置呈现动态化与集约化的特点,多数以讨论课的形式展现,课程的考试或考核方法多样,如口试与作业集合、提交论文、讲座汇报或者课题设计等形式,且教师会单个地对研究生的课题设计进行诊断并理清思路。为激发研究生跨学科学习的热情,美国多数研究生培养机构设立了跨学科奖学金,同时,从上世纪60年代开始,很多大学变革了传统的课程以及学科结构,特别是对大学学术组织形式进行改组,逐步实现了单一学科组织向跨学科组织的转化。现在麻省理工学院有34个跨学科研究机构,斯坦福大学有31个跨学科研究机构,这些研究机构的成立为研究生从事跨学科研究提供了重要的平台。

④以民主的课堂教学模式培养学生自主探究精神

"新自由主义"拒斥绝对论,认为教育不是培养信徒,而是培养探究者。因此,美国的课堂充满了民主气氛,导师鼓励学生随时在课堂上质疑、提问以及辩论,总是乐意和有不同意见的学生进行讨论与交流,对不同意见持宽容与保护的态度,以此培养学生"去权威化"的质疑精神和批判精神。教师很少用讲授方式上课,而是启发学生进行试验性和探究性活动。教师往往利用一次课的时间大致介绍一些研究的专题,然后让学生自己选择感兴趣的问题进行研究,一定时间后学生轮流上台阐述自己的研究结果,并与同学进行讨论,教师仅仅是一个"旁听者"或者"顾问"。为此,研究生的功夫就花在课堂之外,汇报前需要进行大量阅读、撰写讨论提纲等。而对于实践性课程,实验中的主角是研究生,导师仅仅来回"观看"并适时地指点或评价。不过,导师非常重视研究生对研究工具的学习和掌握,特别是统计学和研究方法之类的科研工具类学科往往都是研究生的必修课,在研究过程中,研究生对工具的使用情况,直接影响其学位论文通过与否。

2.1.2 德国研究生创新能力的培养

1.德国研究生创新能力培养机制

由于德国的学位制度改革刚刚起步,硕士研究生教育与本科生培养分离后还在探索和完善培养机制阶段。因此,在德国所谓的研究生教育主要是指博士生教育,对德国研究生创新能力培养机制的考察也大多侧重于博士研究生阶段。德国博士生研究生创新能力的培养主要体现在以下几个方面：

(1)研究生培养坚持高标准、严要求

德国大学的博士生招收虽然不需要入学考试，但是并不意味着准入条件低。除了学位要求和导师同意外，还必须有一个拟定的研究课题，该课题必须得到导师的认可，然后需要系主任书面签字认可，最后得到校学术委员会的书面认可后方能获得候选资格。选题是由申请人自己独立提出的，课题研究一般要有一定的前沿性和较高的学术价值，没有一定的学术训练和科研基础是很难顺利通过选题关的，所以德国博士研究生通常都是在职人员攻读。

(2)博士生指导教师遴选非常严格

高水平的教师队伍是研究生培养质量和创新水平的可靠保证，因此各个国家对研究生指导教师的资格认定都有严格的要求。在德国，从理论上讲每一所高校的所有专业都不需要申报就可自动获得博士学位授予权。但是并非所有的教师都有资格做博士生的指导教师，通常只有学术性大学的教授才能做博导。要想取得教授资格，需要在获得博士学位后通过教师备选资格考试。一个刚毕业的博士如果要在高校获得教授资格，就要先从担任助理讲师开始，逐步沿着高级助理讲师、有领导责任的助理讲师的路线一步步升到讲师，在担任助理讲师或讲师工作的同时，还必须花4—6年的时间完成教授备选资格论文，并通过专业教授委员会组织的答辩方可取得教授资格，进而被某所大学聘为教授。与我国的教授晋升制度相比，德国的教授晋升程序比较严格，而且还要发表有一定贡献的论文。这种严格的博士生导师选拔制度确保了德国博士培养质量，即使在没有什么课程教学的条件下照样具有很高的水平。

(3)坚持产学研相结合，鼓励研究生创新

为了形成创新的动力机制，德国研究生教育在坚持产学研结合教育的传统基础上注重科研与社会联系，提出并进行“产学研一体化”的鼓励创新办学模式。首先，重视硕士学位的多样性。在本硕分离的改革趋势下，德国研究生教育逐步放弃了过分看重基础知识和学术研究的传统教育理念，开始积极适应社会的需求，在坚持和保留传统的学术型硕士培养的基础上，也培养应用型和技术型专业硕士，这种改革加强了科研与社会需求的联系。其次，利用社会第三方力量评估和监督研究生专业质量。在德国研究生教育改革的大潮中，一个非常鲜明的特征就是重视社会对研究生教育质量的认可和评价。为了更好地实现教学、科研和社会生产的一体化，德国采用了学科专业设置社会评价机制。该机制规定，所有大学专业特别是新学科专业的设置，都需要得到第三方社会中介组织的动态评估认证，评估的依据为是否适应社会的需求。而在改革前，大学设置任何专业都是不受外部力量影响的。最后，积极促进大学科研成果向社会转化。为了促进高校科技成果的转化，政府制定了专门的法律保障大学教授和学生的知识产权和科技成果。如规定所有教授的发明都要经由学校评估后再上报申请专利等。在技术转让方面，政府建立了全国性的技术转让机构和网络平台，专职负责大学与企业的技术转让工作。

(4)积极推进研究生教育国际化

首先，学位制度与国际接轨。受欧盟一体化的影响，德国研究生教育首先放弃了自己奉行多年的学位制度，开始采用国际通行的三级学位，即学士-硕士-博士三级学位制度，并且实行国家间相互承认学位和学分的制度。其次，学位课程国际化。为了加强研究生教育的国际化，德国大学不仅开始国际流行硕士学位课程，还积极鼓励高校教师采用英语授课，以方便和吸引更多的国外留学生就读。最后，积极推进教育服务的国际输出。德国在推行研究生教育过程中，也加强了与世界其他国家的合作，并利用自己的教育质量优势大量推行专门针对国外留学生的教育服务形式，甚至在国外设立分校和留学预科班，积极推动教育服务的国际输出。

2.德国研究生创新能力培养的特点

德国研究生教育对创新能力的培养主要具有以下特点：①学术创新要求严格，是典型的“宽进严出”教育模式；②对研究生的学术评价机制非常严格，学位课程学习轻松，但更重视研究生的自主创新成果，要求博士生自选论文课题进行研究，指导教师主要在方法和规范上给予帮助和指导；③重视论文研究的创新性，答辩程序严格，重视培养过程中学术能力的综合评价，没有对学术成果作出硬性规定和要求；④研究生教育强调教学与科研相统一，注重理论与社会实践相结合，在新时期更加注意产学研合一的办学思想，既重视研究生参与科研实践，同时又为研究生创新营造了良好的外部激励机制；⑤研究生培养走国际化道路，主动与国际学位制度接轨，重视外语教学和学习；⑥对指导教师的选聘十分严格，重视研究生导师队伍素质建设。这些特点形成了德国研究生教育的独特模式，德国研究生的创新能力也基于这种模式而蜚声国际。

3.德国：基于“红堡理想”的科研化教学模式

传统的德国大学实行硕士和博士两级学位制度，自1999年《博洛尼亚宣言》之后，德国大学才开始实行学士、硕士、博士三级学位体系。当前，德国的本科与硕士研究生两级教育在剥离之后还在理顺关系当中，因此，德国的研究生教育仅仅是博士生教育。洪堡大学的教育理念深刻地影响德国的人才培养。洪堡大学对教育提出了“理想化的目标”：培养“全人”，即培养有批判、创造、实事求是的科学精神，有独立人格与责任感，具有博而精的知识结构，诚实、守纪与理解他人的良好个性的人。而培养“全人”的办法是坚持“教与学的自由”“研究与教学的统一”“以科学达至修养”。在洪堡理想的影响下，德国研究生的培养强调理论与实践、教学与科研相结合，强化研究生科研能力和创新能力的培养。

（1）以创新型课题作为入学门槛

德国大学没有博士生入学考试，而是以自己设计的研究课题的创新性作为入学的基本条件。在经费得到落实，基础学位得到确认并征得导师同意以后，教师才能以招聘助手的方式招收博士研究生，更重要的是申请者必须提交一个课题方案，导师审查课题设计的创新性与可能性之后，由系主任签字确认，并送校学术委员会审查认可，方可成为博士生候选人。通过对课题方案的审查，可以考察申请者的学术基础与创新能力，学术训练不够和科研基础较弱的申请者会被排除在博士研究生行列之外。

（2）构建产学研结合的创新动力机制

洪堡大学提倡的“教学与科研相结合”人才培养模式在研究生培养中得到继承与发扬。德国博士研究生培养的主要环节不在于教学而在于独立的科研活动，由于入学门槛高，所以博士生没有必修课程只有选修课程，这是导师引导下的个别化教育模式，博士生往往根据自己的兴趣与需要参加各种学术讨论、学术报告等非课程性的教学活动；博士生还可以担任导师的助教，负责导师执教学科的答疑，指导学生作业、实验、毕业设计或撰写论文等，以此来完善自己的知识储备与能力。

德国还制定了专门的法律来激励研究生创新。为了更好地实现博士生培养的产学研一体化，德国政府建立了全国性的创新型技术转让机构和网络平台，专职负责大学与企业的技术转让工作，这样既增强了博士生创新成果的社会认可度，又使博士生在成果转让中获取较大利益。同时，为了对新技术、新产品进行开发与攻关，一些公司会资助一些大学毕业生将攻关课题作为学位论文选题去申请攻读博士学位，这些创新型的科研成果就是博士学位论文的核心成果。国家也对这些公司实行相应的免税政策，以支持公司的资助行为。

（3）强化在论文研究中的创新

德国研究生的导师非常重视在论文写作中培养研究生的创新能力。导师不但要对博士生的研究方法和规范进行帮助与指导，连博士生论文中的所有章节都要由学生与导师商讨后才能确定。论文初稿出来之后还要打印15—30册先送同行专家审读，并且研究生要邀请同行专家或博士生对论文各个章节的论点进行讨论，然后再根据大家的反馈意见对论文的创新点进行完善，在指导教师最后审阅后，确认论文具有创新性价值之后才能正式提交。学院组织答辩之前，如果3位论文评阅人中有1位评定为不合格，博士生就会失去继续攻博的资格，而且论文的优秀率和淘汰率都在10%左右。

除严格的论文答辩之外，大学还会组织相关教授对博士生的知识面进行考察，这种考察往往和研究的内容不相关，主要是考察研究生的学术视野和知识宽广度。如果考察不过关也不能获得博士学位，这从客观上促使博士生广泛涉猎各种知识。

(4)严格的导师遴选制度

由于德国的导师和研究生之间的联系十分紧密，导师不但要指导学生的学术还要通过言传身教的方式将自己的学术态度、学术信念以及人格道德传承给学生，因此，德国对导师的遴选十分严格。严格的导师遴选制度保证了导师本身的创新能力，并保证了博士生创新能力的传承。

2.1.3 日本研究生创新能力的培养

1. 日本研究生创新能力培养机制

日本的研究生培养制度在坚持创新理念的基础上形成了自己的鲜明特色，从整体上看，日本研究生创新能力的培养机制主要体现在以下方面：

(1)实现以教授为核心的集体培养制度

日本研究生的具体培养单位实际上是大学院下的研究科，类似于我国的学科门类或专业。研究科的实体是由教授命名的研究室，一个研究室就是一个学科研究和教学团队。研究室的基本结构是“教授+副教授+助手”，然后有一群博士研究生、硕士研究生和四年级的大学生。这样，博士生、硕士生和大学生实际上就是研究团队的主力。而教授作为研究室的领导人，其权限相当大，不仅掌控助教、讲师的聘任，还拥有录取研究生和自主支配科研经费的权利。所以，日本的教授就是类似于我国的研究生指导教师，其学术水平将直接关系研究生的培养质量。但是，日本研究室的教授并非一个，所以日本的研究生也是采用以教授为核心的集体培养制度。

(2)课程设置强调学科的综合

日本研究生教育改革后，非常重视课程设置的综合化。一方面，日本强调基础理论的学习，其基础学科学时达到60%以上；另一方面，重视跨学科学习。为了推动学生的理论基础和跨学科学习，日本也像欧美一样增设选修课，学生可以选择自己感兴趣或与本学科相关的课程。同时，日本也允许学生跨专业、跨学校学习课程，学分可以相互承认，导师也可以根据学生的需要聘请校外或国外教授担任指导教师。

(3)积极推动研究生教育国际化

为了适应全球化需求，争取在国际舞台上有更多的教育话语权，日本政府纷纷建立专门针对国外留学生的“国际大学”，国际大学开设国际流行的课程和专业，采用英语教学。

(4)施行弹性学制

为了提高研究生教育的适应性、开放性和灵活性，日本政府增加学制的弹性。日本政府规定，硕士修业年限标准为2年，成绩优异者，可在1年内完成；博士研究生修业年限标准为5年，最短可以在3年完成；允许本科三年级的优秀学生提前免试直接攻读硕士学位；允许本科毕业后具有2年以上在大学或研究所工作经历者攻读博士生课程；允许在读硕士研究生直接进入博士生后期课程。

（5）培养目标多样化

日本研究生教育需要培养三类人才：从事基础科学研究的学术型人才，产业界急需的开发型人才，地区企事业职业化高层次专业人才。日本在改革研究生教育过程中，根据社会需要设立了新兴研究科，向老人和其他成人开放研究生教育，增加职业技术型硕士学位等。为了实现培养目标多元化的需求，日本研究生培养机构与时俱进，主动从组织方式上作出了适应性的变革。目前可归纳为以下几种类型：传统大学研究生院、独立研究科（或专攻）研究生院、研究生院大学、合作研究生院、协作研究生院、研究生院重点化、职业研究生院（日文称“专门职业大学院”）等。研究生教育组织形式的多样化，促进学校特色化办学，满足社会对不同类型高层次人才的需求。无论是研究生院大学还是独立研究科，它们的一个共同特点是研究生教育的综合化与学科领域的前沿化，即适应科学技术迅速发展变化，综合学科、新兴学科不断出现的趋势，面向学科发展前沿培养具有综合能力与创新能力的人才。日本研究生教育组织形式的创新，适应了社会的多元化需求，促进了合作教育中资源的优化配置，是解决资源不足、提高研究生培养质量和创新能力的一项重要战略举措。

（6）施行研究生收费制

日本研究生教育与德国不同，所有学校都要收费。但是学费的标准相对较低。据日本文部省1994年的一次调查，日本硕士研究生的学费平均为45.8万日元/年，博士生为37.9万日元/年，本科生为77.2万日元/年（注：日本私立大学的学费比较高，国立和公立大学相对比较低）。这样的收费标准日本绝大多数学生和家庭都可以承受，何况绝大多数高校和企业都鼓励研究生在读期间从事兼职。为了鼓励日本大学生继续攻读硕士、博士学位，日本政府设立了各种奖学金，如果学生能够获得奖学金，在足额支付学费和生活费之后，还会略有盈余，而且获奖学金的比例比较高，日本大学的研究生获得各类奖学金的比例，硕士生为45.3%，博士生为62.9%。因此，尽管日本研究生教育收费，但是标准相对而言并不高。收费制度所带来的经济压力客观上促使了研究生的学习动力，由于收费合理，再加上完备的学生资助制度作支撑，日本的研究生收费制度实际上是一种鼓励创新的激励约束机制。

（7）以知识创新为龙头，研究与教育同步提升

日本的大学本身就是教育与科研一体化的实体机构，在组织上具有实现教学与科研紧密结合的优势。在“科技创新立国”的背景下，二者相互促进，相得益彰，形成了以知识创新为龙头，科研与教学同步发展的良性机制，有力地促进了研究生培养质量的提高。

2. 日本研究生创新能力培养的特点

日本研究生创新能力培养的特点：第一，日本研究生教育十分重视创新，把培养创新型人才作为执行"科技创新立国"的重要方面，并在实践中不断进行改革，不断提高研究生创新能力的培养质量。第二，日本研究生培养是典型的教育与研究合一制。研究生是学术研究的主力军，以教授为核心的研究团队是对研究生进行培养的指导集体，日本研究生的培养模式是典型的集体培养制。培养机构以知识创新为龙头，以社会需求为导向，注重理论与实践相结合。第三，日本研究生培养重视学科的交叉和综合化，培养综合性创新型人才的目标非常明确。第四，日本的研究生教育制度充满灵活性，无论是学制和研究生组织形式，还是研究生培养类型，都具有灵活性和多元性的特点，在制度上有利于发挥各种创新人才的培养潜力。第五，日本研究生实行全收费的研究生培养制度，并建立了相对完善的研究生资助制度，从财政制度上形成了研究生创新的激励机制。第六，日本研究生教育重视国际化。

3. 日本："科技创新立国"战略下的多样化模式

二战后的美苏两级对抗背景下，日本实行了以"经济建设"为中心的"技术立国"战略，利用了美欧等国家"联日抗苏"的政治需要，大量引进先进技术从而获取"后发优势"。但是，这也给日本的研究生教育造成了"工业替代大学、技术优先科学"的后果。特别是冷战后，经济竞争的全球化趋势使世界的知识产权保护意识得到加强，日本廉价获取先进技术的日子一去不复返。加上韩国、新加坡、中国充分利用"后发优势"发展迅猛，这使日本反思"缺乏原始创新"的弊端，开始将"技术立国"战略调整为"科技创新立国"，以期实现国家从"模仿"向"创新"转向。研究生的创新教育被纳入"科技创新立国"体系。

（1）重建研究生教育理念

在"技术立国"的理念下，日本的高等教育中心在本科层次，研究生教育仅是职业性技术的深化，在"科技创新立国"成为新国家战略之后，日本的高等教育重心开始向研究生教育转移，并开始建立"综合研究大学院大学"与"尖端科学技术研究生院"，将研究生的培养目标确定为培养适应时代需要的应用型、技术型、学术型与创新型的综合顶尖人才。

日本的研究生教育强调的不仅是数量和规模上的发展，更是要提升研究生的学术水平、创新能力、参与国际竞争的能力。认为"以广博知识为基础的高度专业性"是卓越科学家创造力的本源，如果要开拓新领域和挑战前沿，就需要将其他领域的最新知识融合在一起，如果研究者在某一领域虽然具有他人无法超越的知识水平，但是过于封闭于此领域，也很难有创新；具有广博的知识，又在复合领域具有高度的专业性，才是顶级的研究人才。因此,日本的研究生教育理念强调了多样化的知识储备。

(2)课程设置的多样化与综合化

在新颖的教育理念下,日本研究生的课程设置越来越注重充实或增加专业教育、增强综合知识能力。在课程和学科专业方面增设了新兴领域,促进知识更新,如“生命科学”“人际科学”“地域文化”“材料科学”等,还改造与合并了原有的部分学科,打破了学科壁垒,使学科更有综合性,如横滨国立大学工学部的12个学科改组合并为“生产工程学”、“物质工程学”、“建设工程学”和“电子情报工程学”等4个学科,每个学科中还设立了若干个“大讲座”。大学还鼓励和推动研究生的宽基础和跨学科学习,鼓励他们跨专业、跨学校选修课程,互认学分。课程改革适应了日本新型人才培养的大趋势,激发了研究生的学习兴趣,丰富了他们的知识结构,提高了他们综合思维与实践技能的层次。

为了更好地打破学术领域的壁垒,培养学生宽广的科学视野、较强的创造力、丰富的学识,日本创办了一批新型研究生院,为知识的融合提供组织保障。如高能物理所、国立遗传学研究所等研究机构就是七所国立大学在依托原学校机构的基础上成立的多学科与跨学科性质的研究组织。还建立了以尖端科技开发为重点的新型综合性的研究生院,很好地实现了知识的综合化运用,提高了人才培养的质量。

(3)注重在教学环节培养学生的启发性思维

除60%左右的基础课以外,日本研究生的课程主要以授课教师的研究方向和内容为主,教授会介绍课题的应用前景、自己的研究经历、国内外的最新研究进展以及难点,以问题为引子,让学生积极发表自己的意见与看法,启发学生思考。在此过程中,教师的研究方法、研究精神会潜移默化地传授给学生。正是如此,这种课程没有教材的束缚,而是以教师讲义、论文等形式作为授课材料。这些课程要求学生事先做好“功课”,先理解一些概念或者基础知识,在教师的引导下,通过分析与讨论逐步深化对问题的认识,教师也会要求学生课后提交自己的讨论报告,并以此为依据或者结合期末的总报告给出学生的课程成绩,并且绝大多数的教师会严格审查学生的报告,依据报告的创新性给出较为客观的评价。日本的大学就是通过这种教学方式来提高研究生对问题的研判能力,以更好地帮助他们提高科学研究的思维能力,掌握科学研究的基本方法,尽早进入课题研究环节。

(4)以“官产学研联合”机制推动研究生创新

日本借鉴了德国“教学与科研”相结合的模式,发展了具有自身特色的“官产学研联合”机制来推动研究生创新。日本政府主导日本企业充分利用大学雄厚的科研队伍,特别是研究生队伍来研发新技术和新产品,既增强了日本企业国际竞争力,又提升大学研究生教育的水平。这种模式从客观上推动了研究生的创新力发展。

“官产学研联合”的创新推动机制包括了六种有效的制度:第一,共同研究制度,即企业提供经费,大学教师与企业人员共同进行课题研究;第二,委托研究制度,即社会提供经费委托大学进行课题研究;第三,委托培训制度,即企业提供经费委托大学进行人员培训;第四,捐赠奖学金制度,企业在大学设定奖学金;第五,捐赠讲座、研究室制度;第六,共建研究中心制度等。这些制度为研究生的创新提供了必要的经费支持,使得研究生直接参与生产科研的实践中,不但提升了他们的创新能力,还为企业创新提供了动力源。

2.2 我国研究生创新能力培养现状与存在的问题

目前,在研究生教育培养方面,我国已经积累了一些宝贵的经验。但总体而言,我国对研究生的培养与满足社会对于高层次人才需求的内在关系关注度不够,适应社会发展要求的教育培养模式尚需进一步探索。这与存在一些认识误区及缺乏相应的理论指导密切相关。我国研究生教育普遍存在的一个错误认识,就是只把研究生教育看作是提高研究生培养层次的任务和途径,对研究生创新能力的重视度不够;还有一种片面认识是,既然国家需要大量高层次人才,那么研究生培养就既不会在数量上存在过剩问题,也不会在质量上存在就业竞争能力问题。

2.2.1 我国研究生创新能力培养的重要性

科学技术是第一生产力,创新又是科学技术发展的原生动力。因此,整个人类科技发展史就是人类不断突破不断创新的奋斗史。知识经济时代经济的发展以新技术的创造和应用为主要推动力。在科学技术飞速发展的今天,一个国家的国际竞争力最重要的决定因素就是国家的创新能力。创新型人才是国家创新能力的体现,一方面创新型人才创造创新产品,革新技术;另一方面创新型人才也直接彰显着国家创新能力。因此,各个国家早已将创新型人才的培养作为提升国家整体竞争力的重要一环。作为最大的发展中国家,我国政府早就认识到培养创新型人才的重要性。教育部在《面向21世纪教育振兴行动计划》中提到要瞄准国家创新体系的目标,培养、造就一批高水平的具有创新能力的人才。创新型人才的培养离不开教育,研究生教育就承担着培养各类高层次创新型专门人才的重任。在《国家中长期科学和技术发展规划纲要(2006—2020年)》中就提出:支持研究生参与或承担科研项目,在创新实践中培养其探索兴趣和科研精神。研究生教育是我国最高层次的高等教育,也是国家创新体系中的重要组成部分。因此,如何提升我国研究生创新能力不仅直接影响着我国高等教育水平,并且更深层次地关系到国家未来整体创新能力的强弱，进而影响我国国际竞争力。我国研究生创新能力的现状如何，研究生创新能力培养中存在的问题有哪些，其影响因素有哪些等等。对这些相关的问题展开研究不仅是我国研究生创新能力培养实践的要求，也是我国高等教育学科发展的要求。

2.2.2 我国研究生创新能力培养现状

目前，我国研究生的创新能力有待提升，创新能力的培养也有待加强。具体表现在研究生自主创新意识不强、导师队伍创新水平不均衡、研究生培养机制不健全、学校创新平台不完善四个方面。

1.研究生自主创新意识不强

具有自主创新意识是研究生具有创新能力的首要前提。研究生的自主创新意识不强，主要表现在学习动机、自我管理和创新意识三个方面。在巨大的就业压力下，有些研究生读研仅仅是为了便于就业或者逃避就业，而不是因为对学术和专业知识有浓厚的兴趣，他们会更加关注对自己就业有利的研究方向。学生是学习的主体，没有强烈的学习动机，也就没有刻苦专一的探索、求知精神。并且在自主学习和自我管理的意识方面，大部分研究生是本科毕业后直接进入研究生学习阶段，学校安逸的环境、相对宽松的管理让研究生的自我管理松懈，不能形成良好的生活和作息习惯。在创新意识方面，高中和本科灌输式学习的经历让他们习惯于接受，而不是自主探索发现新的知识，被动的学习方式导致了惯性思维，遇见难题更习惯于求助或者放弃而不是进行深入的思考和研究，缺乏创新意识、辩证思维能力、深入研究能力。

2.导师队伍创新水平不均衡

导师是研究生成长路上的引路人，要想培养出有创新能力的研究生，导师首先要有创新意识和创新能力，而当下各高校由于导师的聘任制度、考核制度和激励机制等存在问题，制约着导师队伍的发展，也影响着研究生创新能力的提升。在导师的准入制度方面，随着研究生招生规模的不断扩大，对导师的数量要求也在增加，降低导师准入门槛或者出于人情关系聘任导师的现象时有发生。在导师考核制度方面，不能根据时代和学校的发展对导师的考核标准和评价机制进行更新，无疑会拉大导师之间的科研能力差距。一些关注学术前沿问题，积极参与项目的导师能力就会不断提升，而一些事务型或心不在焉的导师，进取心衰退，学术能力则不断下降。最后，在导师的激励机制建设方面，流动性不强的导师队伍、“千人一面”的激励机制和贫乏的项目资金，削弱了优秀导师团队的科研积极性。

3.研究生培养机制不健全

研究生的培养机制是重中之重，关系着研究生能力的提升。研究生培养机制的不健全主要表现在研究生的课程设置和考核标准方面。在研究生的课程设置上，研究生的专业方向多，课程设置常常会忽视人数较少的专业的需求，呈现出课程资源分布不公平的现象，忽略了一部分研究生学术素养的培养。在课程内容上，社会实践课程少，实践课程与社会现实的关联性不够，学生不善于将从课堂上学到的知识运用于实践。交叉学科课程设置少，单一的课程培养方案不利于开阔学生的视野。在研究生考核标准方面，研究生在校期间考核标准单一，成果评析机制不完善，缺乏对研究生成果的创新性和贡献度进行科学评估的考核标准，造成一部分研究生的惰性，不利于激励致力于学术和科研创新的研究生。

4.学校创新平台不完善

《国家中长期教育改革和发展规划纲要（2010—2020年）》明确提出，高等学校要支持学生参与科学研究，强化实践教学环节。但一些高校的物质环境、文化环境和科研实践方面还存在一定问题。在学校的物质环境方面，一些高校的科研实践环境与国家标准不符，项目基金不足，阻碍了科研创新项目的开展。一些高校的科研基础设施不健全，外出交流机会和经费有限，影响了学生的科研创新热情。在学校的文化环境方面，信息平台的建设不健全，不同学院和专业之间的沟通和交流存在障碍，不利于学术观点的交流。科研实践方面，高校更看重培养研究生理论知识，而忽视了对研究生实践能力的培养。学生参与科研实践的机会少，拘泥于理论知识的学习，不能很好地激发创新的潜能。

2.3 对我国研究生创新教育的启示与建议

研究生教育是高等教育的重要组成部分，创新也是各国研究生教育着力追求的目标。世界各国在研究生创新教育过程中都积累了不少成功的经验和失败的教训。这些经验和教训对我国研究生教育有借鉴以及警示的作用。

为提升我国研究生创新能力，借鉴美、德、日等国的经验，根据我国的实际情况，提出以下改进措施。

2.3.1 发挥指导教师在研究生创新能力培养中的作用

美、德、日三国的研究生教育，都非常重视研究生指导教师在培养研究生创新能力中的作用。为了改善研究生的知识结构，美国采用个体与集体相结合的培养方式，把专职导师指导和指导委员会指导相结合，导师不仅要对研究生的各学习环节加以指导和督查，还有义务接受研究生的咨询，并把这当作是一种荣耀；而且为了体现因材施教的原则，研究生甚至可以更换导师。而德国研究生导师是专职的教授，他们除了平日对研究生严格要求外，在论文指导上还经常征求同行和其他专家的意见，然后再反馈给研究生进行改进，实际上也兼有美国集体培养的实质精神。日本的导师则是以教授为核心的研究室团队，是典型的集体导师制。

我国研究生培养大多是采用单一导师负责制，虽然目前部分大学研究生培养机构名义上也采用导师小组的方式指导研究生，但到最后论文写作阶段又演变成单一导师制。我国高校大部分研究生导师都是从学校到学校，没有其他行业的从业经验，虽然积累了深厚的理论知识，但对理论的实际运用不熟，因而造成很多知识和经验脱离现实。为弥补校内导师在社会经验和社会认识上的不足，更好地促进研究生科研创新活动与社会接轨，构建“双导师制”势在必行，即引入校外导师参与到本校研究生的培养中来。

此外，还必须率先在师资上下功夫：首先，做好指导教师的选聘工作，严把质量关，做到宁缺勿滥，这一点可以借鉴德国的经验。其次，加强对导师责任的监督和管理。当前一些指导教师漠视自己的责任，这与监督约束机制的软化和激励机制的弱化有关。大学要在这两方面寻找症结加以改进。再次，加强指导教师之间的合作。我国当前指导教师相互之间的合作意识不强，特别是不同专业间的合作意识不强。只有打破专业和学科界限，促进导师之间的合作才能有利于研究生相互取长补短，丰富和优化自己的知识结构，促进创新。

2.3.2 重视培养学生独立自主开展研究的能力

美国的研究生教育，非常重视研究生的“独立科研时间”。教学计划规定研究生在一段时间内，除学习课程外，还要从事和自己专业研究有关的科研活动。据统计，在两年的硕士课程期间里，研究生的独立研究时间为108个学时，是上课时数的两倍。而博士研究生在论文选题上不但有近期的课题，更有若干中期或长期的课题。在德国，博士研究生的选题必须自己提出来，然后征得导师同意。

反观我国的研究生培养，与之比较存在较大差距，甚或出现极端现象：在论文选题上，要么是导师根本不对研究生的科研论文加以指导；要么就是导师强制为研究生指定论文题目，漠视研究生的研究兴趣，压抑了研究生创新的独立性。对研究生自主支配时间应该如何利用也没有在培养环节上明确规定，研究生要么将课余时间用在非科研学习的活动上，要么被迫参与导师的课题研究，而导致其没有自主时间。

因此,我国研究生教育的管理方式需要加以改变,松散管理并非没有管理,必须对研究生的自主独立研究时间作出规定,同时在论文指导上应该充分尊重研究生的个人研究兴趣。

2.3.3 充分利用课堂教学环节培养创新能力

美国研究生教育以创新为根本理念,不仅落实在宏观制度层面,更是体现在教学领域的微观层面。而课堂教学是研究生掌握基础知识,形成创新思维,养成创新型人格的主要途径。因此,美国研究生的课堂学习十分推崇启发诱导的方式,鼓励研究生就不同问题发表个人见解,并进行公开讨论,使课堂气氛热烈活跃,师生之间以互相得到启发为最大荣耀,形成了独特的以课堂讨论为主要组织形式的研究生教学"Seminar"模式。而德国博士研究生教育虽然对必修课程没有做要求,但选修课程的学习却是必要的。德国研究生教学过程中,一直都有鼓励研究生发表独立见解进行讨论的教学传统。就连美国的"Seminar"也是在吸收德国这种优秀教学传统的基础上发展而成的。

而我国尽管有大量的必修学位课程要求研究生学习,但课堂教学中对研究生创新能力的培养十分有限。我国的课堂教学当前较大部分还是典型的知识传授型教学,以教师讲授为中心,学生静听为主,具有灌输性特征。部分大学目前也开始学习美国的"Seminar"教学方式,但由于我国研究生和导师长期受惯性思维的限制,讨论的气氛和实效欠佳,形式大于内容,组织形式还有待探索。

因此,我国研究生教学环节的改革迫在眉睫,改变长期占统治地位的知识传授型教学方法,加大启发诱导的因素,鼓励研究生讨论,是我国研究生培养在今后应该努力的方向。

2.3.4 建立教学、科研与社会需求良性互动机制

美国研究生教育非常重视教学、科研和实践的结合,鼓励研究生独立参与科研课题的研究,鼓励研究生将课堂知识的学习与实践相结合,参与社会各种实践活动。德国研究生的选题必须是自选课题,同时要求科研与实践相结合。在办学思路上,美国、德国和日本的研究生教育都主张向学校与企业和社会合作的方向发展,面对社会需求,进行知识创新,政府还鼓励大学科研成果及时转化为专利,形成产学研一体化的社会创新体系,有力地促进了研究生科研创新活动的发展。这正如约瑟夫·本大维在有关英、法、德和美国高等教育的经典研究中所提出的:科研和教学远不是自然的匹配,只有在特殊的条件下,它们才能组织在一个单一的框架之内。

我国在这方面虽然有很清晰的认识,但学校与企业、社会合作的科研模式尚处于探索和发展阶段,科学研究与社会需求的结合还没有形成良性机制。大部分科研机构

申请课题都是以获取政府资助的大型科研项目为主,而对于那些与企业、社会生活紧密相连的中小科研项目却缺乏研究兴趣。这是导致我国尖端科技与国际先进水平差距不大,而中低端科技水平却远落后于国际先进水平的主要原因。

所以,我国研究生培养还要在适应社会多样需求方面下功夫,加强科研活动与社会需求之间的联系,形成科研服务社会,社会支持创新的良性互动机制。

2.3.5 实施启发式课堂教学和开设学术讲座

美国对研究生创新能力的培养不但有宏观政策支持,还有微观教学的优化。课堂教学对研究生基础知识的掌握、创新思维与创新精神的提高有重要作用,而选择何种方式进行课堂教学直接影响其效果。美国的诱导式教学方法可以帮助研究生大胆讨论、发表自己的意见、大胆质疑,不但使自己的思维得到训练,还能让师生之间相互启发。

随着我国研究生数量不断增多,很多课堂教学采用了本科生阶段的大班讲授方式,以知识灌输为主要模式的教学成为创新性思维的主要障碍。因此,我国研究生课堂教学应该采取小班化教学,倡导研究性教学,依据研究生培养目标,更新教学手段、内容、方法,培养学生将理论与实践密切结合的能力,养成科学思维的习惯和严谨的工作作风以及创造性思维的能力。

所以,启发性课程学习是研究生科研创新能力培养的基础,起到了引导和激发作用。在目前无法改变权威型师生关系的情况下,通过一定的办法还是可以达到一些启发性效果:如教师可以在开学初布置一些主要讲授内容,每次部分课堂时间由学生讲解,老师进行点评。这种方式可以督促学生提前查找相关资料或做实验,准备讲课的内容,从而达到较好的启发效果,是培养科研创新能力的途径之一。此外,学校还可开设相关研究生讲座,但学校作为讲座的主办方,应严格把好讲座的质量关,或者根据学生需要由学生提出应该请来的专家学者进行讲座,避免讲座成为政绩工程,没有实际效果。

2.3.6 提倡对学术创新工具的学习和掌握

美国研究生的培养不仅重视研究生的科研成果,更重视研究生科研创新能力的基础训练。因此他们特别重视和强调研究生要在宽广的知识基础上掌握学术创新工具,其中包括,专业基本理论的学习、基础学科的学习(如数学)、统计方法的掌握、科研软件的熟练运用和外语的掌握等。尽管美国研究生培养对博士明确要求论文“要对知识有新贡献”,但对科研基本能力的培养甚至超过结果本身。德国研究生教育对答辩之前准备环节的要求远甚于最后的答辩环节,其目的在于培养研究生的学术创新技能。

日本研究生也通过研究室的科研训练，培养基本的科研创新素质。

而我国尽管在培养计划上明确要求重视研究生创新基本能力的培养，但由于研究生导师缺乏规范的学术创新训练，一些科研方法、研究工具软件的运用、统计方法和外语的学习自身都难以把握，更遑论对研究生进行指导，这一现象在社会科学研究领域尤为普遍。正是由于该原因，我国很多研究成果缺乏基本的学术规范，不能与国际学术界对话和接轨，难以得到国际同行的认可，大大影响了我国学术界在国际上的话语权，不利于研究生创新能力的培养。当前我国即使有学校做出了要求，但经常因为无人可教而使之流于形式。因此，我国的研究生教育对创新基础的培养大多只能在基本理论知识和科研实践环节有所作为。这就是为什么文科研究生学术科研哲学式的"思辨"方法流行，而理科研究生的学术论文成果虽多但国际影响力甚小的原因。

因此，我国研究生教育在创新能力培养方面，急需加强研究生对学术创新工具、学科和知识的掌握。

2.3.7 强调学科交叉知识的掌握和应用

美国研究生教育非常强调知识面的宽广。除本专业所应该具备的基础知识，还强调研究生应该注重跨学科知识的学习。为此，美国研究生把专业必修课程与选修课程并重，鼓励研究生选修更多的跨学科课程。德国研究生在培养过程中几乎是选修课程的学习。两个国家的研究生培养体系中不但重视知识面的深度，更重视学生知识面的广度，鼓励甚至硬性规定研究生要跨学科或跨学校选课，而我国研究生培养中的学科专业和研究方向壁垒森严，往往局限于自己研究的狭窄领域，几乎不涉猎其他方向或专业知识。因此，我们需要在制度上保证学科、专业之间的联合与交叉，拓宽研究生的知识面，为创新打下基础。

我国当前研究生培养中，对跨学科学习的认识还处在讨论阶段。我国研究生培养的学科专业和研究方向界限分明，特别是博士研究生一个导师基本只负责一个研究方向，因此博士研究生就仅仅限于与该方向有关的知识学习，其他方向和专业的知识除非学习必要否则根本无人问津。可见即使是对专业内基础知识的学习我国研究生都存在基础知识面过窄的问题，更谈不上跨学科的学习。

因此，我国研究生在知识培养上要加强学科联合和专业联合的理念，积极拓宽知识面，培养研究生坚实的创新基础。加强与国内、国外同行的交流能获知别人在这个领域内研究的深度，获得最前沿的科研动态，也可以传播自己的思想和研究成果。

2.3.8 实行灵活的学制以创造宽松的创新环境

美国研究生创新教育不仅对研究生坚持高标准的严格要求，还在一些具体的领域实现一定的弹性，为研究生的创新创造宽松的环境，实行宽严结合，即在学术标准培养目标和培养原则方面严格要求，在有利于创新的领域和环节可以灵活处理。如在学制上实行弹性学制；允许研究生长期请假外出进行科研调查甚至休学；允许研究生在毕业论文选题之前自由选择和更换导师以利于导师的因材施教；鼓励研究生有个人独立创见；课堂教学采用多种教学形式；鼓励研究生兼职增加社会实践经验等。德国研究生培养也体现了这一特点，集中表现在对研究生学位论文选题兴趣的尊重上，并要求选题必须自选。另外在研究生整个培养过程中美、德、日对研究生入学都比较宽松，但对毕业论文答辩和学位的授予却十分严格，如德国研究生一旦选题报告两次不通过，就永久取消在全国范围内该专业就读博士资格的权利，是典型的宽进严出。

而我国研究生教育过程中虽然也体现了宽严结合的管理原则，但对研究生培养的具体环节管得过严，如论文的发表、导师的指定、专业的更换等；而对研究生的日常生活却缺乏必要约束，又失之过松。还有我国大多数研究生培养机构不鼓励研究生兼职，认为这会影响学术创新；课堂教学教师讲得多听得少，认为这样可以节约时间；我国研究生入学考试竞争之激烈在当今世界绝无仅有，但对研究生的毕业要求却看重发表论文数量和学分完成情况等表面的可操作性指标，对涉及创新的学位论文答辩程序上很严格，实际要求很低，论文答辩在我国较为宽松容易通过早已成为公开的秘密。尽管不少机构开始实行论文盲审制度，但由于利益相关性问题，盲审仍然没有根本性改变我国研究生学位论文评价制度。

因此，我国研究生教育必须围绕创新这个主题重新设计和改进现有制度，体现灵活性和原则性的统一。总之，我国研究生教育在培养创新能力方面有自己的优势，但还应清醒地看到我国与世界教育强国之间的差距。当前我国把科教兴国作为基本国策，而培养创新型研究生人才是实现这一国策的基础，积极吸收国际研究生教育的先进理念和经验，改革我国研究生创新能力培养模式，是促进我国科技创新人才培养的必由之路。

第3章

研究生创新能力培养的理论基础

3.1 创新理论

从词源学意义上讲，拉丁文的“创新”强调“旧貌变新颜”，主要指对现有事物的改造和更新，表现为认识论和方法论上的变革与更新。“创新”具有多个层面，如组织、制度、技术、管理和文化等。“创新”有动词与名词两种词性，作为动词是指“抛开旧的，创造新的”；作为名词是指“创造性、新意”。由此可见，“创新”之“新”的要义是指“弃旧扬新”“推陈出新”“革故鼎新”；“创新”之“新”的程度是指“前所未有”“人无我有”，即具有首创性和独创性；“创新”之“新”的效果要求“耳目一新”“高人一招”；“创新”之“新”的方式是指“无中生有”“有中找无”；“创新”之“新”的速度需要“先人一步”“快人一拍”。因此，那种“跟踪”研究（“亦步亦趋”式）或“模仿”研究（“东施效颦”式）很难说是真正的“创新”。创新作为人类社会独有的现象，强调的是一种首创性的、有进步价值的活动，是主体自觉进行的认知活动和实践活动。正如美国研究生院协会在《博士论文的作用与性质》中所提倡的——“之前人没有做过的研究，或者创造了新知识的研究”。

创新作为一种理论，可追溯到1912美国哈佛大学教授约瑟夫·熊彼特（Joseph A. Schumpeter，1883—1950）在其《经济发展理论》中用创新理论解释“什么是发展”的问题。熊彼特在其著作中提出:创新是指把一种新生产要素和生产条件的“新结合”引入生产体系。熊彼特独具特色的创新理论奠定了其在经济思想发展史研究领域的独特地位,也成为他经济思想发展史研究的主要成就。熊彼特认为,资本主义经济打破旧的均衡而又实现新的均衡主要来自内部力量,其中最重要的就是创新,正是创新引起经济增长和发展。

熊彼特在由创新波动引起的繁荣和衰退交替出现的“纯模式”的基础上,提出了“第二次浪潮”的概念,即创新浪潮的后续反应,其特点是需求、物价和投资膨胀,投机行为急剧增加,并导致失误和过度投资。由此说明了“纯模式”和资本主义实际经济周期“四阶段模式”(繁荣、衰退、萧条、复苏)之间的内在联系。他认为,由于经济领域中存在多种创新活动,不同的创新活动所需的时间长短不一,对经济的影响范围和程度也各不相同,从而出现多种周期。熊彼特关于创新的基本观点中,最基础的一点即创新是生产过程中内生的。他认为经济生活中的创新和发展并非从外部强加而来的,而是从内部自行发生的变化,这实际上强调了创新中应用的本源驱动和核心地位。到20世纪60年代,随着新技术革命的迅猛发展,美国经济学家罗斯托提出了“起飞”六阶段理论,“技术创新”在创新活动的地位日益重要。但随着技术创新的迅猛发展,其表现出了越来越强的知识依赖性。创新由易变难,逐渐成为高知识积累群体才能完成的工作,这也在无形中促进了创新与应用间壁垒的形成。

创新在研究领域产生,随后经过一个时间过程后在应用领域得到接受和采纳,这成了第二次世界大战后人类更熟悉的创新扩散模式。在创新扩散研究中,最有代表性的是罗杰斯的研究工作,他提出的创新扩散理论从20世纪60年代起一直在领域内居于主导地位。罗杰斯深入分析了影响创新采纳率和扩散网络形成的诸多因素,认为创新扩散受创新本身特性、传播渠道时间和社会系统的影响。进入21世纪,信息技术推动下知识社会的形成及其对创新的影响进一步被认识,科学界进一步反思对技术创新的认识,创新被认为是各创新主体、创新要素作用下的一种复杂涌现现象,是创新生态下技术进步与应用创新的创新双螺旋结构共同演进的产物,关注价值实现、关注用户参与的“以人为本”创新2.0模式也成为新世纪对创新重新认识的探索和实践。

习近平强调,抓创新就是抓发展,谋创新就是谋未来。不创新就要落后,创新慢了也要落后。要激发调动全社会的创新激情,持续发力,加快形成以创新为主要引领和支撑的经济体系和发展模式。要积极营造有利于创新的政策环境和制度环境,对看准的、确需支持的方向,政府可以采取一些合理的、差别化的激励政策。创新始终是推动一个国家、一个民族向前发展的重要力量。我国是一个发展中大国,正在大力推进经济发展方式转变和经济结构调整,必须把创新驱动发展战略实施好。实施创新驱动发展战略,就是要推动以科技创新为核心的全面创新,坚持需求导向和产业化方向,坚持企业在创新中的主体地位,发挥市场在资源配置中的决定性作用和社会主义制度优势,增强科技进步对经济增长的贡献度,形成新的增长动力源泉,推动经济持续健康发展。

3.2 创新能力概念

在科学技术飞速发展的今天,创新能力越来越成为一个国家国际竞争力和国际地位的最重要决定因素。改革开放以来,我国创新能力有了很大提高,一些科学研究和技术创新成果在世界上也占有一席之地,但我国创新能力和国际先进水平的差距仍然较大。根据2001年的有关分析数据,中国在49个主要国家中,科技创新综合能力处于第28位,也就是中等偏下的水平。如果中国2020年要进入创新型国家行列,意味着要从当时的水平再前进10位,进入世界前20位。21世纪,中国的科技人力资源达到3850万人,名列世界第一;研发人员109万人,名列世界第二。这是中国进入创新型国家行列,任何国家都无法比拟的、最宝贵的资源。有资料分析表明,中国学生应试能力强,但动手能力尤其是创新能力较差,与美国等西方发达国家学生存在明显的差距。

3.2.1 创新能力

正确理解"创新能力"无疑是讨论研究生创新能力培养的前提和基础。如果说创新是一种有目的的行为,那么创新能力则是实施这种目的行为所必须具备的能力。创新能力是自然界中人类的本质属性和特有标志之一。

创新能力的概念是由Burns和Stalker(1961)首次提出,最初是被赋予经济和管理学上的意义,用来表示组织成功采纳或实施新思想、新工艺及新产品的能力。随后的文献对创新能力诠释大体上形成了企业、区域以及国家等多个层面和经济学、管理学及心理学等多个学科视角的定义。Eysenck(1995)指出它是创新性行为下的一种先天属性。Oldham和Cummings(1996)指出,如果一个人具有创新性的个人特质,则其就会有较高的创新能力。Zhou与George(2001)认为创新能力是具有易用性和实用性的想法、产品或者方法的产生,这种观点是以产品为导向的,并且把重点放在结果的创新性上。也有学者认为创新能力是可以被个体自身所感知甚至估计的,即个人在一定程度上可以辨别自己是否有原创性的想法或者产品。国内学者周延波指出,创新能力指的是立足于已有的发明或发现,借助个人努力提出的具有创造性的新发明、新发现或者改革方案的能力。唐裕莲(2001)等指出,它是人们按照某种目的,借助已有经验或知识,在思维活动下对事物进行认识或创造的一种能力。陈若松(2003)等认为,任何人都具有创新能力,它是人类天生就具有的一种能力。《决策科学辞典》解释创新能力时,认为它是一种特殊的能力，它建立在基本能力和专业能力的基础上，并且总结出创新能力的显著特点是：①综合性，它要把人的认识能力、分析能力、判断能力等集中起来，充分加以运用；②独创性，它要凭借人的想象力构造出前所未有的形象，打破以前的模式和框架；③探究性，每一步独创，每一种想象，都存在失败的可能。因此，勇于探究是人的主观能动作用的表现，是创新能够实现的前提。总之，关于创新能力的不同定义反映着人们不同的研究背景和目的、对于创新能力结构和过程的不同理解。

对创新能力的解释由于各家的角度不同而表现出较大的差异，且多是描述性定义。有学者指出，个体的知识结构、创新意识、创新思维和创新实践四个方面构成了个体创新能力。因此，他们认为，创新能力是个体在积累的理论知识和实践经验基础上，经过科学思维和实验方式进行深加工后，总结出解决问题的新方法，得出新发现、新观点，开拓出新领域，创造出新事物时表现出来的一种综合能力和素质。高校研究人员则根据其教学实践，将创新能力界定为学生在学习中发现问题的能力及其所具备的创新思维、创新意识和勇于探索的创新精神，并善于利用所学知识开创性解决问题的能力。有学者则从个体活动的结果出发，将创新能力总结为个体创造性得出的对社会、对人类有价值、有意义的新理论、新技术和新事物的能力，即发现新问题、寻求新的解决方法、提出新理论的能力，是思维作用动机，认知指导实践的综合性能力。在教育部、发改委、财政部发布的《关于深化研究生教育改革的意见》中，则将创新能力解释为：将信息、知识、经验、技术，运用于各种实践活动中，并不断创造出具有经济价值、社会价值、生态价值的新思想、新理论、新方法和新发明的能力。

通过国内外有关创新能力文献的分析，将创新能力的概念总结为：一个人或者群体，在继承和批判前人的基础上，通过自身的努力，创造性地提出新的发现、新的发明和新的改进的能力。孙美兰、唐龙（2010）认为，研究生的创新能力包括科研创新能力、创造思维能力、前沿把握能力、知识吸收能力和学术交流能力，其中科研创新能力、创新思维能力与前沿把握能力是研究生创新的关键能力，知识吸收能力和学术交流能力是研究生应该具备的基本能力。沈瑛（2012）指出，创新能力是一种综合能力，主要包括创新意识、创造思维和探索精神，善于发现问题，并能综合运用科学知识创造性解决问题的能力。马云阔（2013）等人提出，研究生创新能力的组成要素有合理的知识结构、强烈的创新意识、活跃的创新思维、敢于探索的创新精神和创新实践能力。研究生的创新能力是指研究生在学习和创造的过程中，运用已有的科学知识、创新思维和创新精神，创造某种符合社会意义或实现个人价值的，通过一定独创性和革新性产品的活动而具备的综合能力。

创新能力是由多种因素共同作用、相互影响而形成的，旨在破除旧事物、创造新事物。创新能力是人各方面素质的综合表现，对创新能力的培养要从多方面进行。对于研究生而言，要关注对他们综合知识、科研能力、思维和品德的培养，使其具备进行创新所需的思维能力、知识积累、专业技能和品格特征。同时，研究生创新能力既是一种个体意义上的概念，又是一种群体意义上的概念，创新能力的培养应当在保护个性发展的同时，更加注重提高全体研究生的创新能力。

3.2.2 创新能力的构成要素

创新能力由多种能力构成，它们包括学习能力、分析能力、综合能力、想象能力、批判能力、创造能力、解决问题的能力、实践能力、组织协调能力以及整合多种能力的能力。

1.学习能力。即获取、掌握知识、方法和经验的能力，包括阅读、写作、理解、表达、记忆、搜集资料、使用工具、对话和讨论等能力。学习能力还包括态度和习惯，比如活到老、学到老的终身学习的态度和信念。个人具有学习能力，组织也具有学习能力，人们把学习型组织理解为通过大量的个人学习特别是团队学习，形成的一种能够认识环境、适应环境、进而能够推动作用于环境的有效组织。也可以说是通过培养弥漫于整个组织的学习气氛，充分发挥学生的创造性思维能力而建立起来的一种有机的、高度柔性的、扁平的、符合人性的和能持续发展的组织。在如今竞争激烈的时代，一个人或一个组织的竞争力往往取决于个人或组织的学习能力，因此无论对于个人还是对于组织而言，其竞争优势就是有能力比竞争对手学习得更多更快。因此管理大师德鲁克说过，真正持久的优势就是怎样去学习，就是怎样使得自己的企业能够学习得比对手更快。

2.分析能力。把事物的整体分解为若干部分进行研究的技能和本领。事物是由不同要素、不同层次、不同规定性组成的统一整体。认识事物的有效方式之一就是把它的每个要素、层次、规定性在思维中暂时分割开来进行考察和研究，弄清楚每个局部的性质、局部之间的相互关系以及局部与整体的联系。做到由表及里、由浅入深、由易到难地认识事物和问题。分析能力的高低强弱与三个因素有关：一是个人的知识、经验和禀赋；二是分析工具的使用水平；三是共同讨论与合作研究的品质。随着科学技术的发展，高性能计算机和各种科学仪器以及新的分析方法的出现和应用，有效地提高了人们的分析能力。当然，分析能力也有局限性和片面性，容易使人只见树木，不见森林，忽视从整体上把握事物。因此通常把分析能力与综合能力结合起来运用。

3.综合能力。综合是把事物的各个要素、层次和规定性用一定线索把它们联系起来，从中发现它们之间的本质关系和发展规律。具体讲，综合能力包括三项内容：①思维统摄与整合，就是把大量分散的概念、知识点以及观察和掌握的事实材料综合在一起，进行思考加工整理，由感性到理性、由现象到本质、由偶然到必然、由特殊到一般，对事物进行整体把握；②积极吸收新知识，综合能力需要多方面的知识和方法，不断吸收新知识，不断更新知识都是必要的，特别是要学会跨学科交叉，把不同学科的知识、不同领域的研究经验融会贯通,才能更好地综合;③与分析能力紧密配合,仅有综合能力,会有局限性和片面性,即缺少深入的、细致的分析,细节决定成败,在认识事物时也是如此,只有与分析能力相互配合,才能正确认识事物,实现有价值的创新。

4.想象能力。以一定知识和经验为基础,通过直觉、形象思维或组合思维,不受已有结论、观点、框架和理论的限制,提出新设想、新创见的能力。想像力往往是发现问题和解决问题的突破口,在创新活动中扮演突击队和急先锋的角色,缺乏想像力很难从事创新工作。

5.批判能力。表现在两个方面,在学习、吸收已有知识和经验时,批判能力保证人们不盲从,而是批判性地、选择性地吸收和接受,去粗取精、去伪存真;在研究和创新方面,质疑和批判是创新的起点,没有质疑和批判就只能跟在权威和定论后面亦步亦趋,不可能做出突破性贡献。科学技术史表明,重大创新成果通常都是在对权威理论进行质疑和批判的前提下做出的。

6.创造能力。创造能力是创新能力的核心,它是指首次提出新的概念、方法、理论、工具、解决方案、实施方案等的能力,是创新人才的禀赋、知识、经验、动力和毅力的综合体现。

7.解决问题的能力。包括提出问题和凝练问题,针对问题选择和调动已有的经验、知识和方法,设计和实施解决问题的方案,对于难题,能够创造性地组合已有的方法乃至提出新方法来予以解决。解决问题分狭义和广义,狭义的解决问题就是人们通常认为的各种问题的解决,如物理问题、数学问题、技术问题;广义的解决问题则包括各种思维活动,这种情况下,创新能力就等同于创新性解决问题的能力。

8.实践能力。特指社会实践能力。提出创造发明成果,只是创新活动的第一阶段,要使成果得到承认、传播与应用,实现其学术价值、经济价值和社会价值,必须要和社会打交道,实践能力就是为实现这一目标而进行的各种社会实践活动的能力。

9.组织协调能力。组织协调能力的实质是通过合理调配系统内的各种要素,发挥系统的整体功能以实现目标。对于创新人才来说,要完成创新活动,就要通过沟通、说服、资源分配和荣誉分配等手段来组织协调各方最终实现创新目标。

10.整合多种能力的能力。创新人才的宝贵之处不仅在于拥有多种才能,更重要的是能够把多种才能有效地整合在一起发挥作用。整合多种能力的能力是能力增长和人格发展的结果,这需要通过学习、实践和人生历练。拥有整合多种能力的能力是完成重大创新的一个关键。在实际创新实践中,不可能要求参与创新活动的每一位成员均具备上述各项创新能力。事实上,目前盛行的分科式教育也不可能大量地培养出具备这些能力的人才。在我国,重知识贮备、轻能力训练的教育模式存在着诸多不利于创新的弊端,所以需要大力发展继续教育。在各类创新实践中培育、提高专业技术人员的创新能力,是我国继续教育工作的重要使命。

3.3 研究生创新能力提升的基本要素

3.3.1 分析与综合性要素

人的分析与综合能力是对立统一的，这是创新能力最为基本的潜在因素，也是从事科学研究、把握社会现象、梳理经济运行规律、明晰人的精神活动特性的基本素质。从一般意义上说，分析与综合是不断交叉、联系的，有时分析的过程本身就连接着综合的过程。从结果的过程性角度看，一个由分析开始到综合的结果形成过程，也是下一个分析与综合过程的前期过程，综合同时是一种超越，是一种全新的审视和分析。人的认识就是这样总、分、总的不断地循环往复，不断地分析综合，不断地超越，人们对自然、社会、经济、文化问题的把握同样是在这样的过程中逐步深化。从创新能力构成条件看分析与综合，人们不仅要有效地掌握分析能力，有机地调节综合能力，更重要的还需要从过程方面接续不同的分析与综合的过程，并不断地提升认识的过程，深化对事物及问题的把握。在人的认识发展过程中，分析是必须的过程。即便在具体的研究过程中，没有分析，就没有鉴别；没有分析，综合就会成为无本之木，无源之水。分析实际就是认同复杂性、多样性，就是构建中介性，没有分析就不可能对复杂性和多样性进行归类，就不可能对事物进行深层次把握和了解，就难有整体和系统，综合也不可能深化、不可能全面，所形成的整体认识就会有缺失。所以，我们的认识活动和科学研究必须从整体性角度，从多样性和复杂性角度确证分析的可行性和基础性、潜在性，进而论证综合的必然性，所产生的结论的确证性。

从分析与综合的能力要素中对研究生进行必要的生态思维方法训练，能够使研究生学会分析自然、社会、经济、文化及人的精神现象的特殊性和普遍性，从系统整体性的角度归类问题，梳理现象。在具体的研究过程中，或是直接从事项目研究的过程中，其分析能力会直接落脚到对具体的研究数据、文献资料、可视化的分析、学术观点的整理等问题的把握上，没有细致的分析、论证，其产生的研究结论和成果的科学性、准确性就会大打折扣。同样，如果没有较强的综合能力，其精确地、确定地分析也就失去必然的价值，这同样会影响研究的科学性和准确性。

从这种意义上说，鉴别研究生创新能力的一个重要的标志性素质，就是这种分析能力与综合能力，而这种能力的提升并不是一蹴而就的，必须是经过长期的积累和严格的训练才能不断强化。在研究生教育过程中，整体性的管理和教育策略应该为研究生强化这种能力提供必要的条件，导师作为研究生创新能力提升的主导者，更不可忽视分析与综合能力提升的基础性意义。

3.3.2 交叉与整合性要素

随着现代社会、经济、文化的发展,交叉与整合已经成为一个必然趋势,并且是一个世界趋势、全球趋势。在现代视野中从事研究生教育,没有这种交叉与整合的视野和操作方法,要想创新,要想培养创新人才将是难乎其难的。

对于研究生创新能力提升的作用方面,交叉与整合包含着内外两重因素。内在因素:一是指研究生本身学习与研究活动的交叉与整合。包括研究生的知识累积、储备中进行多学科知识的交叉、融合、消化及整合,这是研究生创新能力提升的必要因素,也是其基本支撑要素。二是指研究生学科视野的交叉与整合。这里强调了研究生的学习与研究不能仅仅局限于本研究学科、领域,而应该超越这种限制,进行广泛的学科拓展,既向其他学科及研究领域寻求学术资源,碰撞思维的火花,获得灵感,也从中增加自身知识储备,为自身研究的深化和提升创新能力进行学科铺垫。外在因素:一是现代科学研究、社会认识、经济运用已经将交叉和整合作为一个必然的趋势,交叉和整合已经是一种环境生态的构成,是产生新知识、新的科学成果,运行社会经济规律必不可少的方法和策略。二是在具体学科发展的进程中,或者是具体的研究领域,学科性的交叉与整合也成为一种必然趋势,这是产生新科学结论,不断形成新学科及研究领域必不可少的过程。三是由于20世纪中叶,工业文明为人类创造了巨大的物质财富,同时也为人类带来巨大困惑,这种困惑既有物质的、躯体的,更有精神的,同时人们也深深感悟到生态与环境的危机。四是新兴学科的产生与发展源于各学科之间的互动,即不同领域知识的对流、模式组合、方法碰撞等,形成学科间的协同效应。这就要求我们从事科学研究的人们必须进行广泛的交流与合作,进行学科之间的交叉、融合、渗透。五是学科性的交叉往往形成新的生长点、新的科学前沿,发展新的交叉学科和新兴学科,更有可能产生重大的科学突破,使科学发生革命性变化。交叉与整合是趋新、创新、创造的必要条件,对研究生的学习与研究活动来说,这些条件作为能力提升的必要因素,显然是需要有必要的方法论依据来进行有机且有效的调节。对此,生态思维方法论不仅是有效的,更是有机的。因为生态思维方法论的形成,在学科研究的问题上,它本身也是由交叉与整合而产生的,是人们对生态现象的分析与把握,但在学科研究方面,它又是多学科的交叉、融合、整合而形成的。在不同的学科运用生态思维方法进行知识与方法的整合,利用不同级别的学科间交叉,而创造性地拓宽研究视野,进而能够创造性地开发新的研究领域,是研究生学习与研究的一项重要素质。导师在指导研究生的过程中,更要注意优化和完善交叉学科的专业知识结构,及时指导学生找准交叉点,这将有利于发挥研究生的创造力,使其尽快找到研究方向。在各自独立的研究领域中用生态思维方法通过知识、现象与现实问题的分析和掌握进行交叉整合,从而在研究领域中创造新学说、形成新学术观点,并进行科学的发现与创造。

3.3.3 发现与创造性要素

发现与创造是一个过程,发现是创造的潜在因素,创造是发现的结果。发现与创造都必须有前期的丰厚积累,不仅要有知识的积累,更要有思维能力和方法论的积累。发现与创造需要建立联系与发展的关系,不只是要有知识间的联系,更要认识人与自然、人与社会、人与人及人自身的多重意义上的联系;不只是空间结构方面的知识与视野的联系,更要有时间意义上的过程性、阶段性及层次性的联系。所以,在创新能力提升方面,发现与创造不只是一个线性过程,还是一个各方面因素之间的一系列非线性的相互联系、相互影响和相互作用的结果,是一个非常复杂的系统过程。发现与创造还要求从多层次、多角度、多方面对同一事物的不同本质、不同属性进行比较全面且具体的研究。要克服思维定势,为从事研究提供必要的知识视野及学科帮助,并为创新提供必要的前提的条件。在科学研究中,发现与发明有同根性,发明连接着创新与创造,但发现与发明并没有绝对的区分。发现就是要发现新事物,产生新知识,甚至形成新的学科、新的研究领域。这里的"新"就连接着发明,因为发明就是趋新的,就是创新。在人的学习及研究中,发现还在于发现自我,而研究生的学习与研究阶段,最为重要的是发现自我,发现自我的个体性能力,挖掘自我的潜在能力,这是提升自身创新能力的内在因素,也是最为重要的因素。因为没有这种内在的发现,就不可能有外在的发现,也就不会有发明及外在的创新与创造。尽管我们分析了发现对于知识的更新,新学科及新研究领域的产生等外在因素,但我们这里之所以讨论发现,更在于强调研究生内在自我的发现,而研究生教育机制的运行,主要就在于创造这种促生"发现"的培养机制。

对于研究生创新能力提升的基本素质要求,发现与创造能力是必不可少的。对于研究生的学习与研究,发现与创造能力都是由内而外产生的。没有内在的发现,就不可能有外在的发现与创造。创造的趋新性与发现的趋新性不同,一方面,创造表现的是结果,是发现的趋新性经过细致的研究而生成的结果;另一方面,创造必须进行转换与外化,因为创造对于科学研究的结果不可能永久地停留在研究阶段,不可能在书本中,在实验室中封存,它必须转换为外在的现实,并且通过社会、经济、文化的外化,进行生产和传播,或者是进入消费领域,创造的价值才能最终展示出来,个体自我的价值也同时被展示出来。

3.3.4 体验与实践性要素

研究生创新能力提升作为研究生的体验和实践活动,是以复合且复杂的形态体现在自然、社会、文化及人的存在的整体方面,从这种意义上说,所谓的创新能力也有同于生态性的体验与实践能力。

体验与实践同样展示着内与外的关系。体验更倾向于内在性,它展示着个体活动的自我性,或者是将外在感受、外在活动所获取的各种资源、滋养转换为内在的活动要素,作为提升自身活动价值,丰富自身活动意义的重要元素。实践更倾向于外在性,它展示着个体通过某种工具和手段,作用于某种对象,进而产生出某种活动的结果。但体验与实践也不是截然分离的,从总体来讲,体验是实践,实践也是体验。或者一方面是作为个体活动的由内而外的展示,另一方面,是个体活动不同方面的展示。教育活动中主体的体验与实践同样体现这种特点,但又有所不同,这主要是因为教育主体往往是围绕知识的形成、更新及内化而形成的体验与实践,主要不是直接从事物质生产、社会活动而形成的体验与实践。即便能够进行实验室式的研究活动,并形成带有成品性或实验结果的产品,也不同于直接物质生产所产生的产品,这仍然是学习与研究性的体验和实践所产生的结果。研究生教育主体体验与实践和其他教育阶段不同,研究生的学习与研究已经或多或少地参与了实践,但这是初步的,是未完全展开的实践活动。这显然有着研究生活动的特点,并且具有中介性的特点,因为这是与社会、经济、文化相联系的中介,没有这个阶段的体验与实践的中介性,就难以有优质化的社会、经济、文化环节中的体验与实践。如果我们用生态思维的方法审视研究生学习与研究的这种能力要素,不可忽视以下几个元素:其一,个体性的元素。个体性是从事有效体验与实践的内在因素,它必然突出体验与实践的特殊性、丰富性、多样性。这是创新和提升创新能力的根本条件,这就是我们反复强调的,没有个体性,要想创新就极度困难的原因。其二,趋新性元素。当进入研究生阶段的学习与研究,个体活动必须具有趋新性,不论是对知识的掌握与消化,还是直接进行实验、操作、写作等活动,都不能再重复旧有的知识,必须进行知识的重新组合与整合,还要向其他多种学科及社会广泛汲取知识,从而生成新知识。这是创新、创造的必然要求,也是创新能力能否趋新的重要标志。其三,关系性元素。尽管我们强调个体性,但更强调关系性,因为个体必须在关系中才能存在,个体意义和价值也必须在关系才能展示,个体的活动离开了关系就成为无意义的静止物。同时,体验与实践都必须在关系中进行,这里的关系是丰富的,也是复杂的,其中最广阔的关系是人与自然、人与社会、人与人及人与自身的关系,任何的体验与实践都必须是在这多重关系中展示,研究生学习与研究活动中的体验与实践也不能例外。其四,转换性要素。尽管体验与实践有内在性,但当其作为关系性存在,或者当其作为整体存在时,就必须是外向的,或是向外的。也就是说,一切活动必须进行外在的转换,将活动结果转换为外在的现实,即通过物质实践、社会实践及文化实践,转换为社会、经济、文化的存在物,以展示活动的意义和价值。研究生创新能力提升的多重要素中,体验与实践是根本的,更是包容的。多重要素是从不同角度体现着共同问题,同时体验与实践又以最终的结果展示了多重要素的生态有机性的联系。

第4章

研究生创新能力培养体系构建

基于前期的调研所了解的现状，针对研究生创新创业教育的不足制定具有适切性的培养方案，以培养方案为蓝本展开具体的培养实践。在本校原有的“培养单位—用人单位—行业—基地”的“四位一体”合作机制基础上，探讨构建以研究生创新创业实践教育为核心的四位一体的新教学体系，重点改革现行课程体系、改革完善实践实习模式、改革现有学位论文评价标准、建设和完善一批研究生实践基地等，最终形成具有科学性、广泛认同和特色性的创新创业教育体系，以及一批可复制可推广的制度成果。

为推进研究生创新创业实践教育工作的开展，全面提高研究生的培养质量，亟需加快研究生创新创业实践教育体系的构建。本研究项目基于研究生创新创业教育发展的需求，提出一种基于研究生创新创业实践教育的I-E教育模式（I-E即：Innovation-Entrepreneurship），如图4.1所示。研究生创新创业实践教育的I-E教育模式，是以研究生创新创业实践教育为核心，从研究生创新创业理念、创新创业课程、创新创业实践、创新创业保障四个方面进行改革与实践。

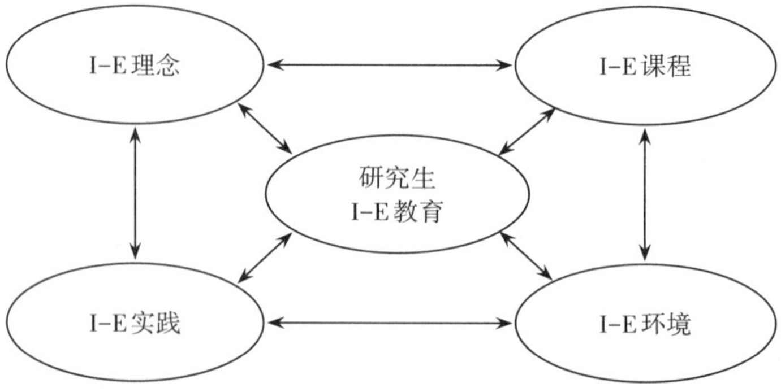

图4.1 研究生创新创业实践教育的I-E教育模式

4.1 研究生创新教育理念与创新教育目标

4.1.1 研究生创新教育理念

知识经济以“创新”为灵魂，知识创新是基础，创新人才是关键，研究生教育在知识经济条件下应以“创新”为首要理念。因此，从本质观上看，研究生教育要确立创新教育的理念，以崇尚学术、探讨科学、技术和文化知识作为存在的前提。创造性应是研究生教育的首要标准，是研究生教育始终追求的目标，这是由研究生教育的研究特质所决定。只有选拔和培养使人的潜能和智慧得到全面发展的复合型、创新型人才，才能适应并促进知识经济的发展与完善。

新世纪，我国高等教育和研究生教育不仅应担负知识传承的使命，而且应担负知识创新乃至理论创新、制度创新、科技创新的重任。研究生培养和教育应十分注重确立创新教育的理念：一是创新意识：包括创新认知、创新情感体验、创新行为倾向。二是创新精神：包括批判精神、开拓进取精神、主动精神。三是创新能力：包括学习创新能力、专业素质创新能力、信息素质创新能力、科技创新能力等。既要加强对研究生创新意识的选拔培养，又要加强创新能力的选拔培养；既要重视对学生的科学教育，又要重视对学生个性的发展；既要加强研究生的创新教育和培养，也要加强对研究生导师创新精神的教育，激发他们的科技创新意识，营造一个全新的创新氛围。

4.1.2 研究生创新教育的目标

研究生教育必须为实现民族复兴的“中国梦”培养高端人才。强国必先强教，实现中国梦，基础在教育，关键在人才。要全面深化教育领域综合改革、着力提高教育质量，到2020年基本实现教育现代化，为实现“中国梦”提供重要的战略支撑。习近平总书记强调,哪个国家拥有人才上的优势,哪个国家最后就会拥有实力上的优势。我国正处于全面建成小康社会的决定性阶段,经济发展、产业升级和社会进步都需要大批高端人才,对培养国际化人才也提出了前所未有的高要求。所以研究生教育必须以肩负历史使命的高度自觉,为经济社会发展培养出多样化高端人才,为实现国家发展战略注入强大动力并提供坚强保障。

研究生教育必须为实现民族复兴的"中国梦"培养创新人才。创新已成为一个民族的灵魂,一个国家兴旺发达的不竭动力。建设创新型国家的战略目标,对于中国特色社会主义现代化建设全局具有重大而深远的意义。现代化强国首先应当是创新型国家,只有立足自力更生、自主创新,才能缩小与发达国家之间的差距,才能实现从大国向强国的迈进。目前全球进入了创新密集和产业振兴的时代,各国都力求占据未来发展的前沿和制高点,因此我们必须奋起直追,加快创新步伐。研究生教育担负着"创新升级"、"人才升级"的双重使命,必须深化综合改革,立足自主培养,为提升自主创新能力培养大批创新人才。

4.1.3 落实研究生创新教育的方法

创新教育理念,加强学术道德和学风建设。思想教育是基础,没有思想观念的更新,任何改革都是无法推进的。教育理念的转变是不能用行政命令的方式解决的,要坚持立德树人,学习现代科学的教育理论,更新教育理念,把科学道德和学风教育纳入研究生培养各个环节,开展多种形式的宣传教育,营造以遵守学术道德为荣、违反学术道德为耻的良好氛围。建立个人诚信档案,让违规者为学术不端行为付出代价。形成学术道德和学术规范教育的长效机制,让育人为本、学术诚信深深植根于涉及研究生教育全体人员的头脑之中,内化为精神追求和人格坚持。

研究生创新教育是以培养研究生创新精神和创新能力为基本价值取向的教育,实施创新教育就是要从培养创新精神入手,以提高创新能力为核心,带动研究生整体素质的自主构建和协调发展。研究生创新创业意识的培养,可以通过开展创新创业竞赛、参与创新创业项目、推广创新思维训练等途径来实现,从而促进研究生创新创业能力的提高。开展研究生创新创业教育,是高校研究生培养模式改革的重要课题,需要冲破思想观念的束缚、突破利益固化的藩篱,在思想观念上与时俱进、开拓创新。切实把深化创新创业教育改革,作为全面推进素质教育核心,落实到人才培养全过程。必须用改革的思维、创新的观念,站在"培养什么人,怎样培养人"的战略高度,通过创新创业教育来促进研究生全面发展,努力造就全面发展的高素质人才;促进人人成才,让研究生在创新创业实践中绽放光彩;促进多样化成才,不拘一格培育创新创业人才;促进终身学习,夯实创新创业发展的基础。

4.2 研究生创新能力培养的课程体系构建

作为研究生培养的核心环节，课程是提高研究生科研水平和创新能力的关键所在，课程体系质量直接影响人才培养质量。在研究生培养过程中，学生必须具备优秀的知识结构和专业技能，发现问题、分析问题和解决问题的能力。研究生知识结构的优化和专业技能的提升很大程度上依赖于专门化的研究生课程，课程作为研究生教育重要的知识载体，是实现研究生创新能力培养目标的重要纽带。深入推进研究生培养质量的提高，迫切要求明确课程的独特价值，优化课程结构，完善课程体系，有效发挥课程学习在研究生从事创造性科学研究中的作用。科学合理的创新创业课程体系有利于培养学生创新创业的积极性和主动性，有利于增强学生的创造性思维等综合创新创业能力。

4.2.1 影响研究生创新能力培养的课程体系因素

课程学习是研究生掌握专业知识和提高科研创新能力的根本渠道，研究生课程体系改革将直接或间接地影响研究生创新能力的提升。研究生课程体系主要包含课程框架、选课要求、课程设置、课程内容、授课方式、评价指标等因素，诸因素都与科研创新能力培养密不可分。课程内容是研究生课程体系的重要组成部分，在培养研究生创新意识和创新能力方面具有重要作用。

1.课程设置的结构体系影响研究生创新能力的培养

国内外知名大学中研究生课程体系也在实践探索中不断改革。研究生课程修读门数和学分组成在课程体系改革过程中也在做相应的调整，修读课程门数和学分太多，研究生大量的时间用来进行课程学习，完成学位所需要的学分，能用来做科学研究的时间不足，因此只能做常规简单的实验，这在很大程度上影响了研究生创新能力的培养。研究生课程体系设置的门数和学分太少，虽然大部分时间花在创新性科学研究工作中，但学生由于没有扎实的基础知识、前沿知识、学科交叉知识作为研究思路的触发点，研究生的创新能力培养也会受限。另外，跨学科课程也是国内外研究生先进教育理念的推行重点，按照二级学科的要求开设研究生课程，课程结构会太细化、专业化，缺乏前沿课和广博基础通识课。应通过跨学科课程来发展和完善学生的知识结构，跨学科知识可以培养研究生创新能力。

2.课程内容不能满足研究生科研创新能力培养的要求

研究生教育发展过程中，研究生课程内容存在着知识陈旧、针对性不强、方法论意识不足的现象。由于任课教师、课程基本属性等原因，研究生的一些课程教授内容与技术方法已经沿用了几十年，内容陈旧，观念教条，严重影响研究生创新能力的培养。专业领域课程在一定程度上存在硕士课程与本科生课程重复，博士生课程与硕士课程重复，高度和深度不够，经典性和前沿性课程内容缺失，缺少启发探索研究兴趣和创新意识内容，不能满足创新型研究生教育对课程的要求。另外课程内容以理论教授为主体，研究生学习的只能是课程知识，学习研究的方法能力和主动意识欠佳，主动思考、独立设计完成科研工作的积极性不够，创新性思维和主动运用科学方法的意识缺失，影响研究生创新能力的培养。

3.课程教授方式制约研究生创新能力的培养

研究生课堂授课形式一般采取课堂讲授、研究讨论、学术报告、实验技能操作等教学方式，但在实际课程教授过程中，主要以教师讲授为主，学生主动思考、积极参与氛围并不浓厚。大学的教师考核体系致使教师有“重科研轻教学”的倾向，教师课堂教学内容、课堂活动组织、教学方法没有充分的准备，缺乏教与学的主体互动，教学不能达到激发学生学习积极性的实际效果。研究讨论课以培养学生主动学习为导向，更加重视培养学生在自学过程中所激发出来的探究与发现意识，对提高研究生的主动学习和创新能力十分有利。然而，由于课堂讨论的氛围和教学引导方式的局限性，学生学习过程中缺乏对知识和权威的质疑与批判精神，一贯的模仿与接受的思想态度，不利于培养学生的探究和创新能力。灵活多样的教学方式，师生互动的课堂气氛，有宏观的探讨和细节的剖析，还有课堂问答、小组讨论等课堂活动，教师上课语言幽默、动作得体、课堂气氛活跃，把枯燥的专业课转化为愉快轻松的学习活动。

4.2.2 研究生创新课程体系设计的思考

研究生课程是指影响研究生发展的教育活动进程的总和，主要包括课程设置和课程教学两个方面。在课程设置方面，研究生课程结构和内容需要充分体现学术探究的研究属性；而在课程教学方面，研究生课程的课堂组织和学习方式也应体现自主、合作的主体性研究原则。研究生课程也承载着研究生知识体系建构和创新思维激发诉求，提高研究生课程学习质量，有助于研究生的创新意识与创新能力的培养。

1.一级学科层面上设置研究生课程，鼓励开设交叉学科知识课

多数院校过去的课程设置模式是以二级学科的要求组织开设课程，课程的知识面过于专业和具体化，学生选课自由度受到一定程度的限制，课程开设形式不能兼顾不同类型学生的特点与特长，另外以二级学科开课，课程划分太细，选课人数较少，不利于教学资源的有效利用。研究生教育的时间和实践经验证明一级学科层面上设置研

究生课程更为科学合理，设置一级学科通开课、二级学科模块选择课和公共基础、专业选修课。博士研究生通开课程一般为专业领域的前沿知识课程，拓宽博士研究生的学习研究视野。硕士研究生通开课一般为基础知识和基础技能课程，应为一级学科的所有研究生的必修课程，为进一步的学习研究奠定知识基础。二级学科模块课一般会设置各学科的专题课，各专业的学生可以根据个人兴趣和科学研究需要自愿选择一个或多个模块，选课有一定的自由度，兼顾学生的个人专业发展。课程开设注重交叉学科的知识和前沿知识，鼓励开设交叉学科的团队课程，跨学科和交叉学科的知识可以拓宽研究生的知识面和滋生新的知识点。大学期间是打基础阶段，研究生期间更注重研究解决实际问题和创新能力的培养，社会前沿知识和交叉学科知识有利于提升研究生创新能力。通过这样的研究生课程体系学习，研究生具备了基础知识、实验实践技能、社会热点科学前沿知识和交叉跨学科知识，更有利于激发学生的创新思维，促进高校创新人才的培养。

2.课程内容体现实用性和复合性

教育以人才需求为本，研究生课程设置应与科研实践紧密结合，培养学生善于探索发现问题、设计创新研究方案以及解决问题的综合实践能力。研究生课程内容承载着研究生创新能力培养的知识诉求，研究生需要学习了解科学发展历史渊源、基础理论知识、前沿知识、技术方法等复合性知识。复合性知识的背景下，交叉学科新的生长点不断产生并快速发展，新领域、新知识、新方法、新技术需不断被研究攻克。研究生的课程内容也不是一成不变的，除了基础的知识内容，也需要不断地注入新的知识点，紧跟人才培养的实际需要和社会对人才的知识结构需求。研究生课程内容相对较为灵活，主要由授课教师组织教授，教师需紧跟人才培养和社会科学发展步伐，在教授过程中引入前沿的、实用性的内容。研究生在学习过程中，应更注重解决实际问题，课程学习要注重体现实用性，把学到的理论知识应用到实践当中去，从实践中发现新的问题，进而研究解决问题，理论学习和实践应用有机融合，提升研究生的科学研究创新能力。研究生课程内容需加强内容的复合性，在科学研究技术快速发展的今天，研究学科领域的不断更新以及相互渗透，交叉学科知识、跨学科知识的复合性课程尤为重要。如美国大学课程设置重视学科渗透和文理交叉，在研究生教育中日益注重并强调跨学科课程的学习，在课程设置上比较注意多学科的交叉，研究生可研究的领域被大大拓宽，有利于学生掌握宽广扎实的多学科基础理论知识。鼓励开设团队课程，教授团队每一个成员的知识背景和研究课题，给研究生呈现出多元的复合知识内容，多方面广领域进行研究议题的引导，对拓宽研究生的知识面有重要的作用，团队复合课程内容对培养创新型人才起着不可忽视的作用。

3.研究生课程设置需突出前沿性，体现国际水平

世界科学研究技术的发展突飞猛进，科学发展与创新早已突破国界的限定，对于高等院校的人才培养也迎来了前所未有的挑战和机遇。高等教育国际化是世界教育发展的必然趋势，是提升高等教育水平的重要途径。我国的研究生教育从“师徒式”教育发展到今天，已有几十年艰辛的发展历程，研究生教育的质量也在不断提升，取得了显著的成效。然而社会赋予研究生教育的要求随着社会的发展，也在不断提高，为适应高等教育国际化发展的新趋势，研究生教育必须与世界发展接轨，课程设置要重视世界前沿知识、体现国际化水平。研究生的课程要给研究生提供其他国家和国际问题的引导，课程内容要体现国际化的观点。积极开设双语或全外语教学的课程，组织有多年国外留学经历的教师为研究生授课，研究生也可以选择国际留学生的课程作为选修课，邀请国内外著名专家为研究生开设专题讲座课程，派送研究生参加国际学术会议及出国联合培养进修，使研究生的知识结构上升到国际水平。研究生课程的国际化与前沿知识的大量接触以及在多元文化背景下学习更有利于研究生创新思维的培养。

4.改进课程教学方法，促进研究生主动学习和科学实践研究

研究生课程开设主要以教师讲述式教学，学生被动接受为主要学习形式。研究生课程学习的角色处于一种读学位必须被动式完成的状态，并没有很好地与科学研究实践需求紧密结合，研究生自主学习的积极性没有被充分激发出来，课程的教学成效和学生学习效果并不明显，被动的学习状态不利于创新思维的培养。从培养研究生创新能力和研究生探索学习的特性因素考虑，教师引入本学科及相关学科的研究热点和难点，结合正在进行的研究课题，把课程学习和科学研究实践有机地结合起来，改进教学方法和教学手段，采用灵活多样、丰富多彩的教学方法，替代枯燥的讲授。有效的教学应培养研究生主动思考和缜密的分析能力，从不同的角度分析问题，主动积极地探索解决问题。教学过程中，尽可能避免学科化、体系化的知识传授方式，将讲授、小组研讨、学术报告、实践教学、案例教学等方式结合起来，激发学生主动学习的积极性，给予学生以启发式、互动式的教育，使研究生能主动拓展思维。研究生个人的知识体系经过集体知识的浸润，对研究问题有了深刻的认识，把课堂学习内容延伸到课外实践论题，理论知识能够较好地应用于科学实践中，再从实践中总结提炼上升到理论知识，有效激发创新灵感，这种良性的循环教授与学习有利于研究生创新意识和能力的培养。

5.建立完善的研究生课程评价体系，使研究生课程不断发展创新

随着社会发展和高等教育人才培养体制的不断改革创新，注重课程教学结果和形式的评价体系已逐步过渡到以人为本、注重过程发展的多元化评价理念，更加重视人

才的实际发展，建立发展性课程评价体系是高校课程良性发展的质量保障。将研究生课程的教授过程与结果评价相结合，建立研究生综合发展课程体系、课程教授团队加以研讨、教育管理部门进行监督、社会人才消费单位反馈的研究生课程合力评价体系，以促进学生全面发展为目标，持续给予研究生课程与教学过程指导，使课程不断完善、推陈出新。课程设置体系以研究生的综合能力发展为人才培养主要目标，适应社会对高校人才输出的需求。高等院校也可以通过设立研究生课程教学改革项目研究课题，通过学习借鉴、调查研究、情况分析，对研究生课程的开设实施进行科学的、发展的评价，总结经验并找出存在的问题和不足，在实践中研究探索解决问题，对现设课程进一步调整完善，逐步提升研究生课程的质量。建立合理科学的研究生课程评价体系，卓有生机的创新理念与发展性评价引导机制，促使研究生课程良性健康发展，是提升研究生创新教育质量的必要保障。

4.2.3 研究生创新创业课程体系设计原则

结合研究生教育、创新创业教育以及目前研究生创新创业教育课程体系存在的问题，研究生创新创业教育课程体系设计应遵循以下四个原则：遵循创新创业教育内涵、遵循创业过程一般规律、遵循学生个人创业意愿、遵循各学科间的差异性。

1.遵循创新创业教育内涵

创新创业教育绝不是创新教育与创业教育内涵的简单叠加，也不是对其中任何一个的偏重，它的核心内涵应为“培养学生的创新精神、创业意识和创业能力，引导高等学校不断更新教育观念，改革人才培养模式、教育内容和教学方式，将人才培养、科学研究、社会服务紧密结合，实现从注重知识传授向更加重视能力和素质培养的转变，提高人才培养质量”。因此，创新创业教育不能简单地理解为“培养创业家”的教育，也不能狭隘地等同于解决就业问题的教育，这样只会使得创新创业教育沦为少数人的个别教育，或是使创新创业教育变得急功近利。而针对研究生培养阶段所创建的创新创业教育课程除了要延续创新创业教育以培养学生的创新精神、创业精神、创业意识和能力、创业心理品质为目标之外，还需要培养研究生管理自己学术生涯、职业生涯以及开拓自己事业的能力。

2.遵循创业过程一般规律

创业能否成功受多方面因素的影响，因此也有人认为创业成功具有不可复制性。但不可否认的是，创业活动确实有着一般规律需要我们遵循，例如：创业过程一般需要经过机会识别—新创企业—企业成长—持续成长或退出四个阶段，在这四个阶段中分别对应着创业者的机会识别能力、风险应对与融资能力、战略决策能力和企业管理能力。因此，研究生创新创业教育需要着重对上述这四种能力进行培养，以形成创业者的创业综合能力。

3.遵循学生个人创业意愿

在开展研究生创新创业教育时，对所有研究生实施创业精神培养课程，旨在培养学生创新、创业意识，培养创业的心理品质，培养学生的创业价值观。在此基础上对学生的创业意愿加以区分，进一步实施针对性课程，例如：对有创业意向但还未开始创业的学生实施创业机会识别课程，旨在增加其创业意识，提高其识别创业机会的能力；对着手或已经开展创业的学生，课程应涉及如何组建新企业，以及如何对公司进行管理，旨在帮助其顺利进入市场，提高其创业实战能力，提高其创业成功率。通过课程的分类使研究生创新创业教育既能普及基本理念，又能满足个体需求。

4.遵循各学科间的差异性

不同学科之间的差异性是研究生创新创业课程体系设计需要考虑的重要因素。理工类专业的研究生在技术创新方面有着天然的优势，因此，其创新创业教育课程的重点应该是如何识别创新技术的市场价值以及利用创新技术开展创业的能力。而对于人文、社科专业的研究生来说，创新创业课程的重点应该是如何在市场环境及政府出台的相关政策中寻找创业机会并开展创业活动。

4.2.4 研究生创新能力培养课程体系构建

课程体系是实现教育目标最有效的载体，是决定教育质量的关键因素之一。因此，实施研究生创新创业教育最关键的一环就是构建相应的课程体系。根据上述课程体系设计原则，首先将研究生创新创业课程体系划分为四个课程模块，分别为创新创业精神培养课程模块；创业机会识别课程模块；新企业组建课程模块；企业管理课程模块，如图4.2所示。

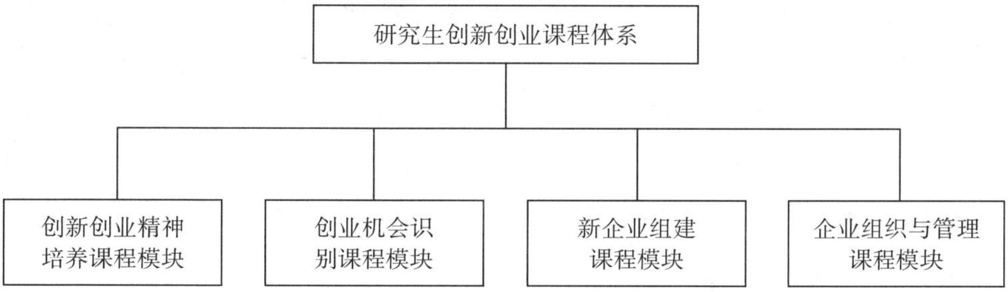

图4.2　研究生创新创业教育核心课程模块

在将研究生创新创业课程体系划分为四个课程模块的基础上，分别讨论每个课程模块的具体设计方案，如表4.1所示。

表4.1 研究生创新创业课程体系模块、目标及内容

课程模块	课程目标	课程内容
创新创业精神培养课程模块	为培养研究生的创业理想、激发其创业意向、塑造创业心理品质、提高研究生“创业化”管理自己职业和学术生涯的能力，养成创业规范意识，使其成为国家建设与发展的栋梁之才。	1.职业规划与创业精神培养课程。 2.学术生涯规划与创业精神培养课程。 3.创新思维训练课程。
创业机会识别课程模块	培养学生识别技术机会、市场机会、政策机会的意识与能力。	1.创新技术识别与市场潜力评价课程。 2.市场需求调查与创业政策环境分析课程。 3.技术转让课程。 4.市场调研与创意设计课程。 5.技术引进与企业自主创新课程。 6.新商品市场潜力分析课程。
新企业组建课程模块	教授潜在创业者在管理新创企业时的相关技能。	1.创业团队组建课程。 2.创业风险识别与融资课程。 3.商业计划制定与商业模式选择课程。
企业组织与管理课程模块	提高创业者对企业的管理能力，帮助创业者度过创业初始危险阶段，提高新创企业的成功率。	1.经营风险控制课程。 2.企业战略制定与管理课程。 3.企业运作课程。 4.创业导师指导课程。

1.创新创业精神培养课程模块

创新创业精神培养课程旨在引导研究生了解经济与商业、市场与企业、职业与创业，培养研究生的创业理想、激发其创业意向、塑造创业心理品质，并形成正确的择业观、就业观与创业观，养成创业规范意识，使其成为国家建设与发展的栋梁之才。此外，提高研究生“创业化”管理自己职业和学术生涯的能力。课程内容与课程设置为：针对硕士研究生开设职业规划与创业精神培养必修；课程针对博士研究生开设学术生涯管理课程与创业精神培养课程；创新思维训练课程。

2.创业机会识别课程模块

创业机会一般分为：技术机会、市场机会、政策机会。技术机会是指了解或掌握了某种可以成功产业化的技术，而这种技术在某种程度上属于创业者个人专有或者精

通;市场机会是创业者在投身市场后对于市场需求的重新认识而产生的创业机会;政策机会是指在国家相关政策为创业者所提供的创业环境中寻找创业机会。由于学科之间的差异性,创业机会识别课程的内容应做出相应的调整。对于理工类专业研究生,创业机会识别课程应着重培养学生的技术机会识别能力,旨在培养学生将所学知识,所研发的技术转化为市场商品和服务的意识。对于人文、社科专业研究生,创业机会识别课程应着重培养学生的市场机会和政策机会识别能力,旨在使学生把握创业政策的走向,了解创业目标行业的相关政策,并提高学生分析市场需求,把握市场机会的能力。创业机会识别课程模块开设的课程包括:创新技术识别与市场潜力评价课程;市场需求调查与创业政策环境分析;技术转让课程;市场调研与创意设计课程;新商品市场潜力分析课程;技术引进与企业自主创新课程,其中,创新技术识别与市场潜力评价课程针对理工类硕士生开设,而对理工类博士生,考虑到其自身可能就是创新技术的拥有者,在进行创业时可能会面临技术转让及相关法律法规的问题,因此为其开设技术转让课程。市场需求调查与创业政策环境分析主要针对人文、社科类硕士生开设,而对人文、社科类的博士生而言,重点是要提高其进行市场调研和设计创意的实际操作能力,因此应为其开设市场调研与创意设计课程。

3.新企业组建课程模块

新企业组建课程模块面向有创业意向或者已经着手开展创业项目的硕士及博士研究生。课程目标为教授潜在创业者在新创企业时的相关技能,使创业者具备企业家的基本素质和能力,课程应包括如何组建创业团队,如何进行有效的团队沟通,如何制定商业模式和商业计划,如何识别与规避创业风险以及如何进行融资及掌握相关的法律法规。课程内容包括:创业团队组建课程;创业风险识别与融资课程;商业计划制定与商业模式选择课程。

4.企业组织与管理课程模块

企业组织与管理课程模块主要针对已经开展创业活动的硕士及博士研究生,旨在提高创业者的企业管理能力,帮助创业者度过创业初期阶段,提高新创企业的成活率。课程内容包括:经营风险控制课程;企业战略制定与管理课程;企业运作课程。此外,为帮助创业者度过创业的初期阶段,还可考虑实行“创业导师制”,为每一位着手创业的研究生提供创业导师,针对每位创业者的特殊情况开展“创业导师指导课程”,以提高研究生创业者的成功率。可以说,企业组织与管理课程模块是一种创业培训类课程,因此,该类课程模块可不必设置为硕士及博士研究生的常规课程,转而由高校学生创业中心或创业学院统一组织安排。

4.2.5 研究生创新能力培养课程体系与培养计划融合方案

将创新创业教育融入专业人才培养方案可以通过创新创业教育理念的融入、创新创业教育内容的融入以及创新创业教育学分的融入具体加以落实。而其中设立创新创业教育学分有利于将创新创业教育的理念、内容与元素固化在专业人才培养方案中,使学生的学分结构进一步优化,在获得学分的同时扩展知识,提高能力,锻炼素质。可以说,决定创新创业教育能否与人才培养方案有效融合的关键就在于创新创业教育学分的设置是否合理。为此,应探讨在现行的培养方案下研究生创新创业课程的学分设置问题。

各高校所开设的硕士研究生课程类型大致可分为公共必修课、公共选修课、一级学科必修课、研究方向必修课以及专业选修课这五类。而在课程学分设置上,由于培养年限与学位类型的不同,学分设置也不尽相同。

依据现实情况,我们将创新创业课程融入后的硕士研究生理想培养方案设计为三年制课程总学分为35学分,其中30学分为公共课程及专业课程,新增创新创业课程5学分,包括:以创新创业精神培养课程模块内容为主的创新创业课程必修学分3学分,其中公共必修课设置职业规划与创业精神培养课程(2学分),一级学科必修课创新思维训练课程(1学分)。创新创业课程选修学分2学分,开设专业选修课及公共选修课,专业选修课程为创业机会识别课程模块内容,公共选修课程为新企业组建课程模块内容。而企业组织与管理课程模块设置为创业培训类课程,面向全校范围内准备创业或已经创业的研究生,课程不做学分要求,可由各高校创业学院或创业中心统一安排。具体创新创业课程学分设计如表4.2所示。

表4.2　硕士研究生创新创业课程学分设计

课程类型		课程名称	学分	备注
创新创业必修课程(3学分)	公共必修课	职业规划与创业精神培养课程	2	必选
	一级学科通开课	创新思维训练课程	1	必选
创新创业选修课程(2学分)	专业选修课	(理工专业)创新技术识别与市场潜力评价课程	1	必选
		(人文、社科专业)市场需求调查与创业政策环境分析课程	1	必选

续表

课程类型		课程名称	学分	备注
创新创业选修课程（2学分）	专业选修课	技术引进与企业自主创新课程	1	必选
		新商品市场潜力分析课程	1	
创新创业选修课程（2学分）	公共选修课	创业团队组建课程	1	非必选
		创业风险识别与融资课程	1	
		商业计划制定与商业模式选择课程	1	
创业培训类课程（面向全校准备或已创业的研究生）		经营风险控制课程	不设置学分要求	由高校创业中心或创业学院统一安排
		企业战略制定与管理课程		
		企业运作课程		
		创业导师指导课程		

4.3 研究生创新实践体系构建

4.3.1 改革优化研究生创新实践体系的基本思路

研究生创新实践体系包括研究生创新创业的实践体系，包括建立研究生创新创业实践基地、学生科技园和产学研一体化三条途径。通过鼓励研究生参加实际科研项目，特别是与高新技术企业合作的产学研合作项目，能够加强其创新能力和创业技能的培养。

1.吸引社会力量参与研究生创新创业教育

一是完善协同育人新机制。要加大学习借鉴力度，通过政府补贴、购买服务、委托管理、合作办学等方式，引导多种社会力量参与研究生创新创业教育，探索发展股份制、混合所有制教育形式，允许以资本、知识、技术、管理等要素，参与研究生创新创业教育。二是大力推进产教融合。发挥行业企业在研究生创新创业教育中的关键作用，鼓励行业组织及时提供产业和人才信息，支持校企合作共建研究生创新创业教育基地，支持产学研合作转化创新创业成果。三是扩大高校办学自主权。进一步领会国家实施意见精神，用好用足国家政策机遇，支持高校设立实质性相关专业（如创业管理、含创业内容的交叉专业等）、实体性创业教育机构，鼓励教师以对外转让、合作转化、作价入股、自主创业等形式，将科技成果产业化，并带领学生创新创业。

2.建设创新创业教育实践平台

创新创业能力能不能提高,关键在实践。要尽快抓好高校专业实验室、虚拟仿真实验室、创业实验室和训练中心的建设,促进实验教学平台共享。特别是要加快建设一批大学生创业园、大学科技园、实习实训基地、创业孵化基地和小微企业创业基地,为研究生提供足够数量的实践锻炼机会。要有效发挥创新创业竞赛在强化创新创业教育实践中的重要作用。

建构地方、高校、行业三级创新创业实训教学体系,以研究生创新实践基地建设为抓手,着力提升研究生创新实践能力,重点培养高水平研究生创新群体与团队;整合资源,构建校企合作、校校合作、学科交叉的实践教育模式;建立开放式创新实验室,搭建创新研究与科技实践平台,加强研究生综合能力训练和社会实践能力锻炼,提高研究生创新创业的能力。

3.产学研相结合的人才培养模式

产学研相结合作为一种新型的人才培养模式,在高等教育内部日益受到关注。对高校而言,产学研相结合促进了课程设置改革和教学内容更新,促进了教学方法的变革和学生科研意识的形成,有利于学生实践能力和创新能力的培养。江西农业大学动物科技学院课题组成员在长期的教学、科研与技术推广活动中,坚持以科研和生产促进教学,确立了以产学研相结合培养高素质创新人才为研究生课程建设的基本指导思想。在构建创新性实践教学体系过程中,初步建成以研究生教育创新基地为基础,为研究生培养搭建创新性实践教学平台,同时把创新教育、创业教育理念更好地融入实践教学中,形成具有地方特色的创新性实践教学体系。

4.3.2 以课程设计为核心的实践体系构建

创新能力的形成和发展是以实践活动为基础,实践能力是创新能力形成和发展的重要前提条件。实践教学对培养学生的实践能力和创新能力有着理论教学不可替代的特殊作用,是创新人才培养过程中贯穿始终的、不可或缺的重要组成部分。科学合理的实践教学体系不仅在于向学生传授实验知识、验证理论、培养实践技能,更重要的是一种巩固理论知识和加深对理论认识的有效途径,引导学生掌握科学的思维方式,提高分析问题和解决问题的能力,培养创新能力和实践能力。研究生创新创业实践体系坚持“一个中心”(课程体系设计),依托“两个基地”(校企实践基地和校校合作基地),构建“两个平台”(创新实践平台和创业实践平台),如图4.3所示。

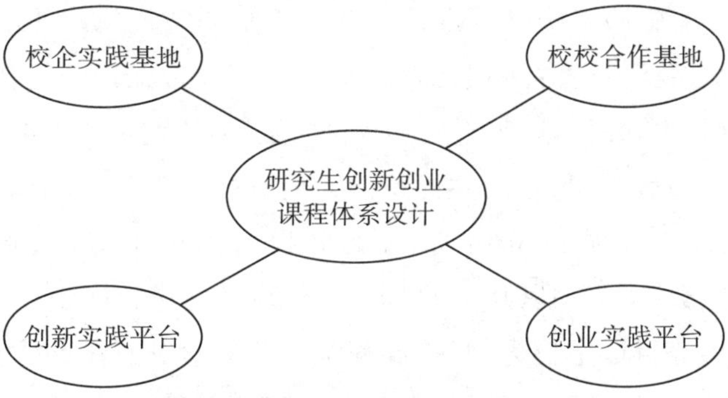

图4.3 研究生创新创业实践体系构建

实践教学一般指根据专业培养目标的要求有计划地组织学生以获取感性知识、进行基本技能训练、培养实践能力为基本目的的各种教学形式的统称。通常包括实验、生产劳动、实习、课程论文(设计)、毕业论文(设计)、参观、调查和其他社会实践等,它是新世纪人才培养中的关键一环,是培养学生动手能力和创新能力的重要手段。

近年来,国内高校为提高实践教学普遍加强了对基础实验室、实验中心和专业实验室的建设。在高校中实验中心对于提高实践教学起到了很好的作用,其中专业实验室的作用尤为明显。专业实验室大致有三种功能:一是开设本科高年级专业课实验;二是硕士研究生做毕业论文;三是教师从事科研活动。在当前的现实情况下,由于受各方面条件的限制,高校的培养机制、课程设置、硬件设备等难以满足实践教学环节的培训要求,特别是对实验条件要求较高的应用科学类专业,如果没有相关的实验条件是很难达到培训要求的。从发展眼光看,大力发展和完善高校实践教学应是今后高等教育的一项重要任务。硕士研究生教育应在培养好研究型人才的同时承担起培养应用型人才的任务。

目前,高校硕士研究生实践教学状况还存在一些问题。比如,实践教学与人力资源市场的联系不够紧密;实践教学的模式、课程设置、教学内容、教学方法等不适应人力资源市场变化的需要。由于高校的大部分教师对生产服务第一线的经营管理、劳动组织、技术工艺了解不够,专业技能和实践教学能力还有待加强。

研究生课程体系建设包括研究生培养目标和培养方案目标的确立,课程体系的组成成分、课程间的联系方式、组织形式以及各类课程的比例关系,课程体系的实施和评价等。力图通过课程体系建设,形成多样化与专门化、广度与深度、教师教学与学生自学相结合,结构合理、层次分明、兼顾应用、学术性、探究性的研究生课程体系。

1.调整培养目标,培养经济与社会发展所需要的人才

高等教育的人才培养目标是根据一定社会历史时期的客观要求和教育目标而制定的,它规定了人才的规格和发展方向。培养目标决定学制的构建、培养模式的选择、

课程体系的设置。实施硕士研究生培养模式的创新,首先要解决的便是培养目标的调整问题。长期以来,我们一直将硕士研究生培养目标定位在培养具有较高学术和科研水平的教学、科研人才方面。随着研究生教育的发展,特别是博士生招生规模的扩大,博士研究生日益成为教学、科研的主力军。为适应社会需求,硕士研究生的培养规格趋向多样化,出现了工程硕士、MBA、MPA等专业学位,学术型硕士研究生培养也有了学术型和应用型之分,因而对其培养目标的定位应随之进行调整。因此,应从宏观角度将硕士研究生培养目标定位为:坚持课程学习和科学研究并重的原则,按照党政人才、企业经营管理人才和专业技术人才"三类人才"标准,通过培养,使研究生德、智、体等方面全面发展,掌握本学科坚实的基础理论和系统的专门知识,具有从事教学、科学研究或独立担负专门技术与管理工作的能力;并能熟练掌握一门外国语,具有运用该门外国语听、说、读、写和参加国际学术交流的能力。

随着社会的发展,硕士生的就业方向多元化,已改变"专业对口"的就业理念,基于国外研究生教育现状和改革动态分析以及我国研究生教育实际,为适应社会需求,硕士生的培养目标趋向多元化,工科硕士研究生应由单纯培养学术型人才的培养模式,转变为学术型和应用型并重的培养模式。各学科应根据学科的特点,调整培养目标,改革课程体系设置。在培养目标定位上,要改变以往仅以满足学术科研的发展为单一目标,应同时兼顾社会对研究生教育的需求,由以前的纯学术型调整为应用型和学术型兼顾,不仅培养专攻理论的学术型人才,也根据不同学科的性质和特点,根据不同学生的学习兴趣,培养出社会所需的大批高层次应用型人才。在课程体系目标上,以创新为目标指向,强调硕士生厚基础、宽口径培养,强调由知识的灌输转向能力的培养,强调研究生掌握科学的探索过程与方法。

2.改革课程体系结构,打破统一设置,体现学科特色,实施分类培养

课程体系结构是根据既有的培养目标制定的。培养目标的改变,要求对课程体系结构进行调整。现有的课程体系一般遵照专业基础课、专业必选课、专业限选课的方式组织,在总体结构上具有明显的学科化特征,研究生能自主选修的课程所占比例很小,较少考虑社会的需求和研究生的个体差异,无法实现研究生培养目标的多元化。

(1)落实专业学位课

在课程体系结构改革中,以一级学科设置培养方案,取消专业基础课、专业必选课、专业限选课的组织方式,整合专业基础课、专业必选课、专业限选课,统一为专业学位课。按公共课、数学基础及研究方法论课程、专业学位课、选修课、必修环节来进行组织。每个学科根据本学科的培养目标和学科特点,坚持宽口径、厚基础、提高创新能力的原则,按需设课,开设4-6门专业学位课。专业学位课针对学科基础,要体现基础

性与综合性，鼓励多个教师共同授课，保证课程内容的系统性、完整性和先进性，同时要求课程授课教师具有相关研究基础，从而保证每个学科研究生培养的基本素质和质量。

(2)培养方式灵活多样

打破统一设置各学科课程体系的模式，各个学科根据本学科特点和社会需求，调整培养目标，实施灵活多样的培养方式，面对社会发展的多元化和研究生个性化需要，不断调整人才培养策略和教学思想，在课程设置方面不断创新。设置彰显学科特色、培养目标和培养模式的课程体系，强调课程体系对于不同培养目标、不同层次人才培养的适应性。

(3)课程设置弹性化

课程设置要充分体现“选”字，并且打通院系之间、专业之间的壁垒，同时整体化、弹性化地设计课程。增加选修课比例，选修课广泛覆盖学科的各个方面和学科前沿，满足应用型和学术型人才培养的需要。分类培养，实行真正的选修制，研究生充分拥有选修自主权，能够根据个人学术背景和发展需求，选择适当课程，以增强学生对未来工作和研究的广泛适应性。对学术型培养模式重理论问题、前沿问题的理解和创新能力的培养；应用型培养模式重动手能力和解决实际问题能力的培养。学术型硕士研究生在一年的课程学习后，进入课题组从事研究型的课题研究，鼓励他们硕-博连读、提前攻博，注重学术积累，并使培养工作具有连续性，以便在导师指导下完成硕士阶段的学习后，具备从事科研工作的基本素质；对于应用型硕士研究生，则要求他们能进入一个或几个实验创新平台，验证或设计实验，从事研发实验工作，重点培养他们解决实际问题的能力。

3.加强研究生活动课程、隐形课程、实践课程建设，营造良好的学术和创新氛围

研究生活动课程是指为指导学生获得直接经验和即时信息而设计的一系列以教育性交往为中介的学生主体性活动项目及方式，具有活动性、开放性、系统性、主体性特征。相对于在培养方案中有学分要求并由教师具体实施的学科课程，研究生活动课程是指在培养方案中没有明确要求、在课外实施、并由学生自愿参与的各类课程。主要包括：各类学术报告、学术沙龙、学术会议、科研课题以及学生间的课余学术讨论等。这些活动课程在课程内容和组织方式等方面具有前沿性、自主性、探究性、开放性，集中体现了研究生教育的学术探究性和研究生的自主学习性。实践证明：参与课题、课外学习、听学术报告是研究生的知识和能力提高最有效的三种学习方式。

隐性课程是相对于显性课程而言，是指在学校、班级的环境里，以无意识的方式对学生的知识、价值、行为规范、情感、态度等发生影响的全部信息的总和及其动态传递

模式。学习环境、学术氛围、学校文化和底蕴在研究生培养中起着不可忽视的作用。隐性课程虽然在很大程度上是历史沉淀的结果，但是也可以通过建设和实践得以逐渐形成和完善。在研究生课程体系建设中，有意识地加强隐性课程的建设，对研究生教育大有裨益。

（1）讲座专题纳入培养方案

以二级学科组织学科前沿系列专题讲座，并将系列专题讲座课程列入培养方案中，要求研究生必修。每个系列专题讲座由二级学科根据学科最新发展前沿，确定讲座主题，聘请相关研究领域的校内教师或校外专家讲授。

（2）建立健全学术讲座和研究生学术年会制度

组织开展高水平的学术讲座和以研究生自主作报告的形式开展学术交流活动，拓宽研究生的学术视野，促进研究生之间的相互学习和交流，训练研究生撰写科研报告、表达学术成果以及在学术交流中发现问题的能力，营造学术研究和学术思考的学术氛围。在学术讲座制度建设中，严格审核讲座内容，防止学术讲座“弱学术化”，使学术讲座真正成为对研究生的知识和能力提高最起作用的学习方式之一。

（3）建立研究生创新实践基地

建立研究生创新实践基地，为研究生提供学术交流、自主开展科学实验和实践创新思想的专门场所，为跨学科研究生之间开展交流与合作提供平台。创新基地的建设一方面与研究生核心课程配套实验条件建设相结合，加强理论课程和实践课程的结合，弥补研究生实践课程的相对缺乏，另一方面逐渐以开放的自主研发实践建设为主，为研究生自主创新和理论实践提供平台。

根据创新基地创新人才培养目标和计划的总体部署，基础实验研究平台创新实验室主要负责创新实验室的日常管理和设备维护，为相关专业的发展提供场地、设备和技术支持，开展一系列专业技术培训活动以满足大多数创新团队的需求，并为优秀创新团队聘请权威专家进行专业指导，同时重点培育一批与校内外高水平实验平台紧密结合的创新团队开展专项研究和课题攻关，力争取得一系列拥有自主知识产权的先进技术和专利。

创新实验室是创新基地所属的对本校研究生免费开放的开放式创新实验室，同时聘请相关领域的教授、专家和专业技能扎实的研究生作为实验室指导和技术支持，通过全面开放、项目研发、专题培训、研究生自主论坛、赛事举办、校企共建等形式，充分利用现有设备和资源，为广大研究生交叉学科、跨专业等领域进行自主创新提供基础的平台支撑和保障。

(4)校外联合培养

通过在校外研究机构和高新技术企业设立研究生工作站,采用产学研相结合的两段式双导师制的研究生培养模式,建立校外研究生培养基地,提高研究生的科技创新能力。研究生课程体系建设是伴随着研究生教育的不断发展,在实践中不断创新和前进的研究生教育活动。在课程体系改革中应遵循实践逻辑,致力于对具体情景的分析,在实践中不断平衡"学科"、"学生"、"社会"的需要,建立科学、适切的研究生课程体系。

4.以创新创业教育为落脚

以课程体系设计为核心,通过创新创业教育教学,激发研究生的创新意识,挖掘研究生的创业潜力,使研究生掌握创业的基础知识和基本理论,熟悉创业的基本流程和基本方法,了解创业的法律法规和相关政策,提高研究生的创业能力,促进研究生创业就业和全面发展。研究生课程体系的设计,要把培养研究生创新意识作为创新创业课程体系的基础,要把提高研究生创业能力作为创新创业课程体系的关键,要把研究生终生受益作为创新创业课程体系的最终目标,要把共性素质教育与个性差异化教育相结合。根据研究生创新创业课程的定位,可以将课程设置为三个层次的内容,形成创新意识课程、创业理论课程、创业能力课程三大模块,激发创新意识、掌握创业理论知识、提升创业能力。

课程体系建设是加强高校内涵建设、提高教学质量的核心环节。通过课程体系建设,完善专业课程管理体制,构建创新创业实践体系,彰显创新创业实践特色;确立新型教育理念,优化课程结构与实践环节,提高教学效率,依托校企实践基地、校校合作基地,构建创新实践平台、创业实践平台;强力推进新课程的实施,促进以项目课程开发为中心的校本研究的深入开展,探索与新的课程体系相适应的教学模式;大力提高教师实施新课程的能力,加大教师校本培训力度;创新课程评价和考核制度,建立促进学习者多样化发展、教学模式改革、教师专业发展的课程多元评价制度。

4.3.3 依托校企实践基地和校校合作基地

依托校企实践基地,充分利用校企合作资源,以科学原则为指导,通过校企合作共建创新创业实验班、实训基地、孵化基地、创业观摩等形式,不断探索校企合作背景下构建创新创业教育实践体系。要坚持以学生为主体、坚持创业教育与专业教育相融合、坚持理念教育和能力提升相融合、坚持多方共赢等四个原则。创建校企实践基地的主要路径:第一,共建创新创业实验班,主要包括侧重创新创业意识培养的课程培训,侧重知识交叉复合的辅修专业,侧重人才培养方案全面革新的专业三种模式;第二,共建创新创业实训基地,学校和企业可以合作,共同建立创新创业实训基地,充分整合高校师资力量和企业的创业服务资源，为大学生提供创新创业教育的实践平台；第三，组织学生赴企业创业观摩，通过观摩活动，把创业教育课堂直接搬到企业现场，让学生实地感受创新创业氛围；第四，共建创客实验室，高校可以凭借专业学科和技术优势，联合企业设立各类创客实验室或创业工作坊等实践平台；第五，共建创业孵化基地，高校和企业在政府支持下，通过市场化运作，联合建立创业孵化基地。

依托校校合作基地，开展校校合作平台上的教育实习。教育实习是师范专业课程重要组成部分，也是师范学生走上社会、步入职场必不可少的一个训练环节。开展校校合作，探索新的实习模式，有利于将实习工作落到实处，进而提升师范生培养质量。实习基地建设，是进行实践教学的根本保障，是实现高等教育培养目标的重要保证。一般普通高校依靠自身能力，独立建设实习基地有很大难度，同时也存在管理上的不方便，所以必须借助外部力量共同建设，其中校校合作模式是师范类高校学生实习基地建设的重要途径。实践教学是高校教学改革的重要环节，把实践教学落到实处是高等院校必须面对的问题。校校合作下的教育实习，要建全实习制度，加强实习管理；加强师范技能教学，提高专业素质；加强高校与实习单位沟通和合作；拓展实习内容，提高师范生的综合素质；延长实习时间，改革实习模式。

4.3.4 依托创新实践平台

研究生创新实践平台是培养学生创新精神和实践能力的重要场所，是学生了解社会和企业、接触生产实践的桥梁，也是高等院校实现人才培养目标的重要条件和保证。通过科创基金项目，提升研究生就业竞争力，增大“双师型”教师队伍。依托创新实践平台，坚持“师带徒”模式，鼓励参与课题；实施“引进来”战略，推进合作互动；坚持“新常态”发展，促进创新教育水平全面提升。

研究生创业实践平台建设的推进是完善创业教育体系的重要环节和提高研究生创业教育质量的重要条件。创业实践平台对于实现创业教育的目标，培养高素质的研究生人才发挥着重要作用。搭建完善的创业实践平台体系，首先需要构建线上与线下的创业学生交流互动平台，并成立专门的研究生创业咨询中心，提供一站式创业服务；第二，积极联系企业为在校生创造更多锻炼机会或鼓励大学教授吸纳学生参与项目，夯实学生的基本工作技能和科研水平。校企双方根据当地经济特色与产品结构进行创业项目的构建；第三，建立研究生的创业社区，提供免费的创业基地，帮助研究生实现创业梦想。创业社区直接为研究生提供创业实践场所，定期为学生提供课程培训和实践指导。创业社区由学校搭建，提供场地和服务，营造企业孵化的市场环境。此外，还应加强课程实践、专业实践、产业实践三层面联动与融合，注重产学结合、“学业、产业、就业、创业”四业贯通，巩固研究生创新创业人才培养体系。

4.3.5 导师在创新实践中的地位与作用

1.导师对研究生的指导作用

创新教育是为适应经济社会和国家发展战略需要而产生的一种教学理念与模式。导师指导的核心价值是让学生在获得学业成绩的同时,养成良好的学习态度,并掌握有效学习、自主创新方法,提高创新意识与技能,树立创业精神。导师在因材施教、启发诱导、学思结合、教学相长四个方面将发挥重要作用。此外,导师制对教师加强自身素质、更新和完善知识体系也起到积极作用。导师应加强对研究生创新实践能力的培养,定期开展学术会议,要求学生参与各类型学术报告,要求学生积极参加各级项目的申报,给予研究生科学研究上的指导与帮助,并有效督促学生定期高质量地完成相应工作;整合研究资源,培养创新思维,以融合课题组促进研究生创新培养,以双导师制加强研究生创新实践,融合课题组能促进多学科融合,多学科的导师指导对创新思维的形成有着重要意义;依托课堂本位,提升创新能力,以课堂教学为根本营造创新氛围,以创新竞赛为依托引导创新行为;提供实践平台,激发研究生创新热情,以企业帮扶为辅助展现研究生创新能力,以社会实践为载体鼓励研究生创新锻炼。

2.从导师保障体制出发,提高研究生质量

建立学业导师、科研导师、创业导师"三位一体"的导师制度,针对不同的年级、专业的学生实施分层分类培养指导。学业导师在对学生的个性化指导中,构建完善的导学计划,在专业学习上全面、系统地对学生学业成长进行指导,引导学生个人学业发展要做到目标明确、及时规划;调动学生专业学习的积极性,引导学生参与到创业实践中。科研导师应让学生参与到自己的科研工作中,提高学生研究性学习和创新性实践能力,帮助学生获得独立解决问题的知识与技巧,增强科研合作的意识。创业导师则引导学生参与创新创业实践,帮助学生正确选择创业项目、培育项目,将创业成果成功推向市场。实施"三位一体"导师制,对深化教育教学改革、提高人才培养质量均具有重大的现实意义和长远的战略意义。三类导师形成有效互动与结合,为推进创新创业教育提供指导和保障。

高校研究生创新型人才培养模式的实施需要创新型导师队伍做保障,同时,高校应针对目前研究生创新教育中存在的导师缺乏创新实践训练、创新意识和科研创新能力不足等问题,创建科研创新型研究生导师队伍。首先,通过校企结合的方式进行联合培养,选派导师到工厂、企业参观、实习或调研;参与校内、校外实验实习基地建设,参与研究生创新综合实践训练的指导等。其次,积极改善导师队伍的能力结构,提高创新培养的科学性和可操作性。除此之外,进一步要求导师不断转变传统观念,树立创新指导理念,站在创新的最前沿去教导和引导学生,培养研究生的创新能力和创新科研精神,养成创新的意识。

4.4 研究生创新教育保障机制构建

4.4.1 研究生创新教育保障体系建构的思路

1.以赛事为引领,培养创新意识

以研究生创新创业赛事为引领,设立校级的科技文化节,提升学校整体的创新创业氛围,通过各类创新创业竞赛,提升研究生的创新创业实践能力。开办创业沙龙等活动,搭建研究生之间以及研究生与企业之间的桥梁。帮助研究生转变传统观念,邀请在创新创业方面取得突出成绩的校友返校为研究生开讲座,大力宣传研究生创新创业的典型事例和经验。帮助高校工科研究生了解国内外创新创业的形势与发展,转变传统的学习和就业观念,培养创新创业意识。

2.强化制度建设,完善评价机制

通过制度建设和体制机制创新,比如改革考核评价制度、激励约束制度、管理监督制度等,把师生的主要精力和教育资源引导到提高研究生培养质量上去。改革完善质量评价机制,更加突出人才培养质量,把学习期间的学业表现与毕业后的职业发展能力都纳入质量评价体系。完善学术平等、开放合作的机制。通过制度创新,在学术管理、资源配置、人才选用等方面形成更加积极有效的运行机制,使研究生有更多平等参与的机会,激发他们的创新活力,使浮躁之风和学术不端行为没有生存的土壤,营造风清气正的科研学术环境。

3.创造开放式学术环境

进行创新实践的前提是要有强烈的创新意识,创新意识是研究生能够持续进行创新实践行为的精神动力。研究生创新意识的形成不仅依靠自身独特个性的发展,还需要外界良好的人文环境和开放的学术氛围。学校应突破阶层壁垒,树立学术上人人平等的理念,赋予研究生更多说话的机会,鼓励他们积极表达自己的想法,让课堂的氛围更加活跃。与此同时,学校还应该注重培养研究生的问题意识和批判精神。让他们养成独立思考、分析问题、解决问题的习惯,增强研究生思考问题的逻辑性,在思考问题的过程中培养发散思维方式,形成良好的问题意识。要鼓励和培养学生具有批判和创新的意识,既要敢于批判,也要积极批判,还要合理批判,不要被传统思维的桎梏所限制,在思想上不断创新,在研究中不断开拓新领域。高校需要开放、竞争的氛围,这种氛围是高校作为高层次人才培养基地的应然状态,在“开放、竞争、求新、求异”的整体氛围中,研究生在科研、学术研究中有更大的发挥空间。

4. 健全导师责权机制，打造高素质导师队伍

虽然目前部分高校研究生培养机构名义上也采用导师课题小组的方式对其进行指导，但由于缺乏完善的制度和模式约束，最终结果仍演变成为单一导师制。这种模式造成导师对所有的事情都要亲力亲为，研究生只需要按导师安排好的步骤去执行即可。经历这种固化模式培养的研究生往往缺乏独立性思考，在今后的科研和学术上很难摆脱导师的原有思路，难以激发研究生自身科研过程中的创新思维并有效地提高其创新能力。

研究生创新能力的高低，在一定程度上决定了研究生的学术水平，研究生导师自身的治学态度与科研水平对研究生科研意识和习惯产生重大影响。一支道德水准高、业务能力强、综合素质高、创新思维强的导师队伍，对培养研究生创新意识、提高研究生创新能力具有重要作用。同时，也要促进师生的交流，鼓励研究生在导师指导下积极申报研究课题，或者主动参与导师的研究项目，汲取到来自不同导师的各方面优势，促进多种知识的交叉与融合，从而实现研究生博采众家所长，也有利于导师从不同角度考察研究生的专长与个性特征，能够因材施教，从教育对象的特点出发及时调整指导方式。

5. 完善奖助保障与激励体系，强化价值塑造和目标导向

通过"助、奖、挣"途径，大幅提高优秀研究生的待遇。学校在完善国家奖助金制度基础上，重点在研究生"奖"和"挣"的待遇上下功夫，引导研究生主动学习、积极参与科研，产出高水平研究成果。如改革研究生荣誉和成果评价体系，发挥各类育人平台的辐射带动作用，营造良好的学术软环境，加强学术交流与碰撞，大力激发研究生学术志趣、创新灵感和创新动力，促进研究生全面发展和健康成长，造就一批创新能力强、具有国际视野和强烈社会责任感的行业领军人物和拔尖创新人才。

4.4.2 构建研究生创新教育质量保障体系及其长效机制

研究生教育质量保障长效机制的构建应内外结合，以内为主。即同时构建研究生教育质量内外部两个保障体系，并且以建构研究生教育质量内部保障体系为主。研究生教育质量外部保障体系主要是从政府和社会两方面着手建立。政府方面，应逐步放权，强化服务。社会方面，可建立各种研究生教育相关信息数据库，加强保障的理论研究，探索符合我国国情的理论与方法。因限于篇幅，本书在此只着重探讨研究生教育质量保障长效机制的内部保障体系问题。从过程管理理念来看，研究生教育质量内部保障体系的构建可从以下六个方面着手进行。

1.优秀生源质量保障体系

优秀生源是研究生教育质量保障的前提和基础。优秀生源质量保障体系是研究生教育质量内部保障体系的第一个关口。首先,高校在量力而行的原则下,应制定针对新生有吸引力的助学金、奖学金等制度;其次,采取本硕连读、本硕博连读、允许提前毕业等多种形式留住本校优秀毕业生继续攻读研究生;再次,加大研究生入学中的复试成绩权重,并着重考察考生的基本素质、发展潜力,包括学生的本科高校类型、本科专业与硕士专业的一致性等。

在当下研究生生源总体数量呈逐年递减的形势下,各研究生培养单位均面临着优秀生源不足的严峻现实,对于层次较低的研究生培养单位而言,如何吸引优秀生源,就显得更为迫切。要改革现有人才选拔方式,除当前所开展的加大复试在研究生招生评价中所占比重等方式方法外,需要进一步拓宽思路,加大免试研究生招生规模比例,积极推进本硕连读、本硕博连读等招生工作,推进博士生招生“申请-审核制”。尤其是在当前出现出国热、留学热,大批学生赴欧美等研究生教育发达国家留学的形势下,研究生培养单位要积极开展与国外高水平大学联合办学、联合培养研究生等多种形式的合作,吸引优秀生源留在国内学习,减少优秀生源外流。

2.高水平学科质量保障体系

学科是高校发展的重要平台,一流的学科才可能培养一流的研究生。高水平学科质量保障体系是研究生教育质量内部保障体系的第二个关口。为此,高校应建立以绩效评价和动态调整为重点的学科建设激励和约束机制,构建并完善学科评估和学位点建设质量保障体系,进而提升学科水平,通过建设更多高水平的学科,带动培养更高质量的研究生。

3.高水平课程质量保障体系

高水平课程质量保障体系是研究生教育质量内部保障体系的第三个关口。课程建设包括培养方案建设、教材建设、教学形式和考核评价等方面。以课程体系建设、授课质量监控和课程考核淘汰为重点,构建以高水平课程建设为核心的课程质量保障体系。按照不同层次、不同类型研究生培养目标的要求,构建层次清晰、结构合理的课程体系。针对学术学位研究生,应将课程体系设计与创新能力训练有机结合;而对专业学位研究生,则应推进课程体系与行业需求及职业资格认证的有机衔接。

狠抓以一级学科基础学位课程和公共学位课程为主的研究生精品课程建设,加大以交叉学科课程和学科前沿课程为主的国际化课程,推动全英文授课品牌课程等高水平课程建设;建设高水平公共实验教学课程。

鼓励将学科前沿理论、最新科研成果纳入课程建设内容，建设若干个课程资源库；以研究生联合培养基地为依托加强案例教学，建设若干个案例教学库；出版若干部高水平教材及专著。

4.优秀研究生导师质量保障体系

优秀研究生导师质量保障体系是研究生教育质量内部保障体系的第四个关口。以导师的学术能力和研究生培养质量评价为重点，完善涵盖导师遴选、招生资格审核、培养质量公示的研究生导师质量保障体系。可通过五方面措施建立优秀研究生导师质量保障体系：一是深化研究生导师队伍建设，探索"人才特区"的建设办法；二是健全以师德师风、学术水平和培养质量为导向的导师评价制度；三是建立提升导师国际化能力和水平的激励制度；四是制定专兼职结合的专业学位研究生导师队伍建设制度；五是建立导师招生资格动态调整和退出制度。采取奖励和约束相结合的机制，提高发表高水平国际学术论文的研究生导师比例，提高承担国家级课题的研究生导师比例，提高具有国际化背景的研究生导师比例，以促进研究生导师质量上升，使研究生教育质量得以保障。

为保证研究生培养质量和研究生教育可持续发展，必须改善办学条件，营造良好的科研环境。优化和营造科研环境，不仅需要投入大量的物质和建设先进的硬件设施（即硬环境），如先进的教学设施、实验基地等，更需要转变对人才培养的观念、情感、态度以及由此构建的各种规章制度及模式等（即软环境），如经费保障、教育理念、规范科学的管理制度等。

加强科研环境建设机制，促进研究生科研活动的开展，其一，把拥有研究课题作为遴选导师的必要条件，构建导师动态管理体系，加强导师队伍建设，努力建立一支"双师型"特色导师队伍，保证研究生导师的数量和质量，从制度上确保研究生进入论文阶段后能直接参与科研活动；其二，使研究生有一个正确的角色定位，让他们明白自己既是学生又是研究者，参与科研活动是他们学习的另一种重要方式；其三，学校、企业和政府部门应当加强合作，共建科技园、研究生实践创新基地，并设立专项奖学金、风险投资基金等等，为研究生广泛参与科研活动创造条件，在项目、技术、资金以及场地等方面提供支持；其四，严把论文质量关，着重抓好选题、开题、中期检查和评审等工作，以便带动研究生的科研活动，使之成为研究生培养的重要环节。

5.优秀研究生学位论文质量保障体系

研究生学位论文的质量是研究生教育水平和质量最集中的体现，是衡量研究生能否称得上拔尖创新人才的重要指标，也是高校（科研院所等）整体实力的重要反映。因此，构建优秀研究生学位论文质量保障体系是建构研究生教育质量保障长效机制不可或缺的一环。应以提升学位论文质量为重点,从研究生学位论文开题、中期检查、学位论文文字复制比检测、评审、答辩、合格性抽检六个方面构建优秀学位论文质量保障体系。

6.有效的研究生思想政治教育质量保障体系

有效的研究生思想政治教育质量保障体系是研究生教育质量内部保障体系的第六个关口。《教育部、国家发展改革委、财政部关于深化研究生教育改革的意见》(教研[2013]1号)在指导思想中明确要求:把立德树人作为研究生教育的根本任务。研究生应该成为“又专又红”的人才,因此,研究生思想素质的提升是保障研究生教育质量必不可少的重要因素。以提升研究生综合素质为目标,以“两课”(思想政治理论课和形势与政策课)为渠道,以研究生导师、管理人员和学生干部“三支队伍”为依托,以研究生党建、心理健康教育、奖助体系和学术文化活动“四个平台”为载体,构建教育、管理、服务三位一体的高效的研究生思想政治教育质量保障体系是建设研究生教育质量保障长效机制必需的环节。

7.评价体系

评价体系是实践教学体系的反馈机制,包括实践教学质量评价、教师实践教学考评和学生实验考核等三个方面的评价内容。评价不是为了证明,而是为了改进,因此建立实践教学评价体系的目的不仅是为了考察教学质量是否合格,更重要的是为了使不足的地方清晰地表现出来,给予改进,为学生服务。

(1)实践教学质量评价

为了充分了解实验教学的质量,使实验教学工作更加科学化、规范化,为主管部门宏观管理和科学决策提供依据,有必要制定一套科学合理的实验教学质量评价指标体系。首先,通过分析调研,结合我校实训状况,确定评价要素,在此基础上设定评定指标。评价指标体系的建立一般要遵循整体性、可操作性、动态性及导向性等原则,指标应尽量定量化,尽可能排除人为因素影响。

(2)教师实践教学考评

目前,学生对于教师的实践教学评价多流于形式,评价制度不够完善,对于改进实验教学没有实质性的影响,从而导致教师重理论讲授、轻实践操作,学生参与实践的积极性不高,实践教学的质量难以提高。因此,必须从制度上做出规定,将学生对于教师实践教学评价和课堂理论教学评价结果共同纳入教师的教学质量评估中,突出实践教学考评结果所占的比例,从制度上改变重理论轻实践的观点,促进理论与实践并重的授课方式。

(3)学生实验考核

传统的考核方式仅以实验报告的好坏来评定实验成绩,单一的考核方式很难全面客观地反映学生对知识和技能的掌握，不利于引导学生提升创新实践能力，因此建立和完善更加合理的多元化的实验考核方式势在必行。各实践项目应综合考虑实践结果、讨论记录、实验报告、汇报答辩、平时实验情况等进行综合评定；鼓励学生在实践过程中提出新想法、新思路，并在实验考核成绩评定上占适当的比例。这种多元化的考核方式使学生摆脱应试教育所导致的重复验证式的实验方式，突出了实验过程中的表现，同时让学生在交流和讨论中不断提高，激发创新思维、营造良好的学术氛围。

4.4.3 研究生创新教育内部质量保障动力机制

1. 研究生培养资助机制

研究生培养资助机制是指基于当下的研究生培养机制改革，以激发研究生学习和科研积极性为目标，在研究生培养的不同阶段，按照一定的规则对研究生实行相应资助的运行方式。研究生培养经费是研究生培养的基本保障，我国研究生培养资金来源包括国家财政拨款、委托培养单位经费、学校自筹经费、导师科研课题经费、研究生个人交纳的学费、社会赞助等，其中国家财政拨款和学校自筹经费是研究生培养经费的主要来源。

自2006年华中科技大学、西安交通大学和哈尔滨工业大学实行研究生培养机制改革试点以来，各高校研究生培养机制改革的主要内容在于研究生不同阶段的资助标准、资助额度、经费来源等方面的改革，其改革核心内容在于进一步拓宽研究生资助资金渠道，尤其是将导师作为出资方纳入研究生培养资助体系之中，加大研究生培养经费筹集力度，保证在现有条件下，实现研究生教育公平、公正、和谐发展。在当下研究生培养机制改革已进入改革深化期，尤其是在中央政府和地方政府加大了对研究生资助的情形下，关键问题已由导师出资转移到资助标准的制定上，即如何在不同的阶段制订出合适的资助评价标准，尤其是对于博士生和硕士生两种不同的培养层次以及学术型和专业型两种不同的培养类型，同时还要考虑到不同学科之间的差异性，制订比较科学的、多元化的资助评价标准，这是当下建立完善研究生资助机制构架的关键所在。

2. 研究生导师激励机制

研究生导师激励机制是指以提升研究生培养质量为目标，研究生培养单位为激发研究生导师开展研究生培养的积极性，在制度层面开展相关工作的运行方式。研究生导师作为研究生教育过程中的第一责任主体，是保证研究生教育质量的关键所在。研究生导师激励机制的构建，就是要正确处理好导师付出与所得的关系，要激励导师出资资助研究生培养活动，立志为研究生教育事业付出自己的艰辛努力和心血，为国民经济建设和社会发展培养高水平的创新型复合人才，从而激发研究生导师培养研究生的热情与积极性。

从当前研究生导师培养研究生及研究生任课老师开展教学活动的实际现状而言，研究生导师和任课教师的积极性并没有得到充分激发。其主要应在以下几方面予以改进：一是改革现有的研究生培养单位教师职称评定、绩效考核与评价制度。当前各研究生培养单位在教师职称评定、对教师的考核与评价上，仍然存在着“重科研、轻人才培养”的倾向，能否承担高水平科研项目、出高水平科研成果，是职称评定和教师考核的主要指标，而对于人才培养，则是可有可无的内容，这自然会导致研究生导师重科研而轻研究生课程教学与研究生指导，各研究生培养单位要在制度政策层面加大对研究生培养的重视，切实将高校的中心工作转移到人才培养上来。二是加大对培养出高质量研究生的导师和研究生任课教师的激励。研究生导师培养出优秀的研究生，需要花费大量的精力，应当奖励在研究生培养上做出成绩的研究生导师。要加大现有的各级优秀研究生学位论文导师的奖励力度，同时要将研究生教学改革纳入高校教学改革的内容，鼓励研究生任课教师积极开展研究生教学内容、教学方法、教学方式的改革与创新。三是要实行研究生导师招生指标动态调整机制。研究生培养单位要以研究生导师近几年对研究生培养的质量为关键内容，以各高校二级单位为对象，视研究生导师培养研究生情况，对于研究生培养质量优异的导师，增加研究生招生指标，而对于在研究生评估和抽查中出现问题的导师，则减少其研究生招生指标或暂停招生，甚至取消其研究生导师资格。

3.研究生综合素养培养激励机制

研究生综合素养培养激励机制是以全面提升研究生综合素养为目标。研究生培养单位应在研究生学习期间，组织学生参加各种科技竞赛，设置研究生创新基金项目，实施科研创新奖励，组织开展社会活动等。具体而言，研究生综合素养培养激励机制包括研究生培养单位及二级单位所设置的资助研究生的各种科研创新项目，由研究生培养单位组织研究生参与国际、国家有关部委、省级地方政府所开展的各类科研竞赛活动，由研究生培养单位所设置的研究生科研成果奖、优秀学位论文奖、社会活动奖等。对于当前的研究生教育而言，从某种意义上讲，并不是我们的培养机制、培养模式、质量保障体系不健全的问题，关键在于对研究生培养质量观的认识问题。目前对于研究生教育质量的认知，呈现出仁者见仁、智者见智的多元化倾向，形成了基于不同视角的学术质量观、过程质量观、效益质量观、就业质量观等。我国教育领域知名专家顾明远先生曾在论及研究生教育质量时指出：我国是培养高层次人才的教育，获得学位的毕业生将是我国社会主义建设的栋梁之才。他们不仅应该具有高深渊博的知识，而且要有高度的文化素养和高尚的思想情操。因此，在当前论及研究生教育质量时，必须关注研究生所应具备的综合素养，这是保证并提高研究生培养质量的具体内涵和根本要求。因此，笔者以为，研究生培养质量观应从研究生所应具备的心理素质、创新能力、文史哲知识、三观(世界观、人生观、价值观)以及道德修养等整体综合素养进行衡量和评价,并以提升研究生整体综合素养系统构建研究生培养激励机制。

4.4.4 创业教育服务体系构建

目前,研究生创业教育在高校的重要地位尚未完全确立,主要问题归结为:高校追求卓越学术教育的研究生人才培养倾向仍较严重,研究生创业绩效并未成为衡量高校办学水平和效益评估的标准之一;研究生创业教育的人才培养目标与规格尚未明确,创业综合素质有待提升,尤其是创业意愿较高,但缺乏资金支撑、社会资源、营销渠道和管理经验;创业教育模式的创新性与多样性不足,创业教育的实践环节比较薄弱;产学研联合培养研究生创业人才的协同机制尚待进一步健全与完善,此外,研究生创业的社会环境需要进一步优化,体制机制更为灵活的"创业特区"需要探索建立。因此,应从建立自主创新创业示范区,深化培养机制改革、打造多样服务平台及丰富协同创新路径四方面,建构研究生创业教育的服务体系。

1.开辟特区,筹建各具特色的区域自主创新创业示范区

第一,地方政府应充分借鉴国家自主创新示范区的成功经验、组织模式和运行机制,以高校聚集城市为中心,着力建设区域自主创新创业示范区,重点打造"城市高新技术产业开发区+大学科技城+大学科技园"的"区城园"联动管理模式,力求形成传统性支柱产业与战略性新兴产业联动发展的格局,促进研究生创业教育与高校科研攻关、行业企业核心技术研发及科技成果产业化的全面融合。

第二,实行滚动开发模式,区域自主创新创业示范区的近郊区县,应根据资源优势和产业定位吸聚高校研究生创业资源,共建省级大学科技园、科技创新产业园和现代农业科技示范园,促进研究生创业项目就地转化。

第三,探索促进高校研究生创业保障政策的先行先试,地方政府应从研究生创业准备、创业初期、创业后期三个阶段入手,加紧制定省级自主创业创新示范区的税收减免、融资信贷、土地出让、人才引进、风险规避等创新创业优惠政策,尤其设立地方政府风险投资基金和种子资金,对高校研究生重大科技创业项目的研发、试验、推广、生产等各个环节给予资助,并根据科技创业服务的数量和质量给予相应的政府补贴。

第四,强调科学发展的研究生创业文化和环保模式,注重创业教育的生态文明理念和可持续发展的生态环境建设,运用不同的企业标准、安全标准、生态标准,进行创业教育和生态文明建设的同步良性互动。

2.深化改革,全面推进研究生创新教育的培养机制改革

第一,创新研究生创业教育培养模式,健全研究生创业指导体系。建立行业企业

参与研究生创业教育机制，深化校地、校企合作，鼓励高校在高新技术产业园区办学与企业共建二级学院，建立紧密对接产业链的研究生创业教育专业体系，加强研究生创业教育的实验、实习、实训和校企联合培养基地建设，加强“双师型”教师队伍建设，依据“互联网+”的创新理念，举办各类研究生创业大赛。

第二，完善研究生创业教育课程体系，突显创业教育的实用性和针对性。完善研究生创业教育培养方案，开展企业管理、财务管理、营销管理等方面的系统指导和教育培训。根据研究生创业教育的培养目标、发展形势及特定创业领域专门人才知识能力结构和职业素养的具体要求，扩大实践教学的比重，科学制订创业教育培养方案。深化研究生创业教育课程改革。通过建设与职业资格认证相衔接的课程、案例教学课程、实践课程、职业素养课程等一系列研究生创业教育特色课程，做到专业知识与职业资格的统一；通过探索采用任务驱动式、案例式、模拟式、与行业企业互动式等新型教学组织形式，强化课堂教学与生产实践的对接，聘请有丰富创业经验的企业家、经理人担任创业导师，做到理论教学与实践训练的统一。同时，加强研究生创业教育教材建设，增加符合区域实情的实践性案例和不同行业的创业方案。

第三，开展高校研究生创业成果处置和收益权管理、人事权管理改革。制定高校研究生创业支持细则，鼓励研究生积极从事发明创造，加快完善期权、技术入股、股权、分红权等多种形式的激励机制，大幅提高创业成果转化利益分配用于科研团队奖励的比例。完善研究生创业教育的学业管理制度，建立个性化培养的创业教学管理制度，试行休学创新创业，允许和鼓励研究生在一定时限内离校创业，保留其身份和学籍，创业所得归个人所有，建立创新创业学分积累与转换制度，建立与创业绩效相关联的学业考核评价办法。

3.打造载体，构建研究生创新教育的多样服务平台

第一，整合政府、社会、高校多方创业资源，厘定创业扶持计划，建立省级创业孵化基地。选择学科优势明显的高校与地方政府和行业企业共建一批专业化的省级创业基地和创业成果转移示范中心，逐步构建集创业项目启动、创意孵化、科技研发和产品检验检测等为一体的研究生创业服务综合平台。

第二，培育壮大具有独立法人性质的社会科技中介服务机构，大力培养和引进一批职业化、专业化的机构从业人员，多渠道促进高校研究生创业成果转移转化。

第三，选择有实力、影响大的全国性技术交易（转移）机构作为支撑，建设研究生创业成果网上交易（转移）平台，定期和不定期发布各类企业技术需求，开展高校研究生创业成果交易和科技金融对接活动，并逐渐打造成区域性的创业特色品牌。

第四，深度实施高校研究生创业知识产权战略，建设研究生创业知识产权服务平

台，重点建立科技发明价值评估、专利设计申报、专利市场营销相结合的创业成果转化服务机制，建立研究生创业知识产权法院和仲裁机构，搭建一站式、全天候的研究生创业知识产权信息服务公益性网络平台，促使专利权、著作权、商标权等各种形式的知识产权，都能在政府指定网站进行信息发布、竞价交易。

4.深度合作，丰富研究生创新教育的协同创新行动路径

第一，建立产学研联合的研究生创业教育战略决策机制和专家咨询制度。成立由高校研究生院、创业企业家和政府相关部门领导共同组成的研究生创业教育战略咨询委员会，围绕区域研究生创业教育的重大问题，结合区域经济社会发展“新常态”需求进行思考和谋划，定期就国际研究生创业教育发展态势及区域研究生创业教育的战略选择、学科专业布局、协同育人机制和绩效动态评估等问题进行研讨，形成研究生创业教育战略建议或解决方案。

第二，建立持续的研究生创业教育战略研究和评估机制。鼓励高校、企业、科研院所、社会机构等多方力量开展研究生创业教育战略研究，建立区域研究生创业教育战略监测、预警和评估系统，持续追踪研究生创业教育战略重点任务及其实施效果，评估研究生创业教育战略的绩效及其影响，针对性地提出战略调整和变革建议。

第三，构建研究生创业教育实践载体。推动高校成立研究生创业教育联盟，制定联盟章程，明确联盟性质、目标、任务和责任，重点探索建立联盟高校之间的创业课程互选、学分互认、教师互聘、资源共享机制以及产教融合办学机制。

第四，打造研究生创业教育研究平台。组建高校研究生创业教育研究中心，重点开展研究生创业教育的政府政策保障体系、社会督导、现代大学制度建设、创新创业人才培养模式等重大专题研究，系统研究欧美国家研究生创业教育的成功经验，进行研究生创业教育的案例库、数据库和资料库建设。依托企业专业研究机构，遴选具有宏观视野、前瞻眼光和丰富想象力的企业优秀项目主管，赋予其对研究生创业项目的遴选与决策的自主权，征集、遴选、组织和实施高风险但高价值和高收益的研究生创业项目。

第五，创新研究生创业教育的研究范式。运用大数据科学，突破实验科学、理论分析和计算机模拟三种经典科研范式的局限，将计算机技术与科学工程领域有机结合，实现教学、课程、实践等研究生创业教育各领域海量数据的获取、存储、管理、深度分析和可视化展现，并从数据中发现新知识、新突破和新规律。积极运用互联网技术、互联网经济学、超级计算、环境科学等研究产生的海量数据，部署研究生创业教育的大数据研究计划和平台筹建，进而引起高校研究生创业教育与科研组织方式的深刻变化，并使知识创造和创业应用更加紧密结合。

第5章

结构方程模型(SEM)理论基础

5.1 总论

自然或社会现象是复杂的,但在研究中经常将其简化为简单的模型,类似y~x这样的形式。当然并不是说这种简单模型有什么问题,只是有些情况下y实际上并非x的直接作用结果,y通常受到许多直接和间接因素的影响,这些因素之间也存在广泛的相互作用。毫无疑问,如果有某种方法可以将这种相互作用的因素网络转化为一个统计框架,就可以帮助我们在系统层面上更好地理解问题。

结构方程模型(Structural Equation Modeling,SEM)是一门结合因素分析、回归分析和路径分析的统计方法,研究的目的与回归相似,但更强而有力,因为SEM同时考虑了模型的交互作用、非线性关系、自变数相关、测量误差、测量误差相关、多指标外生潜在变量及多指标内生潜在变量。SEM可以为多元回归、路径分析、因素分析及时间序列分析提供另一种选择,而且说服力更强。

结构方程模型是一种融合了因素分析和路径分析的多元统计技术,就是一种将两个或多个结构模型联合起来,实现对多元关系进行建模的统计框架。所谓多元关系,即变量间直接和间接相互作用的总和。它的优势在于对多变量间交互关系的定量研究。在近30年内,SEM大量用于社会科学及行为科学领域,近几年逐渐开始应用于市场研究。

结构方程模型是当代行为与社会领域量化研究的重要统计方法,它融合了传统多变量统计分析中的“因素分析”与“线性模型之回归分析”的统计技术,对于各种因果模型可以进行模型辨识、估计与验证。

结构方程模型一词与LISREL(Linear Structural Relationships)统计软件关系紧密,LISREL是线性结构关系的缩写,用于处理协方差结构分析。由于这个程序和协方差结构模型十分近似,所以之后的学者便将协方差结构模型称为LISREL模型。协方差结构模型的应用非常广泛,涉及经济学、心理学、社会学等诸多领域,被用于探讨问卷调查或实验性的数据,包括横向式的研究及纵贯式的研究设计。

结构方程模型整合了因素分析与路径分析两种统计方法,同时检验模型中包含的显性变量、潜在变量、误差变量间的关系,进而获得自变量对因变量影响的直接效果、间接效果或总效果。SEM模型分析的基本假定与多变量总体统计法相同,样本数据要符合多变量正态性假定,数据必须为正态分布数据,测量指标变量呈线性关系。

SEM是一种验证性方法,需要通过理论来构造初始模型而不是通过数据来归纳模型,因此SEM检验需要理论基础,即使是模型的修正,也必须根据相关理论进行。

在SEM的分析软件中,常用的包括LISREL外,还有EQS和AMOS,尤其是AMOS软件。AMOS软件属于SPSS软件包,AMOS的图形绘制模型功能及使用者界面导向模块,使得AMOS的使用者越来越多。AMOS除了进行SEM的分析以外,还能进行多群组分析、多群组平均数检验、潜在平均结构分析、因素结构不变性检验等。

5.2 结构方程模型的发展历程

科学研究的目的,是通过探讨变量之间的因果关系来揭示客观事物发展、变化的规律及特点,在具体操作层面上,一般是使用一定的统计技术处理并计算各种观测数据的结果来反映因果关系。在心理科学的研究中,实验的方法一直都是揭示心理过程及现象的主流范式。但由于实验法过分强调控制而使研究结果的真实性和外推力受到局限,尤其是当面对成因复杂的人的行为以及人的许多高级心理现象时,多数情况下都很难对它们进行直接测量或客观标定。事实上,人们一直都在寻求以非实验的方法获取因果关系,以及通过考察人的外部表现(观测指标)来了解其实质特性(潜在变量或心理概念)的技术,而结构方程模型正是这种思想的产物。

上个世纪70年代中期,瑞典统计学家、心理测量学家Karlg.Joreskog提出结构方程模型。根据该方法的不同属性，统计学家们以不同的术语命名，如根据数据结构将其称为“协方差结构分析”；根据其功能，称之为“因果建模（Casual Modeling）”等；并开发了相应的LISREL统计软件。

5.3 结构方程模型的简介

结构方程模型，又称协方差结构模型（Covariance Structure Models，CSM）或线性结构模型（Linear Structural Relationships，LISREL），是一种多元统计研究方法，通常用来测量显性变量与隐性变量、隐性变量与隐性变量之间的关系。

结构方程模型由测量模型（Measured model）和结构模型（Structural model）构成。测量模型由一级指标（Latent variable，潜在变量）和二级指标（Observed variable，观察变量）组成，该模型主要表示二级指标与一级指标之间的关系，结构模型则由一级指标组成，主要表示一级指标之间的因果关系。

结构模型的表达公式如下所示：

$$\eta=\mathrm{B}\eta+\Gamma\xi+\zeta \qquad \text{（式5.1）}$$

B代表内生潜变量之间的关系；η代表内生潜变量；Γ代表外生潜变量系数阵；ξ代表外生潜变量；ζ代表随机干扰项或残差项。

测量模型的表达公式如下所示：

$$x=\Lambda x\xi+\delta y=\Lambda y\eta+\varepsilon \qquad \text{（式5.2）}$$

x代表外生显变量；y代表内生显变量；Λx是x在ξ上的因子载荷；Λy是y在η上的载荷；η是内生潜变量；ε是内生显变量y的误差项；δ外生显变量x的误差项。

SEM不仅是一种统计技术，而且是许多相关统计技术程序的结合，如图5.1所示，对SEM家族的关系做了一定的概括，作为SEM的特例。

与传统的统计分析方法相比，结构方程模型有诸多不同之处：①SEM是一种具备较高的弹性和系统的统计分析方法，适用于如运动、健康议题以及家庭关系等各种情况；②SEM需要研究者事先用理论来指定假设是否成立；③SEM允许研究者分析测量结果不完美的特性，允许误差的存在，而传统统计方法假设测量是没有误差的；④传统统计方法提供了直觉的显著性检验，判定群组的差异或变数之间是否相关或是变数的解释变异量，而SEM提供的不是简单的直觉的模型适配度，利用多重适配度指标来决定模型的好坏，如Chi-squre（卡方，χ2）、Comparative Fit Index（比较拟合指数，CFI）、Nonnormed Fit Index（非规范拟合指数，NNFI）、Root Mean Square Error of Approximation（近似均方根误差，RMSEA）。

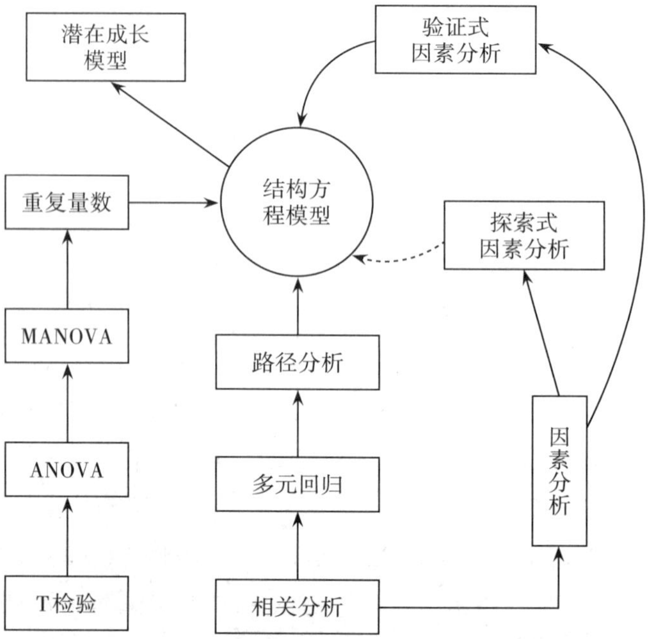

图5.1 SEM家族

5.4 使用SEM的原因

5.4.1 做数据回归分析的限制

1. 不允许有多个因变量或输出变量。
2. 中间变量不能包含在与预测因子一致的单一模型中。
3. 预测因子假设为没有测量误差。
4. 预测因子间的多重共线性会妨碍结果解释。

5.4.2 什么是SEM

以下路径图描述了变量间的某种简单相互关系（$y \sim x_1+x_2$），这种情形中，所关注的是x_1和x_2如何直接影响y，y直接通过x_1和x_2进行建模：

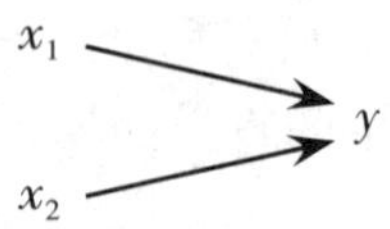

如果x_1和x_2与y的关系属于下面这种形式，即分别存在$x_2 \sim x_1$和$y \sim x_2$的直接作用，y与x_1的相互作用是间接的，并使用两个方程式综合描述这种关系，那么这两个方程即组成了一个简单的SEM：

$$x_1 \longrightarrow x_2 \longrightarrow y$$

这就是SEM的一个简单示例。一个模型中，根据推测的变量x_1能够影响x_2、x_2影响y再进一步推测变量x_1可能也会影响y，即x_1-x_2-y。该模型具有两个方程，一个方程使用x_1预测x_2，另一个方程使用x_2预测y。为了验证这个模型，测量观察到的x_1、x_2和y之间的关系，并应用SEM提供以下测试：(1)x_1是否真的是x_2的有效预测因子，(2)x_2是否真的是y的有效预测因子，(3)模型整体上是否符合观测数据。最后一项测试相对于前两项测试并非冗余的，因为对于测试x_1是否是y的有效预测因子时，在(1)(2)均通过时，模型也可能不太合适，若忽略(3)则可能会错误地指定了x_1与y的直接关系。

综合来看，SEM是数据分析的一种特殊形式，从一个指定了多变量间(假定的)相互关系的模型开始，变量间的关系被形式化为一组方程，用于测试这些变量并量化它们之间的关系。对模型的测试涉及对方程再现或“拟合”假定关系的评估。

SEM要求事先考虑变量间相互关联的方式(如因果关系，通过先验知识给出假定)，从这个意义上说，SEM是验证性的，而非探索性的分析方法。对于变量间的关系，可以是线性的，也可以是非线性的。并且SEM能够同时识别直接和间接关系，对于量化级联影响非常有用。如果意在探寻变量间的因果关系，SEM可以给出单向的推论，即模型显示x_1直接或间接影响y，而反过来则无效。因此与常规的统计方法(如相关性分析)相比具有优势，可以测试复杂关系的竞争性假设，并且考虑了“相关性并不意味着因果关系”这一问题。

5.4.3 结构方程模型的特点

结构方程模型的优点：①结构方程适用于大样本，且能够支持实证研究；②允许自变量和因变量存在误差；③提供多样化的适配指标；④可以同时处理多个变量；⑤能够同时估计各因子结构之间的关系；⑥在模型中潜变量可由多个测量变量构成，同时可以估计测量变量的信效度；⑦可进行复杂模型的评估。

结构方程的分析主要依赖于电脑软件，目前全球常用的结构方程软件主要有8种，本研究主要选择以下3种常用软件进行对比介绍：AMOS是IBMSPSS公司旗下的产品，是可以独立于SPSS工作环境的软件。AMOS可以直接读取SPSS的资料，并且不区分SPSS版本，可将整个资料库应用到分析的过程中。AMOS以画图为主，最具特色的功能是内建的bootstrap的估计方法，可以估计所有参数的标准误及置信区间。LISREL可以用画图和语法的方式输入研究资料。目前LISREL有三种语法输入，其中SIMPLIS是最直接的写法，简单易学，SIMPLIS语法以矩阵为基础，有矩阵概念的人学起来没有太大的障碍，PRELIS语法，可以用来处理资料，如资料插补或产生各式矩阵。MPLUS的优势是它可以分析任何一种尺度组合的变数，如连续变数、二分类尺度、顺序尺度等。MPLUS可以使用语法输入也可使用精灵协助输入。本书选择AMOS软件为主要的研究工具。

结构方程模型是在已有的理论基础上，应用与之相应的线性方程系统表示该理论的一种统计分析方法。相对于相关分析、回归分析、路径分析等研究变量间关系的统计方法来说，SEM从两个方面完善了这些常用方法的不足。第一，针对探索性因素分析假设限制过多的缺点，完善变量结构的探讨，与探索性因素分析相比，结构方程模型既可以假定相关、不相关的潜在因素，从而更符合心理学实际；同时也可以确定某些观察变量只受特定潜在变量影响，而不是受所有潜在变量影响，使结构更清晰，还能对每个潜在因素进行多方法测量（采用多方法-多特质模型）时，也可排除测量方法的误差。除此之外，最重要的是它不需要假定所有特定变量的误差无相关，而是指定那些两者之间存在相关的特定性变量误差。第二，在考虑测量误差的前提下建立变量间的因果关系。这一步以统计的思路区分了观测（外显）变量和潜在（内隐）变量，进而通过观测外在表现推测潜在概念。这样，研究便能在探讨变量间直接影响、间接影响、总效应以及表达中介变量作用的同时用潜在变量代替路径分析中的单一外显变量，并考虑变量的测量误差，从而使研究结果更精确。概括来讲，SEM具有以下特点：①可同时考虑及处理多个因变量；②允许自变量和因变量项目含有测量误差；③允许潜变量由多个外显指标变量构成（这一点与因素分析类似），并可同时估计指标变量的信度及效度；④可采用比传统方法更有弹性的测量模式（Measurement model）。在传统方法中，项目更多的依附于单一因子，而在SEM中，某一指标变量可从属于两个潜伏因子；⑤可构建潜变量之间的关系，并估计模式与数据之间的吻合程度。结构方程模型最为显著的两个特点是：评价多维的和相互关联的关系，能够发现这些关系中没有察觉到的概念关系，而且能够在评价的过程中解释测量误差；同时具有联系信息技术吸纳能力，SEM能够反映模型中要素之间的相互影响。吸纳能力概念作为一个重要的模型要素，难以直接度量，结构方程模型技术能够更为充分地体现其蕴含的要素信息和影响作用。

5.5 SEM主要建模方法

5.5.1 路径分析

路径分析（Path Analysis）是目前使用的主要SEM模型之一，是没有潜在变量的SEM应用。

路径分析的优点在于，它包含了在一个模型中充当预测变量的变量之间的关系。中介模型就是一个典型的例子。

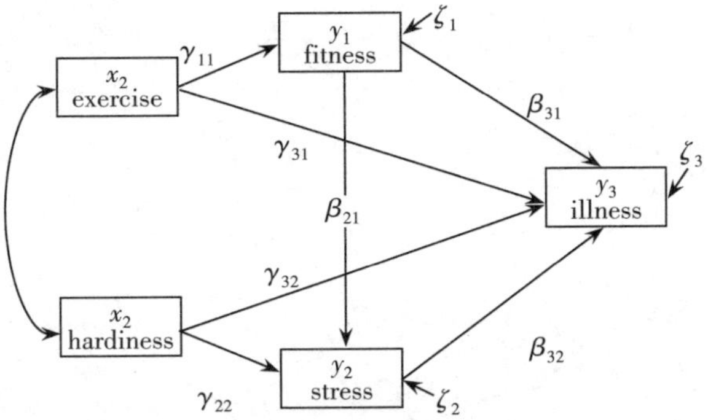

图5.2 路径分析图

路径分析是另一种SEM模型类型——回归模型的扩展，用于在相关矩阵的路径分析模型中比较两个或更多的随机模型、模型预测回归权值。

5.5.2 验证性因子分析

验证性因子分析(Confirmatory Factor Analysis，CFA)是一种降维方法，在SEM中也称为测量模型，CFA意在描述潜在因子(ε_1和ε_2，在SEM中等同于潜在变量)与观测变量(x_1~x_8)的关系。

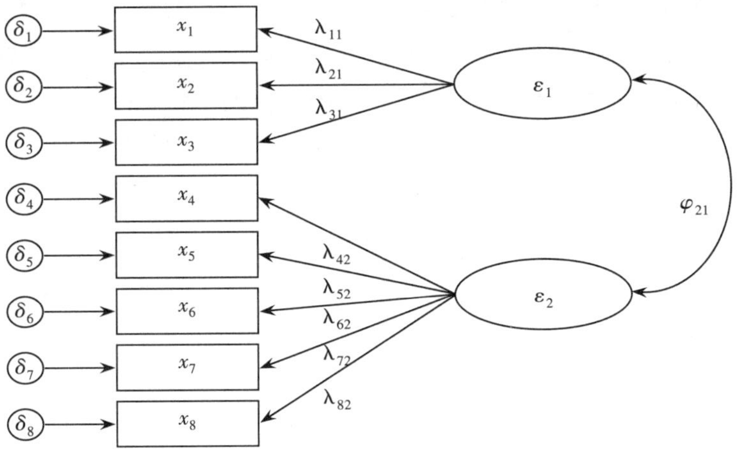

图5.3 CFA模式图

5.5.3 潜变量结构模型

潜变量结构模型(Latent variable structural model)主要在路径分析框架内使用测得的潜在变量。

例如，潜变量结构模型的一种常见形式是因子分析和路径分析的组合，因子分析挖掘潜在因子(潜在变量)之后可将潜在变量代入路径分析,假设并测试它们之间的关系。

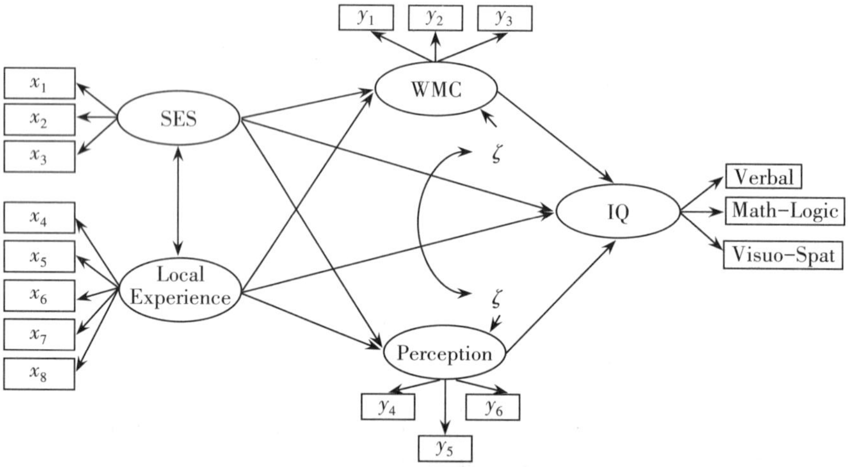

图5.4　潜在变量结构模型模式图

5.5.4 增长曲线模型

SEM模型的另一种流行用法是纵向模型,通常称为增长曲线模型(Growth curve models)。

例如,假设随时间对同一变量进行了多次观测,则可以声明一个截距,通过以特定的方式约束路径系数,将变量随时间变化的斜率作为潜在变量。由于路径是有约束的,必须在增长曲线模型上估计潜在变量的均值,这些均值给出了总体截距和总体斜率。

潜在增长曲线模型与在纵向数据上运行混合模型有关,并提供了一种替代方法,这些混合模型通常称为"个体增长曲线模型"。

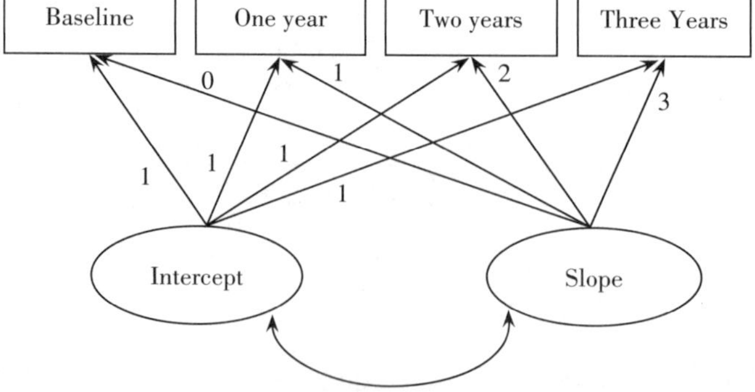

图5.5　潜在增长曲线模型模式图

5.6 结构方程模型基本步骤

5.6.1 结构方程模型构建

结构方程模型(SEM)是当代行为与社会领域实证研究的重要统计方法,其构建的基本步骤如下:

①定义变量:确定概念所包含的范围,给出变量的准确定义。

②变量间关系假设:根据理论分析,对各变量之间的关系进行假设。

③构建结构方程理论模型:依据各变量之间的关系假设构建结构方程理论模型,并检验理论模型的效应。

④对模型进行拟合与评价:采用结构方程模型技术拟合、修正以及评价模型,直到找出最优的评价模型。

5.6.2 结构方程模型分析

通过分析文献及综合国内外专家意见,将一个完整的结构方程模型的分析历程总结如下:首先在相关理论分析的基础上,界定测量模型和结构模型,紧接着进行测量抽样调查和模型参数的辨别,再接着进行模型适配判断;如果判断结果不适配,则确定是否要进行修正,若修正,则重新开始界定测量模型,若不修正则直接进行结果解释与讨论;如果模型适配,则直接进行最终结果的解释与讨论,具体的分析流程如图5.6所示。

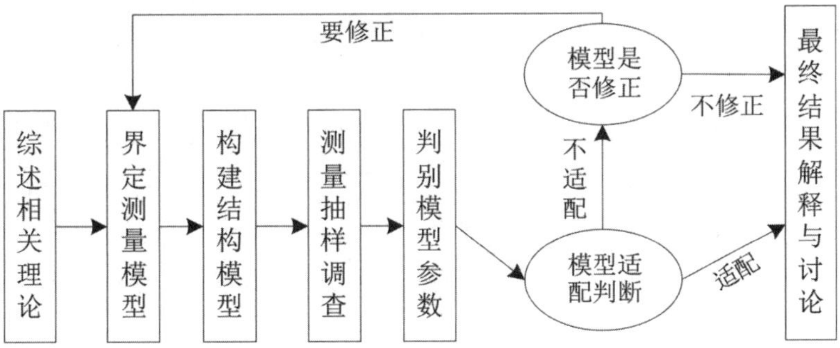

图5.6　分析流程

5.7 SEM的基本思想和方法

SEM是基于变量的协方差矩阵,用来分析变量之间关系的一种统计方法,实际上是一般线性模型的拓展,包括因子模型与结构模型,体现了传统路径分析与因子分析的完美结合。SEM一般使用最大似然法估计模型(Maxi-Likelihood,ML)分析结构方程的路径系数等估计值,因为ML法使得研究者能够基于数据分析的结果对模型进行修正。

5.7.1 SEM术语

(1)观测变量即可直接测量的变量,通常是指标。

(2)潜变量亦称隐变量,是无法直接观测并测量的变量。潜变量需要通过设计若干指标间接加以测量。

(3)外生变量是指那些在模型或系统中,只起解释变量作用的变量。它们在模型或系统中,只影响其他变量,而不受其他变量的影响。在路径图中,只有指向其他变量的箭头,没有箭头指向它的变量均为外生变量。

(4)内生变量是指在模型或系统中,受模型或系统中其他变量包括外生变量和内生变量影响的变量,即在路径图中,有箭头指向它的变量,它们也可以影响其他变量。

外源变量(Exogenous variable):外源变量是指在特定的结构模型分析中,只用来预测其他指标而不被其他指标预测的变量。如年龄的变化可以导致血脂和血压的变化,但年龄本身并不受其他变量的影响。因此,年龄是外源变量。如果用路径图表示的话,箭头只会离开外源变量而不会指向外源变量。

内源变量(Endogenous variable):和外源变量相反,内源变量是指在特定的结构模型分析中至少被其他一个外源变量所影响的变量。比如,血压受年龄,血脂等多个变量的影响,因此是内源变量。值得指出的是,尽管体重和血脂影响血压,但它们也同时被其他变量(如年龄)影响,因此体重和血脂都是内源变量。如果用路径图表示的话,至少会有一个箭头指向内源变量。应该指出的是内源变量和外源变量都是相对概念,它们是由研究课题本身和课题研究人员的兴趣决定的。

中介变量(Mediating variable,Intervening variable,intermediate variable):中介变量是在因果联结其他两变量的中间变量。中介关系不只限于生物学上的作用,比如,在过度饮酒→肝硬化→肝癌的关系中,肝硬化是饮酒与肝癌关系中的中介变量。中介关系也同样适应于阐述社会学和心理学现象,比如父母的社会阶层影响孩子未来的社会阶层,这一影响很大程度上是通过文化教育介导的。中介变量又可根据其介导程度分为:完全中介变量和部分中介变量。完全中介变量是指,一个预测变量对结果的作用是完全通过中介变量传导的。而部分中介变量是指预测变量对结果变量的部分影响是通过中介变量传导的。比如,体育锻炼与血脂、血压之间的关系,血脂便是一个部分中介变量。经常参加体育锻炼有助于降低血脂,而降低血脂本身又可以预防高血压,但体育锻炼还可能通过其他途径影响血压。

显变量(Manifest variable)或称指示变量(Indicator):指可以通过直接观察或测量得到的变量。

隐变量(Latent variable)也被称为隐结构(Latent construct)或因子(Factor):隐变量是指理论上存在,但不能被直接测量的变量或概念。在结构模型分析中,隐变量是通过一个或若干个指示变量来估计的。比如,一个医生的业务水平是不能直接测量的,但可以通过若干可测量的指示变量来估计,比如是否出过医疗事故,有无博士学位,专业考试的分数,科研论文数量等等。又比如,体育锻炼本身是不可以被直接测量的,可以理解成隐变量。但具体的某项体育活动,如平均每天跑步和骑自行车的时间等是可以被直接观察或测量到的,因此是显变量可以用来估计"体育锻炼"这个隐变量的情况。

模型识别(Identification):在结构方程模型分析中,用识别力来反映是否有足够的已知变量和方程来求未知的回归系数。根据模型中已知和未知的相对比例,结构方程模型可分为三类:充足识别(Over identified),恰好识别(Just identified)和不能识别(Under identified)。由于结构方程模型分析中的例子相对复杂,为了帮助理解这一基本概念,我们不妨借助中学课程中多元一次方程的概念来作个类比。在$x+y=5$这一数学式中有两个未知数,但只有一个方程,因此x和y是无解的,所以这个方程是不能识别方程。以此类推,方程组($x+5=5$,$y-x=1$)和($x+5=5$,$y-x=1$,$x\times y=6$)分别是恰好识别和充足识别方程。在结构方程分析中可通过计算模型的自由度来决定一个特定模型的识别。

$$d.f=\frac{(p+q)(p+q+1)}{2}-t \qquad (式5.3)$$

在这里,$d.f$为模型的自由度,p为内源性变量的个数,q为外源性变量的个数,t则是模型所要估计参数的总和,其中包括通经系数,及所要估计的方差协方差。自由度等于1的模型为恰好识别模型,自由度大于1时为充足识别模型,小于1时为不能识别模型。尽管模型为恰好识别模型时仍可进行参数估计,但如果模型的自由度为0,则不能进行统计检验。

克隆巴赫α是一个综合指标,研究中多用于观察指标反应,研究人员往往需要估计单个具体观察指标与综合指标关系。克隆巴赫α是评价单个具体观察指标反应其相应综合指标可靠性的统计参数。克隆巴赫α值波动在0到1之间,值越高可靠性就越好。一般来讲,克隆巴赫α值在0.7以上被视为可靠性好的标准。在SAS程序中可用PROC-CORRALPHA命令得到克隆巴赫α数值。

模型拟合(Goodness-of-fit):由于结构方程分析的基本数据是协方差或相关矩阵,因此模型的拟合是通过检查实际数据和模型估计数据(方差协方差或相关矩阵,variance-co variance or correlation matrix)接近程度的残差矩阵(Residual matrix)来实现的。实际数据和模型估计数据越接近,残差矩阵就越小而模型拟合度就越高。

探索性因子分析(Exploratory factor analysis)和确定性因子分析(Confirmatory factor analysis):广义地讲因子分析是指用来分析多个相互关联变量的若干统计分析方法。其宗旨是利用特定的统计手段把很多个显变量按其相互关系归纳成理论上存在的少数几个因子或隐变量。尽管存在争议,主成分分析(Principal components analysis)有时也被视为因子分析的一种。

确定性因子分析是结构方程模型分析中的重要手段之一,用来评价隐变量和其对应指示变量的关系。相对而言,当因子分析用于寻找和确定是否存在理论上的因子时被称为探索性因子分析。

测量模型(Measurement model):测量模型是结构方程模型分析中的分模型,是用于通过确定性因子分析的手段确定和评估指示变量和隐变量之间的关系。在含有隐变量的结构方程模型分析中测量模型分析需在模拟结构模型分析之前进行。

结构模型(Structural model):在测量模型分析的基础上,结构模型用于表示研究假设存在的各种关系。结构方程模型的回归系数是在结构模型中确定的。

直接作用(Direct effect):是指一个变量对另一变量发生影响时无需通过中介变量。但值得指出的是,实际科研中直接作用是一个相对概念,它受研究者对研究现象的理解和兴趣的影响。同时也受研究现象本身的实际意义和可行性影响。比如,吸烟和肺癌的关系一般被看作直接作用。但严格地讲在肺癌发生前,吸烟往往先造成肺部细胞和分子的改变,从这个意义上讲吸烟对肺癌发生的影响又是间接作用。但细胞的变化一般是不易观察到的,因此在现代流行病学研究中把吸烟对肺癌的影响归为直接作用更具有实际意义。

间接作用(Indirect effect):相对直接作用而言,间接作用是指预测变量对结果变量的影响需要借助中介变量。根据预测变量对中介变量的依赖性程度,间接作用又可分为完全间接作用和部分间接作用。

最大似然函数估计(Maximum Likelihood Estimation,MLE):最大似然函数和普通最小二乘法可视为多元统计分析中最常用的总体参数估计方法。MLE的基本原理是通过反复使用不同的未知参数来计算产生实际观察到数据的概率,通过若干次不同的比较来找出和产生观察到实际数据最大概率的参数,这时所得到的参数便是最可能要估计的参数。最大自然函数估计是在结构方程模型分析中的重要组成部分。

5.7.2 结构方程模型内容

由于SEM分析事例一般都比较复杂,鉴于篇幅所限,这里仅用几个假想的简单SEM例子来说明SEM的概念及应用。假设在一项心脏病的流行病研究中,研究人员收集了若干和心脏病发病有关的变量(脂肪摄入、血压等)。不论是用多元线性回归或Logistic回归,常规的统计分析方法是用心脏病发生率作为因变量把其他的指标作为自变量。

1.结构方程模型示意图

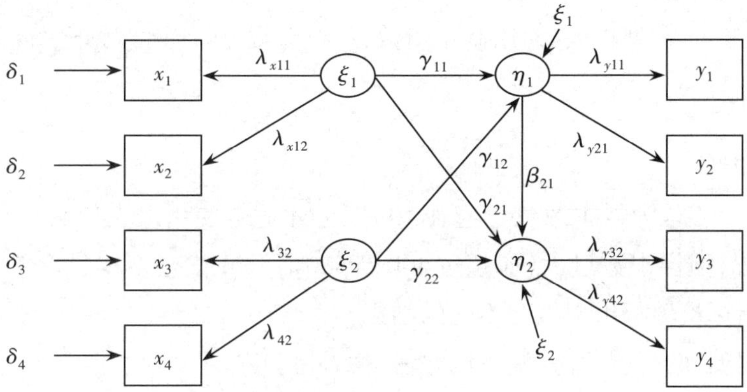

图5.7　结构方程模型示意图

如图5.7,观测变量通常用长方形或方形表示,外生观测变量用x表示,内生观测变量用y表示。潜变量用椭圆或圆形表示,外生潜变量通常用ξ表示,内生潜变量通常用η表示。δ表示外生观测变量x的误差;ε表示内生观测变量y的误差。

2.结构方程

结构方程模型通常包括三个矩阵方程式

$$y=\Lambda_y\eta + \varepsilon \quad (式5.4)$$

$$x=\Lambda_x\xi + \delta \quad (式5.5)$$

$$\eta = B\eta + \Gamma\xi + \zeta \quad (式5.6)$$

x:外生观测变量与外生潜变量之间的关系,是外生观测变量在外生潜变量上的因子载荷矩阵;

y:内生观测变量与内生潜变量之间的关系,是内生观测变量在内生潜变量上的因子载荷矩阵;

B:路径系数,表示内生潜变量间的关系;

Γ:路径系数,表示外生潜变量对内生潜变量的影响;

ζ:结构方程的残差项。

3.结构方程模型的四大步骤

(1)模型构建:具体包括观测变量(指标)与潜变量(因子)的关系,各潜变量之间的相互关系等。

(2)模型拟合:对模型求解,其中主要是对模型参数的估计,求得参数使模型隐含的协方差矩阵与样本协方差矩阵的“差距”最小。

(3)模型评价:①路径系数/载荷系数的显著性;②各参数与预设模型的关系是否合理;③各拟合指数是否符合实际。

(4)模型修正:模型扩展(使用修正指数)或模型限制(使用临界比率)。

4.具体过程

(1)数据准备

样本量:一般认为样本数最少应在100以上才适合使用最大似然估计法(MLE)来估计结构方程,但样本数过大(如超过400到500时),MLE会变得过度敏感,容易使所有的拟合度指标检验都出现拟合不佳的结果。

缺失数据处理:列删除法、配对删除法、插补法。

(2)一般应用SEM的数据分析

①信度:效度检验信度应大于0.7。

②评估模型拟合度:即估算每一个因子的载荷量,标准化因子载荷,此值反映了观测变量影响潜变量的部分差异,用于表示观测变量与潜变量之间的相对重要程度。

③检查每一个单一因子的测量模型对问卷数据的拟合度。

④检查整个模型对问卷数据的拟合度,估算潜变量之间的关系。

5.7.3 SEM的主要拟合度指标

1.基本拟合标准

基本拟合标准是用来检验模型的误差以及误输入等问题。主要包括:

①不能有负的测量误差。

②测量误差必须达到显著性水平。

③因子载荷必须介于0.5-0.95之间。

④不能有很大的标准误差。

2.模型内在结构拟合度

模型的内在结构拟合度是用来评价模型内估计参数的显著程度、各指标及潜变量的信度。主要包括:

①潜变量的组成信度(CR)为0.7以上表明组成信度较好。

②平均提炼方差(AVE)在0.5以上方为可以接受的水平。AVE用于估计测量模型的聚合效度,反映了潜变量的各观测变量对该潜变量的平均差异解释力,即潜变量的

各观测变量与测量误差相比在多大程度上捕捉到了该潜变量的变化。

3.模型适配度检验指标

适配度指标可以评价假设的路径与数据是否匹配,不能说明路径分析模型图的好坏。一个适配度拟合的模型,只是说明研究者设计的模型图比较符合数据的情况。一般来说,我们以下列三类指标来检验结构方程模型与数据的匹配情况。

①绝对拟合度,用来确定模型可以预测协方差矩阵和相关矩阵的拟合程度。

卡方值(χ^2):一个不显著的卡方值表示模型与数据不一致的可能性较小,卡方值越小表示模型与实际数据越匹配。如果样本量在200以上时,需要参考其他的适配度指标。但是卡方值对样本的大小非常敏感,样本数量越大,卡方值越显著。

卡方自由度比:一般而言,卡方自由度比小于3。卡方自由度比越小,表示假设模型的适配度越好。

RMR、RMSEA:RMR为残差均方和平方根。RMSEA通常被视为最重要的适配指标信息,RMSEA表示渐进残差均方和平方根。

GFI、AGFI:GFI为适配度指数,GFI介于0-1之间,更接近1,表示模型适配度好;GFI越小,表示适配度越差。AGFI为调整后的适配度指数,调整后的AGFI不受单位影响;GFI越大,AGFI也越大,AGFI数值也在0-1之间,越接近1,表示适配度越好。

②增值适配度,理论模型与虚无模型的比较。

增值适配度是一种比较性适配指标,假设所有观察变量均相互独立,完全没有相关,此种基准线模型就是独立模型或称虚无模型。增值适配度统计量通常是将待检验的假设理论模型与基准线模型的适配度进行比较,以判断模型的契合度。主要包含5种适配度检验统计量NFI、RFI、IFI、TLI、CFI。

NFI\RFI\IFI\TLI\CFI大多介于0到1之间,越接近1表示模型适配度越好,越小表示模型适配度越差,其中TLI、CFI、IFI可能会大于1。

③简约拟合度,用来评价模型的简约程度。

PNFI为简约调整后的规准适配指数。一般而言当比较不同模型的时候,PNFI的差异在0.06-0.09之间,被视为模型间存在真实差异。如不作模型比较,只关注于假设模型切合度判断,一般PNFI大于0.5可以接受。

PGFI为简约适配度指数,其性质和PNFI指标相同,介于0到1之间,值越大表示模型适配度越好,一般大于0.5表示模型可以被接受。

CN值为临界样本数,所谓临界样本数是指在统计检验的基础上,要得到一个理论模型适配的程度所需要的最小样本数量。一般判别标准CN值需要大于等于200,当CN大于200,表示模型可以适当反映实际样本的性质。

现将上述结构方程模型评价指标及标准归纳如表5.1所示：

表5.1 结构方程模型评价指标及标准

类别	统计检验量	适配的标准或临界值
绝对适配度指数	x^2	>0.5
	RMR	<0.05
	RMSEA	<0.08
	GFI	>0.90
	AGFI	>0.90
	x^2自由度比	<3.00
增值适配度指数	NFI	>0.90
	RFI	>0.90
	IFI	>0.90
	TLI	>0.90
	CFI	>0.90
简约适配度指数	PGFI	>0.50
	PNFI	>0.50
	PCFI	>0.50
	CN	>200

4.模型修正

研究者可以参考初始模型的显著性检验结果和软件（AMOS）提供的模型修正指标对模型进行修正。当假设模型图经适配度检验无法与数据匹配时，表示模型需要修正，假设模型的修正必须有其理论或经验根据，参考AMOS提供的修正指标数据来判别。

修正指标是自由度为1时前后两个估计模型卡方值之间的差异，因此，最大的修正指标，表示当某一参数被改为自由参数而重新估计时，可以降低整个模型卡方值的最大数值。较大的修正指标搭配较大的期望参数表示该参数应被释放，因为释放的结果可以使整体契合度的卡方值降低许多，且获得较大的参数改变。

尽管修正指标是探测模型是否有序列误差的重要指标，但在使用时应注意不要轻易使用自动修改的指令，因为有时将一个固定参数改为自由参数，即修改了原先的假设模型，若需对模型进行修正，而且理论上也可以解释得通，则修正时必须以不同的观察数据来检验，同时一次只能修正一个指标。

在AMOS结果输出报表中，修正指标的类别包括五类：协方差、方差、回归系数、平均数、截距，模型中如果没有估计平均数与截距，则修正指标只呈现前三种。在释放模型假定时，需要注意不要让一个可以识别的模型变成一个无法识别的模型。

5.8 SEM协方差

1.常规的SEM有两个主要目标

①了解一组变量之间的相关/协方差模式。

②用指定的模型尽可能解释它们的方差。

因此常规SEM也有人直接称为协方差SEM，下文也使用这一称呼，尽管可能不贴切，因为分段SEM也基于协方差，只是情况比常规SEM复杂一些。

观测协方差矩阵（原始变量观测值的协方差矩阵）与预测协方差矩阵（模型预测值的协方差矩阵）之间的差异量化了模型的拟合优度。

2.协方差SEM的拟合度评估

可用于反映模型拟合优度的指标有很多，例如卡方值（CMIN）、卡方自由度比（CMIN/DF）、比较拟合指数（CFI）、近似值的均方根误差（RMSEA）、信息准则（AIC）、贝叶斯信息标准（BIC）等，它们均以比较两个协方差矩阵的差异为准。

通常使用诸如极大似然之类的方法，选择最能重现观测协方差矩阵整体的参数估计值（最小化两者差异），并使用卡方检验来评估SEM的拟合优度，将估计值与观察到的协方差矩阵进行比较。

3.协方差SEM的局限性

协方差SEM假定所有变量均来自正态分布，即数据服从多元正态分布。

协方差SEM假设所有观察结果都是独立的，换句话说，假设数据没有底层结构。例如在生态学研究中，这些假设经常被违反，变量间的空间、时间等相关关系是普遍存在的，尽管实际中通常忽略该假设。

SEM通常需要相当大的样本量，每个估计参数至少需要5个样本，普遍在10个以上。如果变量是嵌套的，则此问题可能会更为棘手，此时通常只能在层次结构的最高层考虑变量，这会极大降低分析的能力。

5.9 分段SEM

出于上述限制，导致了另一种SEM的发展，称为分段结构方程模型（Piecewise structural equation modeling）或者验证路径分析（Confirmatory path analysis），这一概念由Shipley（2000）提出。

分段SEM通过引入一个灵活的数学框架，合并各种类型的模型结构、分布和假设，扩展了传统的SEM。分段SEM中，每组关系都是独立（或局部）估计的，此过程将整体关系分解为与每个响应对应的简单或多个（一般为线性）回归，分别对每个响应进行评估，最后合并以生成有关全局SEM的推论，即分别在各个模型中估计路径，然后将它们拼凑起来以构建因果模型。假定的变量关联模式，包括交互作用和非正态响应、随机效应和层次模型以及其他相关结构（包括系统发育、空间和时间）等。

因此与传统的协方差SEM相比，更多的变量间关系更容易估计（因为该方法是模块化的），并且关于响应的分布和协方差的具体假设可以使用线性回归的典型扩展来解决，例如固定协方差结构、随机效应或其他复杂的建模技术。

1.分段SEM的拟合度评估

出于以上原因，分段SEM是一种更灵活且更强大的技术，但它也有其自身的一系列限制。

首先，估计拟合优度和比较模型并非易事。如上所述，在传统SEM中，可以直接通过卡方统计量描述所观测协方差矩阵和所预测协方差矩阵之间的一致性程度；但在分段SEM中则无法进行这样的操作，因为每个分段模型均估计了一个单独的协方差矩阵，整体的卡方统计量无法直接获得。Shipley建议了适用于分段SEM模型拟合优度评估的两种标准。

2.有向分离测试

Shipley的观点基于所谓的有向无环图（Directed Acyclic Graph，DAG），即如上所述的路径图结构类型，如果两个变量之间有箭头，则认为它们是因果相关的，如果它们之间没有箭头，则是因果独立的，考虑以下示例：

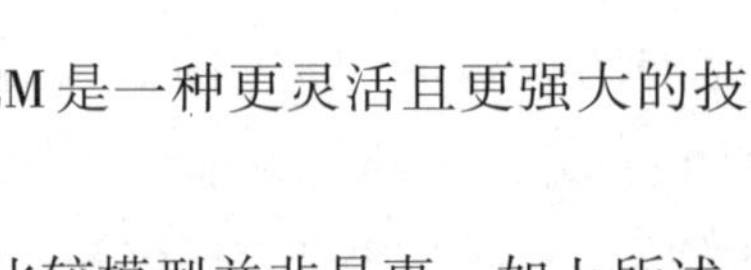

x_1直接独立于y_2，归因于它们之间没有箭头。

但是，y_2可能通过y_1而被x_1间接影响，因此x_1独立于y_2的条件取决于y_1。这是一个重要的区别，因为它暗示了我们必须测试x_1和y_2之间缺失的箭头是否重要。

这种情况下,常使用有向分离(简称D分离)在控制变量路径的条件下,测试因果独立的路径是否有意义。该测试可发现在既定模型中是否缺失某些(直接)路径以及是否需要在改进模型时将缺失的路径考虑进来。

首先,列出所有没有(直接)箭头的变量对,然后列出所有可能他介导变量对的变量,这些独立声明对及其条件变量构成基础集。对于上述DAG,获得的基础集包括:

$$\begin{bmatrix} x_1 \text{ and } y_2 \\ x_1 \text{ and } y_2, \text{conditional on } y_1 \\ x_2 \text{ and } y_2, \text{conditional on } y_1 \end{bmatrix}$$

然后可以将基础集转换为一系列线性模型,将条件变量(y_1和y_2)作为协变量考虑在内,目的是关注DAG中可能缺失的直接路径(例如$x_1 \sim y_2$)。

$$\begin{bmatrix} x_1 \sim x_1 \\ x_1 \sim y_2 + y_1 \\ x_2 \sim y_2 + y_1 \end{bmatrix}$$

在控制y_1或y_2的条件下,分别运行这些模型,并提取与缺失直接路径相关的p值,并根据p值计算Fisher's C统计量:

$$C=-2\sum_{i=1}^{k} \ln(p_i) \qquad (\text{式}5.7)$$

Fisher's C统计量遵循具有$2k$个自由度的卡方分布(其中k=基础集中变量对的数量)。如果对其进行卡方检验并且检验获得的$p<0.05$,则该模型拟合不是很好,换句话说,变量对中存在一个或多个缺失的直接路径是有意义的,可能还需将它们加入到模型中进行优化;相反,如果$p>0.05$,则该模型可以很好地表示数据,原模型中已经识别所有有效路径,没有遗漏的路径。

3.Akaike信息准则

如上提到的,相对于那些探索性分析(如PCA、探索性因子分析等),SEM通常在模型测试框架中实现,即属于验证性质的。就变量间的因果关系而言,SEM首先构建了一种先验模型,并通过反转路径、删除变量或关系等对它们进行相互测试,确定模型的有效性。

当使用统计模型来表示生成数据的过程时,几乎永远不会是精确的,归因于模型构建时信息会丢失。通常会选择最稳健的一种模型表示数据,其中需进行多种模型的评估以选出最优模型。

比较嵌套模型的一种流行方法是使用AIC信息准则。AIC会在给定模型的复杂性与其拟合优度之间进行权衡,可以将AIC值视为对应模型的准确性,AIC值越小的模型表明越有可能准确预测新数据。

Shipley(2013)结合使用AIC扩展了D分离测试:

$$AIC=C+2K \quad (式5.8)$$

C即为Fisher's C统计量,K是所有模型中估计的参数数量。可以对附加项进行修改,以提供对小样本量校正的AIC估计值。

4.分段SEM的局限性

除了上述提到的在分段SEM中估计拟合优度和比较模型的问题(已通过其他渠道解决),其他的缺点如下所述。

关于混合模型的p值计算是否有意义的问题再次暴露出来。

分段SEM无法处理潜在变量,这些潜在变量由已观测变量间的相互关系推导,常被当作观测变量的结构基础或原因。这类似于使用PCA降维环境数据,并使用少数几个特征轴代表"环境"(见PCA分析概述)或者因子分析中的潜因子(见因子分析概述)。

无法在"闭环"模型中准确测试D分离(例如,A→B→C→A)。

D分离测试和AIC有时存在冲突。例如,D分离显示模型已"完全识别",也就是没有遗漏的路径,但AIC值可能提示模型有待优化。

践行运作篇

研究生培养，很重要的一方面是创新能力的培养。研究生创新能力培养是时代赋予高等学校的重要使命，也是研究生教育的核心任务，关系到我国“人才强国”战略的成败。

本篇以研究生Seminar课程模式教学效果、创新创业教育、研究生科研创新能力、研究生科研绩效四个方面为核心，针对我国研究生创新能力现状、培养中存在的问题进行探索，从管理者和研究生的角度出发，提出了有关提升研究生创新能力培养的对策。

第6章

研究生Seminar课程模式教学效果评价体系构建

6.1 基本理论概述

6.1.1 Seminar概述

1. Seminar的起源与发展

Seminar起源于18世纪德国的哈勒大学和哥根廷大学。当时受到启蒙运动的影响，且为了摆脱宗教的影响，恢复科学的地位，本着研究和教学自由的原则，哈勒大学和哥根廷大学创立了以学术报告和课堂讨论相结合的教学方法，这便是Seminar在德国的萌芽。1732年，盖斯纳(J. M Gesner)在哥根廷大学将Seminar首先运用在语言学教学方面；1737年，在哥根廷大学创立第一个哲学讨论班，标志着Seminar学习方式引入大学课堂。18世纪中叶，魏丁堡、爱尔兰根、哈勒等大学也引入了这种学习方式。但此时的Seminar教学并不是现在的Seminar教学，当时这仅仅是一种教学形式，主要讨论已有的科学知识，培养学生的思考能力，并没有通过这种讨论式教学来探索新领域的功能。

直到1809年，洪堡建立的柏林大学在进行教学改革时，才正式使用了“Seminar”一词，而Seminar教学最符合柏林大学学术自由，坚持走科教路线，培养学生独立思维方式和创造性思维方式的目标。19世纪末至20世纪初,Seminar教学被越来越多的高校所效仿,亦证明了Seminar教学的优越性。时至今日,Seminar教学仍然被欧美诸多高校广泛使用。20世纪以前的英国大学,依然沿用讲授制、导师制和个别指导的教学方式。因为当时的英国有着极其严格的考试制度,而Seminar教学却用开放性的研究和讨论论文作为教学成效的评价方式,与英国习惯不同。随着Seminar教学对培养学生的科研思维和研究能力作用的日愈显现,Seminar教学法才逐渐被英国学者及英国高校所接受。

在中国,Seminar教学法有两次推广和普及的高潮。第一次是蔡元培先生自莱比锡大学回国后,他深感当时德国高校所使用的Seminar教学法具有领先时代的意义,对学生的培养和科技的进步有着举足轻重的作用。于是他便将Seminar教学法第一次在中国进行了尝试,并且音译为"席明纳",在中国的教育界产生了极大的轰动。第二次是20世纪50年代,苏联教育理论和实践家们把Seminar教学法带到中国,在中国高校中盛行一时。

2. Seminar概念与特点

我国自古以来,教授法一直是最主要的教学方法。固然,对于传授已有的知识而言,教授法是最具效率的教学方法,其旨在以最高的效率将知识灌输给学生,使其在最短的时间内汲取最多的知识。但这种方法的弊端也很明显,那就是学生容易对知识的由来不求甚解,不利于学生创造力和想象力的培养。

而现在,教育研究者们发现,要发展国家的科技水平,对学生创新精神的培养,非常重要。为了培养具有创新精神的人才,需要转变教育理念,培养学生主动探索,学会思考,合作探讨的能力。由此提出了以"学生"为核心的教育理念。该理念提倡学会学习,不断学习,跨学科学习,互动学习。

Seminar教学就是典型的打破灌输式教育,发挥学生学习主动性的教学方式。Seminar教学就是以小组为单位,通过老师事先布置课题,学生自行进行大量的研究,然后师生在课堂上共同进行深入交流和探讨,最终达到培养学生学习能力,创造能力的作用。Seminar教学除此之外还有以下特征:

①稳定性:虽不同于灌输式教学,但Seminar教学也具有权威稳定性。虽然西方学校中自由度很高,学生有自主听课的权利,但是对于安排的课程也是必须参加的。

②规范性:从选题到行课到最后的考核,都具有严格的规定和制度,整个行课过程形散而意不散,自由而严格,但对学生的管理并不存在风险。

③灵活性:研讨主题和内容可以通过学生的知识掌握程度进行灵活选择,还可以根据教学需求开设一些特别的专题或学术讲座。

④互动性:传授式教学的问答旨在强化知识,表现在对已经讲授过的内容让学生

进行复述,实际并不是一种有效的互动,只是一种单向的互动。而Seminar教学中的互动是多向的,既有学生与学生之间的互动,也有老师和学生的互动。这种互动不再是复述已有的知识,而是探讨知识,进而形成新的知识。与传统教学方式有着极大的区别。

3. Seminar学习者分析

Seminar教学多用于研究生教学和本科教学当中,而在基础教育中还少有普及,其原因和学习者特征不无关系。Seminar教学虽有强化学生自主探究能力、合作思考能力等作用,但开展Seminar教学对学生本身的要求要高于传统教学模式,其原因主要有以下几点:

其一,Seminar学习者需要有学习的主观能动性。传统学习模式中,学习者就算不做课前准备,在课堂上也能跟随教师的思路,学习老师传授的知识。但是在Seminar教学中,学习者必须提前对当日授课之课题先作了解,充分学习,在课堂上各抒己见,充分交流,才能起到Seminar教学的作用。

其二,Seminar学习者需要具备良好的知识功底。Seminar教学主要在于就某学术问题进行深入的探讨和交流,以提出新的观点,创造新的知识。这也要求Seminar学习者已经具备部分知识,对讨论问题有自己的认知和了解,而不是让学习者从头开始学习。这也是Seminar教学多用于高等教育而少用于基础教育的原因。

其三,Seminar学习者需要有整理知识的能力。不同于传统教学,在教学前会有教学大纲或教学案例,将知识点统筹归纳、一一道来。在Seminar学习中,学习者和教师都会就某一论点进行交流和讨论,如何将所有参与者的观点进行总结,并将知识从中提炼升华,需要学习者具备相应的能力。学习过后,还需要学习者进一步整理知识框架,且不同学习者可能有不同的收获,所记录的笔记也不尽相同。这正是一种个性化培养的教学手法。

4. Seminar教学的开展方法

Seminar有一套完整的教学结构和教学流程,其教学目标明确,教学方案详尽。其教学过程主要分为两个阶段和5个步骤,其中宏观的两部分主要包含概要式讲述阶段和专题研究阶段。

概要式讲述阶段,主要由教师讲述学科的历史形成脉络,学科发展前景,当前发展状况等,并归纳总结该学科主要的学派理论及代表人物观点。经过教师对学科发展的基本梳理,为Seminar提供理论基础。另外,教师还需要为课程选定专题,以起到提纲挈领的作用,并且在此基础上提出更多翔实而具体的主题,以供学习者参考。

专题研究阶段是Seminar的主要阶段，在这个阶段中，学生需要根据每次研究的主题，然后依据自己的研究兴趣选择相关专题，在课前对研究内容进行准备，形成初步的研究报告发放给其他参与人。到了课堂上，Seminar教学流程主要分为5个步骤。

第一步是主持人概要介绍，在主讲人开始汇报之前，主持人先对本次课堂的专题进行基本介绍，但在介绍中应该避免先入为主，妨碍学生的自由思想和发散思维。

第二步是主题报告宣讲，专题报告宣讲人在进行报告之前，应大量查阅相关文献，对所要讲述的主题有一定的看法和了解。进行报告时，主讲人可以对自己报告中的内容进行详尽的阐述，包括但不限于研究进展、研究综述、研究方法等。

第三步是学术评述阶段，在宣讲人宣讲完所准备的内容之后，教师针对其宣讲内容进行点评、补充或质疑等。

第四步是辩论与交流阶段，在教师进行点评后，其他参与者针对宣讲人的讲述，根据自己的观点提出质疑、补充等，宣讲人针对他人的提问进行解释或辩驳。这个环节是Seminar的中心环节，通过不同观点的相互交合，有助于激发学生的思维能力和创造能力，进一步深化对所探讨观点的理解。

第五步是专题点评与总结阶段，主持人针对本次Seminar课堂进行总结与点评，不仅需要对宣讲人的报告进行点评，还应该对参与者的表现进行点评。在点评时除了要指出学生在逻辑上的错误外，更需要对学生进行鼓励，指明其进步的方向。最后，教师还需要对下一次Seminar课程提出新的要求。

6.1.2 Seminar教学效果的评价——学习满意度的概述

学习满意度的研究来源于美国学者Cardozo于1965年提出的“顾客满意度”，认为顾客满意度是包含不同强度的情感反应，这种反应发生在顾客购买商品的过程中。到1966年，美国教育委员会首次测量学生的满意度。Martin认为学习满意度是指学习过程中学习期望和自己的真实体验的相符程度，当学习期望和自己学习经历一致时，个人会觉得满意；相反学生就会感到不满。

满意度指学生在学习中是否得到了预想之中的学习过程、体验和结果。例如在线学习中，满意度影响学生的学习效果，并在某种程度上决定在线课堂成功与否，较高的满意度能够激发学生的学习兴趣，较低的满意度会影响学生交流的意愿和学习的主动性。

本研究所谓学习满意度指的是学生在Seminar教学中，对于课程学习整体满意情况的评价，包括对教师行为、授课内容设置、课堂参与度、评价合理性等指标的综合感受程度。

在Seminar教学中，由于教学内容通常比较前沿，富有争论，因此很难像传统学科一样通过试卷考核进行教学评价。大部分学校都选择采用论文、课题报告等形式进行考查式考核，但这种方式同样难以检验教学的效果。很多教师采用过程评价来对学习效果进行评估，很大程度上解决了Seminar教学的评价问题，但是过程评价本身的实施成本高，评价对象也仅限于对知识的探讨，无法体现学生是否从学习过程中得到启发式、方法式的收获。

考虑到主要在研究生教学中运用Seminar教学法，而研究生群体对于自身的学习行为具有足够的主观自觉性。他们不再像本科生一样机械地接受教师传授的知识，他们会主动去获取自己想要了解的，对自己研究有所帮助的，对自己发展有利的知识，而这种知识不仅仅局限于知识本身，可能还是一种学习方法，一种人生观念等等。对于一个学生来说，可能在一堂课上被其他同学所提出的观点启发，比掌握该堂课的知识更加有价值。所以对于研究生来说，Seminar的教学效果具有强烈的主观性，因此最好的方法就是用主观性来评价主观性，即用学生自己对课堂的满意度来评价该课程的教学效果。

学习满意度已被证明和学习动机存在着联系。李宝等人发现在混合式学习环境下，学习动机是影响学习满意度的因素之一，且是影响学习满意度最直接的因素之一。文静在研究中表明人的因素对学习满意度的贡献力大于物化因素对学习满意度的贡献力，因此，有效监测大学生学习满意度的动向，从理论上聚焦于大学教学理论的反思与提升，在研究中落脚于建立长期监测与分析机制，实践中则立足于大学生学习的投入和参与，在优化自主学习体验中提升学习满意度。孙丽娜等对混合式学习环境下的大学生小组协作学习满意度的影响因素进行分析，并构建了以学习者特征、学习动机、小组互动、社会临场感、技术环境和教学设计为自变量的协作学习满意度的影响因素结构方程模型。王宁等人发现界面设计友好、课程内容明确与重点突出、拓展资料充足以及良好的教学交互效果是学习满意度的主要影响因素。

因此，本章节使用学习满意度作为Seminar教学效果的评价方式。

6.1.3 学习动机概述

早有研究指出学习动机对学生的学习行为和活动起着定向和驱动的作用，对学生的学习成绩有一定的影响。并且学习动机还可分为由内部诱因引起的内部动机，如自我实现，自我成长等，和由外部诱因引起的外部动机，如考试成绩，家长的鼓励，老师的偏爱等。拥有良好学习动机的学生会更加主动学习知识并且更加看重自己学习的内容，对学习效果有显著的影响。

1.学习动机的概念

学习动机是引起和维持学生学习活动,并使该学习活动趋向教师所设定目标的心理历程。对学生而言,学习动机对其学习方向、学习进程和学习效果极其重要,甚至影响其个性和心理发展。因此维持良好的学习动机是提高学生学习效率和学习效果的重要方法。对于不同学习动机水平的学生,同样的教学方法可能会有不同的教学效果。

2.学习动机与学习效果的关系

学习动机使学习行为能指向学习目标,同时维持这种行为的稳定性,因此学习动机对学习效果有着密切的联系。对学生而言,学习动机对其学习方向、学习进程和学习效果极其重要,甚至影响着其个性和心理的发展。不少学者在考虑学习效果的影响因素时,都会考虑学习者的学习动机,尽管他们使用的动机理论可能会各不相同,但是得出的结论却有着内在的一致性。

杨文阳、胡卫平关于CSCL(Computer Supported Collaborative Learning,即计算机支持的协作学习)的研究发现个人学习和协作学习阶段,学习者的目标取向是与学习者学习活动中的知识获取相关联的,学习动机结构类型与知识获取和学习活动存在部分联系,学习者的当前学习动机不仅影响知识获取,也影响着个人与小组协作学习成果的质量。王雁雁,闫艳通过对地方院校少数民族大学生的调查,发现其英语学习效果和他们的学习动机有显著的关系。房嘉怡发现学习动机、归因、自我效能感是影响大学生运动学习效果几个重要的内部因素,内部动机与运动学习效果呈显著正相关。

一般来说,内部动机对学习效果的影响更加稳定而深远,而外部动机虽然也会对学习效果带来正面的影响,但是如果外部动机一直处于主导地位,那么可能会对学习效果带来负面的影响。

不管学习动机如何影响学习效果,但至少都能说明学习动机和学习效果之间存在着密不可分的关系,而学习动机又是最能代表学生个性的变量之一,要研究学生的个人特性对于教学满意度的影响,学习动机是一个至关重要的研究对象。

3.学习动机的测量

《人格探索》一书对动机的测量产生了深远的影响。此处的动机是组织或解释一个人的大多数行为及语言的稳定倾向,区别于受短期情境影响的动机状态,即已被唤起的动机。在《人格探索》一书中,界定了10多种社会需要(动机),目前研究最多的三种社会动机是:成就动机、权力动机与亲和动机。同时,该书作者还发展了TAT(主题统觉测验),为内隐动机的测量打下了基础。

此后的研究主要发展了两类动机测量方法。一种是自陈量表法，以爱德华个性偏好量表（EPPS，Edwards Personal Preference Schedule，1954）等为代表。另一种是施测TAT后通过内容分析得到动机分，代表人物是McClelland。他把自陈量表测得的动机称为自陈动机（self-report motive），而把TAT等投射法测得的动机称为内隐动机（implicit motive）。

我国对成就动机研究较多，范围也较广，如对学生的成就动机及其与学业表现、心理健康等方面关系的研究，对儿童及青少年成就动机与父母教养方式关系的研究，对我国成就动机结构独特特点的研究等。在研究中通常是使用自陈量表来测量，如成就动机测量表（简称AMS）等。对亲和动机与权力动机的研究则很少。杨丽萍曾对亲和动机（在其报告中译为“合群动机”）与主观幸福感之关系进行研究，也是使用自陈量表测量法。

本书所使用的学习动机测量工具，为黄希庭教授编制的学习动机问卷。该量表为自陈式量表，在该问卷中，黄希庭教授将学习动机分为6个维度，分别是求知进取的动机、社会取向的动机、物质追求的动机、害怕失败的动机、个人成就的动机和小群体取向的动机。

该问卷是在马斯洛需要层次理论上构建的，物质追求的动机对应生理的需要，害怕失败的动机对应安全的需要，个人成就的动机对应成就的需要，小群体取向的动机对应交往的需要，求知进取的动机对应发展的需要，社会取向的动机对应贡献的需要。

该问卷立足中国教育的实情，经过长时期的验证，具有较高的信度和效度，故选取该问卷作为学习动机的测量工具。

6.2 基于SEM的实证研究

6.2.1 假设模型的构建

1.维度的分解和问卷编制

根据马斯洛的需求动机理论，结合黄希庭教授编制的大学生学习动机量表，本书将研究的学习动机分为求知进取的动机、社会取向的动机、物质追求的动机、害怕失败的动机、个人成就的动机、小群体取向的动机六个维度。每一个维度再次分解为几个小方面。求知进取的动机指学生的学习是为了丰富自己的内心世界进行学习的动机，对应了发展的需要。主要是内部动机，表明了学生对学习行为本身具有浓厚的兴趣，从学习中就能得到动机的满足。

社会取向的动机指学生为了所处社会的利益及人类本身的利益而学习的动机，对应了贡献的需要，该动机的高低和学生的价值观关系密切，与社会精神的关系密切，是中国精神所倡导的一种精神状态。

物质追求的动机指学生为了追求物质层面的东西而学习的动机，对应了生理的需要，为了获得实际物质如金钱或抽象物质如地位等而进行学习，本身是无可厚非的，该动机仍然能够在一定程度上维持学习行为的稳定性。

害怕失败的动机指学生害怕被责骂，被社会淘汰，被同学看不起而进行学习的动机，对应了安全的需要，这种动机在特定情况下也可能成为学生学习的主要动机。

个人成就的动机指学生为了提高声望获得名誉而进行学习的动机，对应尊敬的需要，该类动机水平高的学生，他们的理想往往是成为某一领域著名的人物，并以这样的理想维持着学习行为的稳定。

团体取向的动机指学生为了回应他人的期望而进行学习的动机，对应交往的需要，该类动机相比其他动机虽然作用力不明显，但是确实存在。

如表6.1所示，根据此维度编制问卷表，选取的测试对象为在校研究生。另外，本问卷Q1~Q3问题分别为性别、研究生类别和年级，因此不使用验证性分析。

表6.1 学习动机的维度分解(初步)

一级指标	二级指标	三级指标
学习动机	求知进取的动机F1	丰富精神世界Q4
		提高素质Q5
		开发潜能Q6
		学习兴趣Q7
		追求真知Q8
		事业成功Q9
	社会取向的动机F2	母校荣誉Q10
		班级荣誉Q11
		建设社会Q12
		服务他人Q13
		回报老师Q14
		造福人类Q15
学习动机	物质追求的动机F3	社会地位Q16
		赚钱Q17

续表

一级指标	二级指标	三级指标
学习动机	物质追求的动机F3	胜任工作Q18
		富裕的家庭Q19
	害怕失败的动机F4	家庭要求Q20
		本科学历找工作难Q21
		与同学竞争Q22
		本科院校竞争力差Q23
	个人成就的动机F5	成名Q24
		追求权力Q25
		追求美满爱情Q26
	团体取向的动机F6	报答恩人Q27
		报答父母Q28
		报答朋友Q29

取得数据后，使用AMOS软件对每一个维度进行验证性分析。例如，对社会取向的动机建立如图6.1的测量模型。

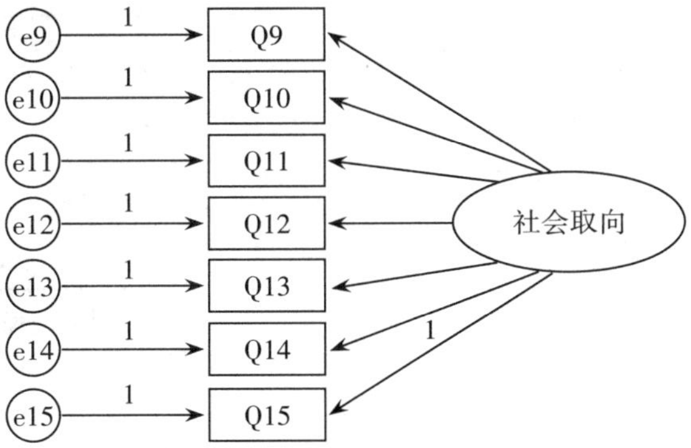

图6.1　验证性分析模型

根据计算后每一个问题的因子载荷。从而得到如表6.2所示的社会取向的动机因子载荷。因子载荷的大小意味着该潜变量可以被测量量表解释的程度，一般来说至少不小于0.6。

表6.2　社会取向的动机因子载荷

三级指标	影响关系	二级指标	标准化因子载荷
Q13	<---	F2	0.646
Q12	<---	F2	0.716
Q11	<---	F2	0.850
Q10	<---	F2	0.839
Q9	<---	F2	0.463
Q14	<---	F2	0.818
Q15	<---	F2	0.702

备注:“<---”表示后者对前者的影响

通过标准化因子载荷,看到Q9问题的因子载荷过低,故删除该问题。剩余的问题因子载荷均高于0.6,代表问卷设置的问题基本可以测量出每一个维度的内容,分析可以进一步进行。

表6.3　群体取向的动机因子载荷

三级指标	影响关系	二级指标	标准化因子载荷
Q27	<---	F6	0.858
Q28	<---	F6	0.833
Q29	<---	F6	0.652

从表6.3可以看出,群体取向的动机维度因子载荷较高,Q27和Q28达到了0.8以上,Q29也有0.65,均大于0.6,问题设置较好,不需要删改题目。

表6.4　求知进取的动机因子载荷

三级指标	影响关系	二级指标	标准化因子载荷
Q4	<---	F1	0.772
Q5	<---	F1	0.772
Q6	<---	F1	0.785
Q7	<---	F1	0.669
Q8	<---	F1	0.712

从表6.4可以看出,求知进取的动机维度因子载荷较高,Q4、Q5、Q6、Q8均达到了0.7,最低的Q7也达到了0.669,问题设置良好,不需要删改题目。

表6.5　物质追求的动机因子载荷

三级指标	影响关系	二级指标	标准化因子载荷
Q16	<---	F3	0.834
Q17	<---	F3	0.860
Q18	<---	F3	0.584
Q19	<---	F3	0.757

从表6.5可以看出，物质追求的动机维度，Q16、Q17因子载荷高，均达到0.8以上，Q19因子载荷也有0.75，但Q18因子载荷仅有0.584，小于0.6，因此考虑删除该题目。

表6.6　害怕失败的动机因子载荷

三级指标	影响关系	二级指标	标准化因子载荷
Q20	<---	F4	0.597
Q21	<---	F4	0.707
Q22	<---	F4	0.638
Q23	<---	F4	0.674

从表6.6可以看出，害怕失败的动机维度，Q21、Q22、Q23均达到0.6以上，但是Q20为0.597，若保留两位小数则等于0.6，因此考虑不删改题目。

表6.7　个人成就的动机因子载荷

三级指标	影响关系	二级指标	标准化因子载荷
Q24	<---	F5	0.853
Q25	<---	F5	0.824
Q26	<---	F5	0.647

从表6.7可以看出，在个人成就的动机维度，Q24和Q25因子载荷均达到0.8以上，Q26因子载荷也有0.64，整体因子载荷高，不需要删改题目。

综上所述，删除题目Q9、Q18，又因为本次调查面向研究生，Q11的测试意义不大，也予以删除处理，于是得到最终问卷设置如表6.8所示。

表6.8　最终调查问卷维度设置

主指标	二级指标	三级指标
学习动机	求知进取的动机F6	丰富精神世界Q4
		提高素质Q5
		开发潜能Q6

续表

主指标	二级指标	三级指标
学习动机	求知进取的动机 F6	学习兴趣 Q7
		追求真知 Q8
学习动机	社会取向的动机 F2	母校荣誉 Q10
		建设社会 Q12
		服务他人 Q13
		回报老师 Q14
		造福人类 Q15
	物质追求的动机 F3	社会地位 Q16
		赚钱 Q17
		富裕的家庭 Q19
	害怕失败的动机 F4	家庭要求 Q20
		本科学历找工作难 Q21
		与同学竞争 Q22
		本科院校竞争力差 Q23
	个人成就的动机 F5	成名 Q24
		追求权力 Q25
		追求美满爱情 Q26
	团体取向的动机 F1	报答恩人 Q27
		报答父母 Q28
		报答朋友 Q29

2.提出假设及建构假设模型

假设一:群体取向的动机正向影响社会取向的动机

假设二:社会取向的动机正向影响Seminar教学满意度

假设三:求知进取的动机正向影响Seminar教学满意度

假设四:害怕失败的动机正向影响个人成就的动机

假设五:物质追求的动机正向影响个人成就的动机

假设六:个人成就的动机正向影响Seminar教学满意度

根据以上假设,建立结构方程模型如下:

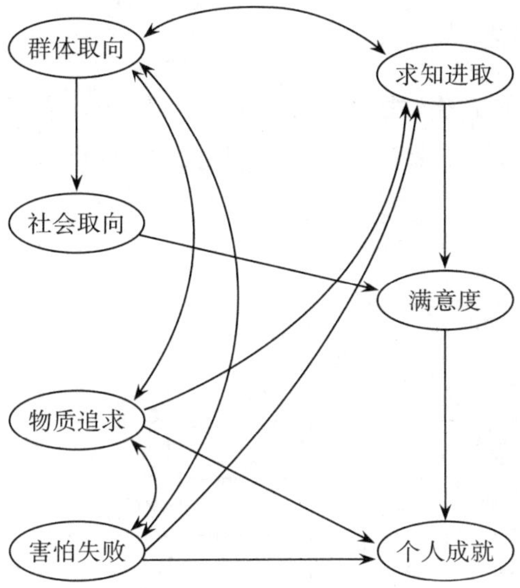

图6.2　假设模型

根据黄希庭教授的学习动机理论,将学习动机分为了6大维度,每一个维度都对应了一种需求。从这6大维度中包含内部导向的群体取向、社会取向、求知进取维度,也包含了外部导向的物质追求、害怕失败、个人成就的维度。根据马斯洛理论,同样可以分为低层需求动机和高层需求动机。按照学习动机理论,内部动机和外部动机对于Seminar教学满意度的影响有可能是不同的,因此在假设中,本研究将内部动机和外部动机分开进行研究。

内部动机中对学习行为产生最主要影响的动机是社会取向的动机和求知进取的动机,而且他们对Seminar教学满意度的作用可能还存在独立性,因为虽然同属于正面的、符合社会主义价值观的动机,但求知进取的动机是指向个人,社会取向和群体取向的动机则是指向他人。

外部动机对学习行为产生影响则是因他们对学习行为产生了外部的正向强化,这种强化物可能是工作、金钱、名誉、权利等一切可能的外部因素。物质追求的动机就包含了对这些强化物的直接追求,害怕失败动机从本质上来讲也是对得不到上述这些外部强化物的不安而产生的动机,而物质追求的动机和害怕失败的动机都可以归结于个人成就动机。因此假设个人成就直接影响Seminar教学的满意度,物质追求和害怕失败的动机则通过个人成就的动机间接影响Seminar教学满意度。

同时根据结构方程模型的理论规则,假设各个动机之间还存在着内在联系。

综上所述,构建图6.2假设模型。

6.2.2 问卷数据分析

1.基本信息的描述统计

本书采用抽样调查的方法，共发放问卷450份，排除未填写完毕的问卷及所有题目均只选择不超过两个选项的问卷共19份，得到有效问卷431份，有效率为95.7%。

表6.9 基本信息描述统计

变量	类别	频次	百分比
性别	男	77	17.9%
	女	354	82.1%
	总计	431	100%
研究生类型	专业型硕士研究生	240	55.7%
	学术型硕士研究生	191	44.3%
	总计	431	100%
年级	2016	91	21.1%
	2017	143	33.2%
	2018	197	45.7%
	总计	431	100%

从表6.9可以看出男女性别比例相差较大，其主要原因可能是施测的学校均为师范院校，所以女性比例显著大于男性比例。专业型硕士研究生(简称专硕)和学术型硕士研究生(简称学硕)的数量相差不大，但专硕略微大于学硕数量。从年级来看，2016级的研一新生数量最多，但三个年级所占比例差别不大。

2.问卷信度

信度是指测验结果的一致性、稳定性及可靠性，一般多以内部一致性来加以表示该测验信度的高低。信度系数愈高即表示该测验的结果愈一致、稳定可靠。系统误差对信度没什么影响，因为系统误差总是以相同的方式影响测量值，因此不会造成不一致性。反之，随机误差可能导致不一致性，从而降低信度。

克隆巴赫系数(Cronbach´s alpha)是检视信度的一种方法。克隆巴赫α系数最早不是由克隆巴赫提出的，基本上克隆巴赫只是在一篇文章中将前人提出的可靠性系数进行了公式化。该方法克服了部分折半法的缺点，是目前社会科学研究最常使用的信度分析方法。

克隆巴赫系数公式：

$$\alpha = [n/(n-1)][1-\sum(S_{i2}/S_{t2})] \quad \text{（式6.1）}$$

α为信度系数，n为测验题目数，S_{i2}表示所有被试在第i题上的分数变异，S_{t2}为所有被试所得总分的方差。

经过计算，本问卷的信度如表6.10所示。

表6.10　克隆巴赫系数

克隆巴赫阿尔法系数	变量数目
0.931	35

α系数为0.931，一般来说，该系数愈高，即工具的信度愈高。在基础研究中，信度至少应达到0.80才可接受，在探索性研究中，信度只要达到0.70就可接受，介于0.70-0.98均属高信度，而低于0.35则为低信度，必须予以拒绝。因此，本问卷信度较高，适宜用来进行下一步数据分析。

3.基本信息与Seminar教学满意度

本书采用单因素ANOVA分析来检验性别、研究生类型和年级是否和Seminar学习满意度有显著性关系。所得结果如表6.11所示。

表6.11　基本信息单因素方差分析

变量	离均差平方和	df	均方	F	P
性别	7.266	1	7.266	0.384	0.536
研究生类型	126.016	1	126.016	6.751	0.010
年级	187.380	2	93.690	5.046	0.007

其中，年级变量包含3个变量，即2016级，2017级，2018级，为了了解到底哪两个年级差异显著，进行事后分析，如表6.12所示。

表6.12　LSD事后比较

(I)　年级	(J)　年级	平均差异	标准差	P
2016	2017	-1.79121*	0.57783	0.002
	2018	-0.80527	0.54616	0.141
2017	2016	1.79121*	0.57783	0.002
	2018	0.98594*	0.47339	0.038
2018	2016	0.80527	0.54616	0.141
	2017	-0.98594*	0.47339	0.038

根据以上分析,可以得到结论:

①不同性别的学生的Seminar差异不显著,意味着对于Seminar教学,男生和女生不存在显著差异。

②不同研究生类别的学生,其Seminar满意度不存在显著差异的概率P=0.01(F=6.751),即不同类别的学生,其Seminar满意度差异显著。专业型硕士研究生的满意度显著高于学术型硕士研究生的满意度。对于这种现象可能的原因是Seminar能够更好地培养专业型硕士研究生的实践能力,尤其是对于师范学校的专业硕士研究生,能够在课堂上针对教学问题进行探讨,一方面可以锻炼学生的说话能力,另一方面还可以提高学生的教学技能。这样的锻炼对于专业硕士研究生的就业能力很有帮助,因此他们对Seminar更加满意。

③不同年级的研究生Seminar教学满意度有显著性差异,其中2016级和2017级间差异显著,2017级和2018级差异显著,但2016级和2018级差异不显著。2016级研究生对Seminar教学满意度最高,其次是2018级学生,2017级的学生则略低一些。其原因可能是因为2018级是刚入学的学生,对研究生学习生活具有激情,能够全身心投入到学习中,而毕业季的学生由于忙着撰写毕业论文,在做论文的过程中感到自己在Seminar中掌握的能力能够学以致用,因此感到满意。而2017级学生可能因为是入学第二年,对学习的激情有所衰减,以致于满意度偏低。

综上所述,个人基本情况对于Seminar教学的学习效果会产生一些影响,说明在开展Seminar教学时有必要重视学习者的个体差异,有针对性地优化教学形式,完善教学理论,为不同的学生提供最适宜的课程。另外,从2017级对Seminar教学模式的满意程度中,可以推测在Seminar教学中还存在着诸多问题。

4.学习动机的描述统计

通过对不同维度的学习动机之间进行单因素方差分析,分析不同学习动机的差异。根据表6.13,对于整体而言,求知进取的动机水平最高,平均得分1.74,物质追求的动机水平其次,平均得分1.76,然后是Seminar学习满意度得分1.96。社会取向的动机也比较高,得分2.01,而害怕失败、个人成就和群体取向的得分相较而言比较高,说明其动机水平较低。

表6.13 各学习动机维度的描述统计

统计量＼维度		求知进取	社会取向	物质追求	害怕失败	个人成就	群体取向	满意度
N	有效	431	431	431	431	431	431	431
平均值		1.7383	2.0120	1.7674	2.3260	2.4671	2.5476	1.9644
标准差		0.59094	0.68590	0.66143	0.78218	0.90098	0.93937	0.72490

5.基本信息与学习动机

将每一个学习动机的得分求平均数,与性别维度进行单因素方差分析,可以得知在不同维度下,学习动机是否因性别不同而产生差异。

表6.14 性别与学习动机

维度	类别	N	平均值	标准差	平均值标准误差	F	P
社会取向	男	77	1.9524	0.69504	0.07921	0.708	0.401
	女	354	2.0250	0.68420	0.03637		
	总计	431	2.0120	0.68590	0.03304		
物质追求	男	77	1.6234	0.62120	0.07079	4.481	0.045
	女	354	1.7987	0.66658	0.03543		
	总计	431	1.7674	0.66143	0.03186		
害怕失败	男	77	2.1266	0.70550	0.08040	6.163	0.013
	女	354	2.3694	0.79217	0.04210		
	总计	431	2.3260	0.78218	0.03768		
个人成就	男	77	2.1472	0.80658	0.09192	12.128	0.001
	女	354	2.5367	0.90642	0.04818		
	总计	431	2.4671	0.90098	0.04340		
群体取向	男	77	2.3117	0.84697	0.09652	5.979	0.015
	女	354	2.5989	0.95167	0.05058		
	总计	431	2.5476	0.93937	0.04525		
求知进取	男	77	1.6753	0.55634	0.06340	1.064	0.303
	女	354	1.7520	0.59807	0.03179		
	总计	431	1.7383	0.59094	0.02846		

从表6.14中可以看出,在物质追求的动机F值为4.481,显著性P=0.045<0.05,害怕失败的动机F值6.163,显著性P=0.013<0.05,个人成就的动机F值12.128,显著性P=0.001<0.05,群体取向的动机F值等于5.979,显著性P=0.015<0.05。其余两个维度,社会取向的动机和求知进取的动机由于显著性分别等于0.401和0.303,均大于0.05,因此在这两个维度上,男生和女生之间没有显著差别。在男生与女生间有显著差别的维度上,由于得分越低表示在该维度的动机越高,所以,男生在该四个维度的动机都要高于女生,其中,个人成就的动机差异最大。

将每一个学习动机的得分求平均数，与研究生类别维度进行单因素方差分析，可以得知在不同维度下，研究生类别差异是否导致学习动机差异。

表6.15　研究生类别与学习动机

维度	类别	N	平均值	标准差	均值标准误差	F	P
社会取向	专业型硕士研究生	240	1.9681	0.71975	0.04646	2.228	0.136
	学术型硕士研究生	191	2.0672	0.63843	0.04620		
	总计	431	2.0120	0.68590	0.03304		
物质追求	专业型硕士研究生	240	1.7438	0.68567	0.04426	0.692	0.406
	学术型硕士研究生	191	1.7971	0.63017	0.04560		
	总计	431	1.7674	0.66143	0.03186		
害怕失败	专业型硕士研究生	240	2.2948	0.74340	0.04799	0.861	0.354
	学术型硕士研究生	191	2.3652	0.82865	0.05996		
	总计	431	2.3260	0.78218	0.03768		
个人成就	专业型硕士研究生	240	2.4375	0.94073	0.06072	0.585	0.445
	学术型硕士研究生	191	2.5044	0.84940	0.06146		
	总计	431	2.4671	0.90098	0.04340		
群体取向	专业型硕士研究生	240	2.5014	0.96763	0.06246	1.309	0.253
	学术型硕士研究生	191	2.6056	0.90178	0.06525		
	总计	431	2.5476	0.93937	0.04525		
求知进取	专业型硕士研究生	240	1.7192	0.60289	0.03892	0.566	0.452
	学术型硕士研究生	191	1.7623	0.57623	0.04169		
	总计	431	1.7383	0.59094	0.02846		

从表6.15中可以看到，社会取向的动机维度F=2.228，显著性P=0.136，物质追求的动机维度F=0.692，显著性P=0.406，害怕失败的动机F=0.861，显著性P=0.354，个人成就的动机维度F=0.585，显著性P=0.445，群体取向的动机维度F=1.309，显著性P=0.253，求知进取的动机维度F=0.566，显著性P=0.452。上述六个动机维度显著性P均大于0.05，意味着在学习动机上，不同研究生类别不存在显著的差异。

将每一个学习动机维度与年级维度进行单因素方差分析，研究不同学习动机维度是否因年级而产生显著性差异。

表6.16　学生年级与学习动机

维度	类别	N	平均值	标准差	均值标准误差	F	P
社会取向	2016	91	1.8846	0.67663	0.07093	3.198	0.042
	2017	143	2.1131	0.72205	0.06038		
	2018	197	1.9975	0.65497	0.04666		
	总计	431	2.0120	0.68590	0.03304		
物质追求	2016	91	1.8297	0.66862	0.07009	0.876	0.417
	2017	143	1.7867	0.66473	0.05559		
	2018	197	1.7246	0.65611	0.04675		
	总计	431	1.7674	0.66143	0.03186		
害怕失败	2016	91	2.2747	0.77912	0.08167	0.362	0.696
	2017	143	2.3636	0.77410	0.06473		
	2018	197	2.3223	0.79188	0.05642		
	总计	431	2.3260	0.78218	0.03768		
个人成就	2016	91	2.4799	0.85953	0.09010	3.440	0.33
	2017	143	2.6131	0.86277	0.07215		
	2018	197	2.3553	0.93500	0.06662		
	总计	431	2.4671	0.90098	0.04340		
群体取向	2016	91	2.5055	0.93935	0.09847	2.204	0.112
	2017	143	2.6807	0.90458	0.07564		
	2018	197	2.4704	0.95822	0.06827		
	总计	431	2.5476	0.93937	0.04525		
求知进取	2016	91	1.6527	0.62952	0.06599	3.639	0.027
	2017	143	1.8434	0.61810	0.05169		
	2018	197	1.7015	0.54271	0.03867		
	总计	431	1.7383	0.59094	0.02846		

从表6.16中可以看出，在社会取向的动机维度，F=3.198，显著性0.042<0.05，物质追求维度F=0.876，P=0.417，在害怕失败的动机维度F=0.362，P=0.696，在个人成就动机维度F=3.440，P=0.33，在群体取向的动机维度F=2.204，P=0.112，在求知进取的动机维

度，F=3.639，P=0.027. 社会取向的动机维度和求知进取的动机维度在年级上存在显著差异，由于年级维度存在3个水平，即2016级，2017级和2018级，因此需要进行事后检验才能知道具体哪两个年级之间存在显著差异。

表6.17　事后比较

因变量	(I)年级	(J)年级	平均差异　(I–J)	标准差	显著性
社会取向	2016	2017	-.22844*	0.09151	0.013
		2018	-.11285	0.08650	0.193
	2017	2016	.22844*	0.09151	0.013
		2018	.11559	0.07497	0.124
	2018	2016	.11285	0.08650	0.193
		2017	-.11559	0.07497	0.124
求知进取	2016	2017	-.19061*	0.07876	0.016
		2018	-.04878	0.07444	0.513
	2017	2016	.19061*	0.07876	0.016
		2018	.14183*	0.06453	0.028
	2018	2016	.04878	0.07444	0.513
		2017	-.14183*	0.06453	0.028

如表6.17所示，通过事后比较可以看出在社会取向的动机维度上，2016级研究生的动机显著高于2017级研究生。而在求知进取的动机维度上，2016级研究生显著高于2017级研究生，2017级研究生显著低于2018级研究生，这与之前年级与Seminar教学满意度的结论相似。

6. 学习动机与Seminar教学满意度的相关性分析

将学习动机每一个维度取平均值和Seminar教学满意度的平均值做皮尔逊相关性分析，研究各个学习维度和Seminar教学满意度是否具有相关性，其相关性如表6.18所示。

表6.18　学习动机与Seminar教学满意度相关性

维度	检验量	满意度
求知进取	皮尔逊（Pearson）相关	.476**
	显著性（双尾）	.000
社会取向	皮尔逊（Pearson）相关	.478**
	显著性（双尾）	.000
物质追求	皮尔逊（Pearson）相关	.240**
	显著性（双尾）	.000
害怕失败	皮尔逊（Pearson）相关	.177**
	显著性（双尾）	.000

续表

维度	检验量	满意度
个人成就	皮尔逊（Pearson）相关	.171**
	显著性（双尾）	.000
群体取向	皮尔逊（Pearson）相关	.303**
	显著性（双尾）	.000

通过相关性检验，可以看出每一个学习动机维度都和Seminar教学满意度正相关，其中相关系数最大的维度是社会取向的动机，相关系数为0.478，其次是求知进取的动机，相关系数为0.476，群体社会取向的动机对Seminar教学满意度有一定的正相关，相关系数为0.303，害怕失败的动机和个人成就的动机与Seminar教学满意度弱相关，相关系数为0.177和0.171。

6.3 模型的检验与改良

6.3.1 假设模型的检验

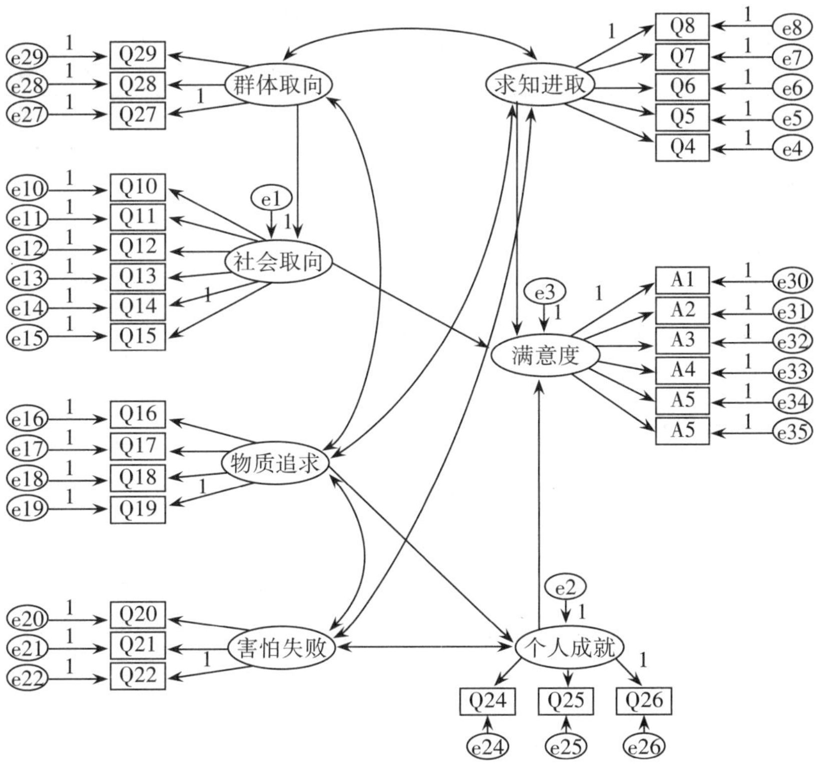

图6.3　初始的结构方程模型

将问卷所得数据通过AMOS导入假设模型当中，进行运算得到下列标准化系数结构模型图如图6.3所示，并且得到该初始模型的适配度指数如表6.19所示。

表6.19　初始的结构方程模型适配值

统计检验量		适配的标准或临界值	模型适配度
绝对适配度指数	c2值	P>0.5	0.00
	RMR值	<0.05	0.049
	RMSEA	<0.08	0.082
	SRMR	<0.05	0.0675
	GFI值	>0.9	0.783
	AGFI值	>0.9	0.741
	CN值	>200	123
	c2自由度比	<3	3.9
增值适配度指数	NFI	>0.95	0.819
	RFI	>0.95	0.798
	IFI	>0.95	0.859
	TFI	>0.95	0.841
	CFI	>0.95	0.858
简约适配度指数	PGFI	>0.50	0.893
	PNFI	>0.50	0.732
	PCFI	>0.50	0.767

从表6.19可以看出，初始模型的适配度并没达到要求，说明模型需要更正，只有更改到适配度达到要求才能用作数据分析，才能用来分析结论。

6.3.2 模型的改良

通过AMOS运算结果中的修正指标列表，可以对建构方程模型进行修正。通过残差间构造共变关系来修正模型，可以最快达到拟合效果。

根据修正指标列表，如果将e34和e35建立相关关系，那么整体模型的卡方值会下降155.947，而且e8对应的问题为“Seminar教学模式对我的学习帮助很大”和e9对应的问题“我希望更多课程采用Seminar教学模式”这两个问题存在内在一致性，可以将其残差设置为共变关系。

同理，经过多次计算，依次将e7和e8、e10和e11、e12和e13、e30和e31建立相关关系即将他们设置为有内在关联的变量，再参照Bollen-stine法来进一步修正模型拟合度，以此来减少整体结构方程模型的长方值，增加模型的适配程度。

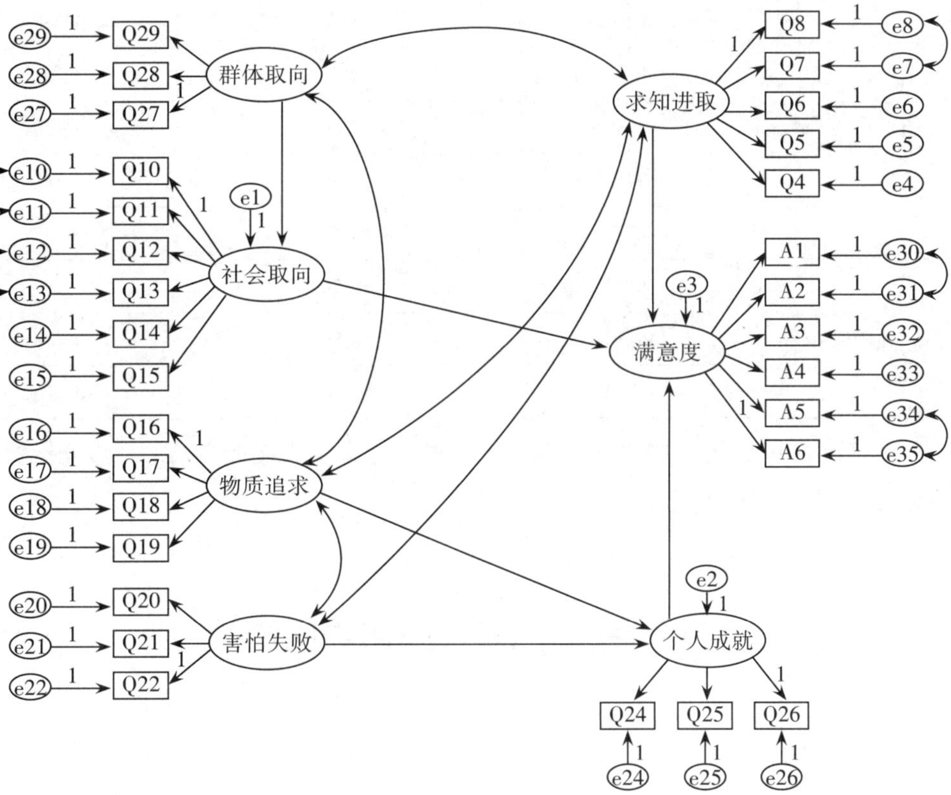

图6.4　修正后的结构方程模型

图6.4为经过多次修正最后得到的结构方程模型图，其适配度指数如表6.20所示。

表6.20　修正后的结构方程模型适配度

统计检验量		适配的标准或临界值	模型适配度
绝对适配度指数	c2值	P>0.5	0.00
	RMR值	<0.05	0.049
	RMSEA	<0.08	0.059
	SRMR	<0.055	0.0543
	GFI值	>0.9	0.912
	AGFI值	>0.9	0.901
	CN值	>200	201
	c2自由度比	<3	2.497

续表

统计检验量		适配的标准或临界值	模型适配度
增值适配度指数	NFI	>0.9	0.911
	RFI	>0.9	0.902
	IFI	>0.9	0.928
	TFI	>0.9	0.918
	CFI	>0.9	0.927
简约适配度指数	PGFI	>0.50	0.891
	PNFI	>0.50	0.788
	PCFI	>0.50	0.826

经过多次修正后的结构方程模型，模型适配度有了大幅改善，绝大部分指标已经达到要求，说明模型适配度良好。

6.4 模型的解读与研究结论

6.4.1 模型解读

通过模型的路径系数，我们可以得到学习动机的各个维度对Seminar教学满意度的影响程度，标准化后的路径系数如表6.21所示：

表6.21　路径系数

潜变量	影响关系	潜变量	路径系数	标准误	临界值	P
社会取向	<-	群体取向	0.335	0.030	11.124	***
个人成就	<-	物质追求	0.615	0.135	4.562	***
个人成就	<-	害怕失败	0.929	0.146	6.357	***
满意度	<-	求知进取	0.183	0.093	1.963	0.050
满意度	<-	个人成就	−0.056	0.049	−1.150	0.250
满意度	<-	社会取向	0.585	0.150	3.889	***

如表6.21所示，社会取向，求知进取对满意度的路径系数分别是0.585和0.183，且两条路径的P≤0.05，表明社会取向和求和进取两个维度对Seminar教学满意度有显著性影响。但是个人成就到满意度的路径不显著（P>0.05），即个人成就对Seminar教学满

意度影响不显著。其他假设路径均达到显著,说明除了假设(个人成就的动机和Seminar教学满意度有显著预测作用)不成立,其他假设均成立。

模型的共变关系系数如表6.22所示:

表6.22　共变关系的系数

潜变量	影响关系	潜变量	共变系数	标准误	临界值	P
求知进取	<->	群体取向	0.203	0.033	6.076	***
求知进取	<->	物质追求	0.051	0.012	4.420	***
物质追求	<->	群体取向	0.206	0.025	8.131	***
害怕失败	<->	群体取向	0.377	0.051	7.411	***
求知进取	<->	害怕失败	0.082	0.019	4.335	***
物质追求	<->	害怕失败	0.127	0.019	6.548	***

备注:“<->”表示两者之间存在着相互影响的关系。

如表6.22所示,可以看出学习动机的各个维度之间都存在着相关关系,并且有的维度相关系数值很大,说明其内部存在着联系。

现研究各因素对Seminar教学满意度的直接影响(如表6.23所示)和间接影响(如表6.24所示),从直接影响因素表和间接影响因素表中可以看出物质追求的动机和害怕失败的动机对个人成就的直接影响系数分别为0.696和0.198。对于Seminar教学满意度,求知进取和社会取向的直接影响系数为0.219、0.386,群体取向的间接影响系数为0.168,总影响系数为0.773。

表6.23　直接影响系数

	群体取向	害怕失败	物质追求	求知进取	个人成就	社会取向	满意度
个人成就	0.000	0.696	0.198	0.000	0.000	0.000	0.000
社会取向	0.674	0.000	0.000	0.000	0.000	0.000	0.000
满意度	0.000	0.000	0.000	0.219	−0.050	0.386	0.000

表6.24　间接影响系数

	群体取向	害怕失败	物质追求	求知进取	个人成就	社会取向	满意度
个人成就	0.000	0.000	0.000	0.000	0.000	0.000	0.000
社会取向	0.000	0.000	0.000	0.000	0.000	0.000	0.000
满意度	0.168	−0.029	−0.015	0.000	0.000	0.000	0.000

6.4.2 研究结论

1.关于学习动机的相关结论：

(1)学习动机对Seminar教学满意度存在显著性相关，学习动机对Seminar教学的满意度产生了显著影响。具有高水平学习动机的学生更切合Seminar教学模式的特点，更能发挥Seminar教学法的优势。换句话说，想要提高Seminar教学法的教学质量，需要提高研究生的学习动机水平，使其能更好地参与到课堂中来。这不仅仅需要教师对上课的内容进行斟酌，从更深层面来讲，还和研究生的培养目标有一定的关系。教师想要在Seminar教学中取得更好的教学效果，还要尽可能提高学生的学习动机，特别是求知进取的动机和社会取向的动机。

(2)对于整体而言，被试的学习动机水平较高，Seminar满意度水平较高，其中求知进取的动机水平最高，平均得分1.74，物质追求的动机水平其次，平均得分1.76，Seminar学习满意度得分1.96，社会取向的动机也比较高，得分2.01，而害怕失败，个人成就和群体取向的得分相较而言比较高，说明其动机水平较低。

(3)在害怕失败的动机、个人成就的动机、群体取向的动机维度上，男女同学出现显著差异。害怕失败的动机$F=4.481$，显著性$P=0.013<0.05$，说明存在显著差异。个人成就的动机$F=12.128$，显著性$P=0.001<0.05$，说明存在显著差异。群体取向的动机上$F=5.979$，显著性$P<0.05$，说明存在显著差异。其余三个维度，物质追求的动机、社会取向的动机和求知进取的动机上，男生和女生之间没有显著差异。在男生与女生间有显著差异的维度上，由于得分越低表示在该维度的动机越高，所以男生在该四个维度的动机都要高于女生。从整体来看，男生的外部动机显著高于女生，主要体现在对物质的追求和外界的看法上，在中国社会文化里，男性一直以来都应承担更大的家庭责任，因此相较于女生，男生在这几个动机维度的得分更高。

(4)不同类别的研究生在各维度的学习动机上都没有显著差异。无论是学术型研究生还是专业型研究生，他们在学习动机的所有维度上都没有体现出显著性的差异，证明在同一学校中不同类别的研究生的学习动机强度是差不多的。

(5)在社会取向的动机维度上，2016级研究生的动机显著高于2017级研究生。而在求知进取的动机维度上，2016级研究生显著高于2017级研究生，2017级研究生显著低于2018级研究生。在社会取向的动机维度上，三年级研究生显著高于二年级研究生。在求知进取的动机上，三年级研究生和一年级研究生都显著高于二年级研究生。

(6)所有维度的学习动机，在皮尔逊相关性检验中，均与Seminar教学满意度显著正相关，其中相关系数最大的维度是社会取向的动机，相关系数为0.478，其次是求知进取的动机，相关系数为0.476，社会取向的动机对Seminar教学满意度有一定的正相关，相关系数为0.303,害怕失败的动机和个人成就的动机与Seminar教学满意度弱相关,相关系数为0.177和0.171。

(7)群体取向的动机对社会取向的动机具有直接效应。群体取向动机高的学生在成长的路上往往有很多人给予他们支持,为了回报支持他们的人,他们做任何正面的事情都会更加努力,其目标都是为了自身以外的人,因此假设一成立。这两种动机都象征着中国社会主义价值观,值得大力提倡和发扬。

(8)物质追求的动机对个人成就的动机具有直接效应。说明追求金钱、地位、权利等本质上都属于物质追求,在动机分类中都可以归结为外部动机,即其学习的目的本质不是为了获取知识,而是为了学习专业技能或工作能力以求得一份满意的工作,得到物质上的收获。

(9)害怕失败的动机对个人成就的动机具有直接效应。害怕失败动机高的学生十分看重学历和毕业院校的竞争力,其根本目的也是找到一份满意的工作,追求金钱、地位、权利、爱情等外部物质,满足个人成就。害怕失败的动机和个人成就动机高的学生,归根结底,他们读研究生的目的是获得比本科更高的学历,其主要目的是为了找到一份更加满意的工作。他们需要的是工作技能和社交能力,其这方面(科研、上课等)态度都较为消极。因此,以工作为导向的学生通常在这两个维度的得分都很高。

(10)害怕失败的动机和群体取向的动机相关性高。群体取向的动机水平高的学生往往背负着家人的期待、老师的期待、兄妹的期待等等,因此他们的负担相比其他人更重,对人生的选择自由度更低。因此他们更加害怕失败,害怕辜负家人朋友,害怕失业所带来的负面影响。因此害怕失败的动机和群体取向的动机相关性程度很高。

2.关于Seminar教学满意度的相关结论:

虽然在皮尔逊相关性检验中所有的动机维度均与Seminar教学满意度正相关,但在皮尔逊相关检验中,相关性可能会受到其他相关维度的影响,而在结构方程模型分析中,剔除了其他相关要素的影响,得到的是维度之间的偏相关关系。因此可能存在某些维度虽在皮尔逊相关中与Seminar教学满意度显著正相关,但在结构方程模型的回归分析中,回归系数并不显著,这说明该维度相较于其他维度并不能更好地预测因变量即Seminar教学满意度的值。

(1)不同研究生类别的学生,其Seminar满意度不存在显著差异的概率P=0.01(F=6.751),即不同类别的研究生,其Seminar满意度差异显著。专业型硕士研究生对Seminar教学满意度显著高于学术型硕士研究生,尽管他们的满意度水平都较高。

(2)不同年级的研究生对Seminar教学满意度有显著性影响,其中2016级和2017级间差异显著,2017级和2018级差异显著,但2016级和2018级差异不显著。2017级研究生对Seminar教学满意度最低,其次是2018级学生,最高的是2016级学生。

(3)社会取向的动机对Seminar教学满意度具有直接效应，群体取向的动机对Seminar教学满意度具有间接效应。一方面说明攻读研究生的学生通常具备良好的政治觉悟，以社会利益为优先的中国精神已经渗透到研究生群体中，并成为研究生开展学习活动，努力拼搏奋斗的重要动力。另一方面说明立志报效社会，回报他人的学生在Seminar教学中更加认真，效果也更好。

(4)求知进取的动机对Seminar教学满意度具有直接效应，说明Seminar教学模式需要学生具有求知的热情和主动性。因为Seminar本身对不同个体学生的学习效果差距很大，对于积极准备，认真查阅资料，在课中积极发表自己的看法并细心听取他人意见的学生，Seminar学习法会对其产生极大的帮助，不仅可以丰富学生的专业知识，更能发展学生的思维能力、应变能力和交流能力。而对于课堂参与热情不高的学生，Seminar教学的作用就要大打折扣。

第7章

研究生创新创业教育调研与评价体系构建

7.1 创新创业概述

7.1.1 创新教育与创业教育的内涵

1.创新教育的内涵

创新能力是指人们在已有的知识和经验的基础上，利用科学思维进行加工和再造，继而形成新的知识、思想、方法和成果的一种综合能力，主要包括观察、思维、动手、沟通和协作能力等。当前学者们对创新教育的解读不尽相同，比较有代表性的观点主要有两种。一种观点是把创新教育看作是一种理念和思想，认为创新教育是一种以培养创新意识、创新精神、创新思维、创造能力等创新素质和创新型人才为目的的教育活动。另一种观点是把创新教育视为一种能力的教育，认为创新教育的开展是为了使学生能够更好地进行创新，将以培养人的创新素质和增强人的创新能力为目的的各种类型的教育活动，都统称为创新教育。

2.创业教育的内涵

创业能力是以智力为核心，以创造性为主要特征，具有自我开发和自我实现性质的一种实践性和综合性较强的特殊能力，主要包括组织能力、团队合作能力、沟通协调能力、风险预测能力等。关于创业教育的定义主要有狭义和广义两种理解。狭义上认为，创业教育是一种培养学生从事企事业和商业活动、规划等过程中所需各种相关的综合能力的教育，以使学生掌握自主创业的相关知识和技能，实现从求职者到工作岗位创造者的转变。广义上认为，创业教育是为了培养具有开创性的个人，对事业心、首创性、探索精神、冒险精神等综合素质进行培养，围绕创业过程所必备的工作能力、技术知识、社交和管理技能开展的教育活动。

7.1.2 创新创业教育的内涵与特点

1. 创新创业教育的内涵

当前，学者们对创新创业能力的解读主要有三种不同的观点。第一种观点是，把创新创业能力等同于创新能力，第二种观点是，把创新创业能力等同于创业能力，第三种观点是，把创新创业能力看成是创新能力与创业能力的结合。无论是把创新创业能力解读为创新能力、创业能力或是二者的结合，都不够全面和准确。创新创业能力应该是既强调实践和创新能力，又注重创业潜能的复合型能力，不仅注重对基本素养、创新精神、创造性思维、创业意识和相关能力的培养，而且还注重对理论知识和实践能力的培养，尤其是自我创业意识和创新操作能力。

创新创业教育是指面向全体学生，既强调对学生的基本素养、创新精神、创业意识和创业能力培养，同时也注重创新创业综合素质和实践能力的提高，尤其是自我创业意识和创新操作能力的拓展，使学生能够独立发现问题并解决问题，进而提出自己的新观点和看法，为学生的终身学习与个体的持续发展奠定了扎实的基础。创新创业教育的目的并不是让每个学生都去创业，其核心是培养学生创新精神、创业意识和创业能力，注重对学生自主学习和实践能力的培养，将人才的培养与科研以及社会的需求紧密结合，而传统课堂注重知识传授向重视能力与综合素质培养转变，可以有效提升高校的人才培养质量。

2. 创新创业教育的特点

与传统的教育模式相比，创新创业教育主要有以下四个特点：

（1）注重对学生创新创业意识的培养

传统的教育模式主要是对专业知识的教授，这种教育模式倾向于“满堂灌”式的知识灌输，培养出的学生中有不少是缺少灵气的“书呆子”型。而创新创业教育不仅重视对学生基础知识和素养的培养，更加注重对学生创新创业意识的培养，引导学生从被动的求职者向主动求职者甚至是岗位创造者的转变，从而使培养出的学生更“接地气”。

(2)重视系列课程与培养体系的建设

创新创业教育的有效开展,离不开创新创业相关课程体系的建设与培养模式的构建。结合创新创业的内容,应开设创业规划与经营管理、新企业创业与创新、创新活动管理、企业成长战略等系列课程。此外,为了推动创新创业教育的有效开展,还应建立创新创业实践基地、创新创业研究中心等机构,形成一个有专门的教师队伍、管理人员、完善的培养方案等要素的培养体系。

(3)强调自主学习和实践能力的培养

传统的教育模式主要侧重于理论知识的培养,忽视了对学生实践能力的培养。创新创业教育不仅重视学生对基础知识的学习,还强调对学生自主学习能力和实践能力的培养,通过培养学生的自主学习能力引导学生独立解决学习中的问题,为终身学习打下良好的基础。创新创业教育还把所学的理论知识与实践相结合,进一步巩固和加深学生对所学知识的理解,同时学生的实践能力也会得到一定的提升。

(4)可促进创新创业相关活动的开展

创新创业教育的开展,可以有效提升学生的创新创业能力,使学生掌握从事创新创业相关工作的知识和技能。为了促进创新创业教育达到预期的成效,形成良好的创新创业氛围和文化,国家、省市、高校等各层面开展相关的创新创业竞赛、会议、论坛等活动,如中国创新创业大赛、全国大学生创业大赛、创新创业大会、科技创新大赛等,这些活动的开展不仅可以为广大的师生提供交流和学习的平台,还有利于提高学生的就业率和新公司的创建率。

7.2 基于SEM的调查分析

7.2.1 初始研究生创新创业教育SEM的构建

1.初始结构方程模型构建

问卷调查的样本数量为576份,大于100份,通过SPSS26.0分析,问卷的信度和效度良好,满足使用结构方程模型分析的基本要求。结合问卷中研究生创新创业教育的7个维度,22个题项,确定了7个潜在变量和22个观测变量,具体理论模型的变量体系,如表7.1所示。

表7.1 结构方程理论模型的变量体系

潜在变量	符号	观测变量	符号
激励支持	IS	学校的鼓励举措、政府的支持政策	IS1、IS2
动机意愿	MW	创新的动机、创业的动机、创新创业的意愿、把握创新创业的机会	MW1、MW2、MW3、MW4
资源配置	AR	创新创业教育场地设备等硬件的配备情况、创新教育课程体系、创业教育课程体系	AR1、AR2、AR3
能力水平	AL	人文素养、独立思考分析判断问题的能力、理论基础知识、决策能力、学习能力、动手能力	AL1、AL2、AL3、AL4、AL5、AL6
重视程度	DA	创新创业教育的活动形式、创新创业教育的支持、创新创业教育教学方式	DA1、DA2、DA3
师资配备	IF	创新教育的师资配备、创业教育的师资配备	IF1、IF2
实施方式	EM	创新教育的实践形式、创业教育的实践形式	EM1、EM2

以理论模型的变量体系为基础，借助AMOS24.0软件构建了研究生创新创业教育的SEM理论模型，如图7.1所示。

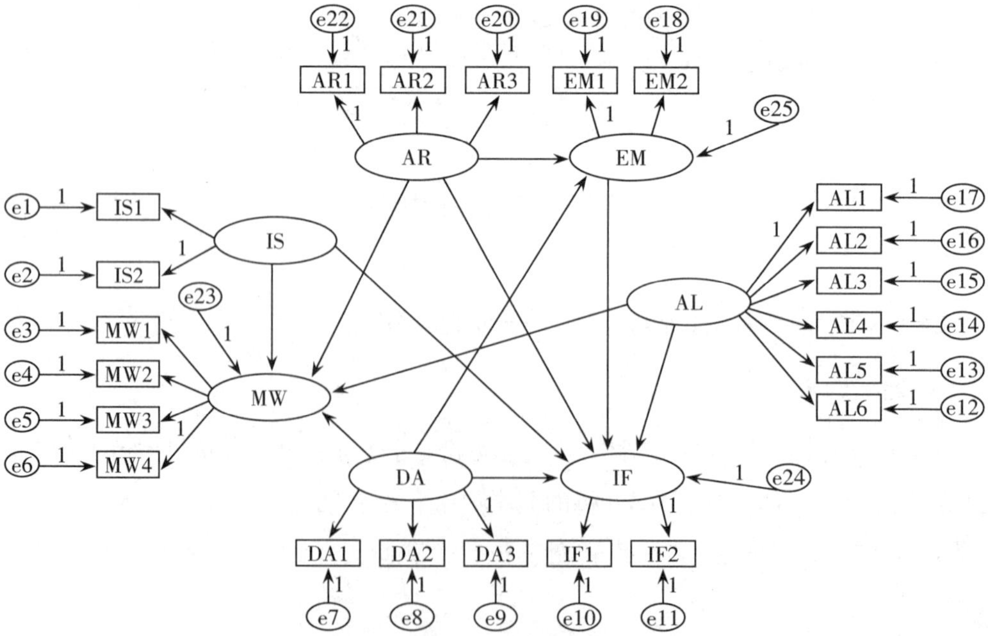

图7.1 结构方程模型理论路径图

7.2.2 研究生创新创业教育SEM的修正

运行Standardized Estimates计算后，模型的标准化路径系数结果显示，除11个路径系数参照指标外的其他路径系数值均达到0.05的显著水平，测量误差均为正数，临界比值的绝对值均大于1.96，显著性概率值均小于0.001，说明所有的路径系数显著，所构建的结构方程理论模型适配。

一般情况下，常用拟合指数中，除了卡方值的适配指标参照统计量外，其他拟合指数的适配指标应满足$x^2/df < 3.00$，$GFI > 0.90$，$RMSEA < 0.08$，$CFI > 0.95$。初始结构方程模型的常用拟合指数中，$x^2/df = 3.212 > 3.00$和$CFI = 0.936 < 0.95$未达到适配标准。因此，需参照Modification Indices修正指标对模型进行一定的修正。修正指标显示，DA→IF和DA→EM的Estimate值为负数，说明这两条路径不显著，需要进行一定的修正。修正后模型的拟合效果较好，已达到理想状态，修正后模型的拟合效果指数，如表7.2所示。

表7.2　修正后模型的拟合效果

统计检验量		适配的标准或临界值	检验值	适配判断
绝对适配度指数	CMIN值	<0.05	0.000	是
	RMSEA值	<0.08	0.041	是
绝对适配度指数	SRMR	<0.05	0.025	是
	GFI值	>0.90	0.924	是
	x^2/df	<3.00	2.836	是
增值适配度指数	NFI值	>0.95	0.954	是
	RFI值	>0.95	0.956	是
	CFI值	>0.95	0.965	是
简约适配度指数	PGFI值	>0.50	0.644	是
	PNFI值	>0.50	0.651	是

7.2.3 研究生创新创业教育SEM的分析

修正后结构方程模型的常用拟合指数均已满足适配要求，模型比较具有指导意义，修正后的标准化估计的结构方程模型，如图7.2所示。

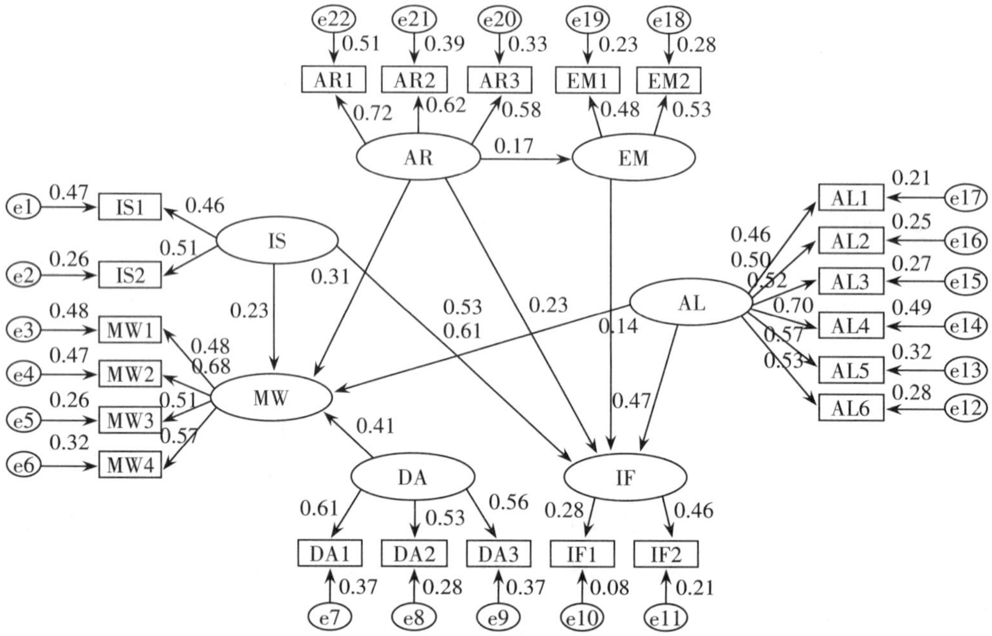

图7.2　标准化估计的结构方程模型图

结合结构方程模型的路径系数，计算出研究生创新创业教育影响因素的总效应指数表，如表7.3所示。

表7.3　研究生信息素养影响因素指数

一级指标		二级指标		三级指标			
名称	指数	名称	指数	名称	指数	名称	指数
研究生创新创业教育	52.4	IS	48.4	IS1	46.1	IS2	50.6
		MW	55.7	MW1	47.8	MW2	67.7
				MW3	50.5	MW4	56.8
		AR	64.0	AR1	72.1	AR2	62.2
				AR3	57.6	--	--
		AL	54.5	AL1	46.0	AL2	49.5
				AL3	51.6	AL4	69.9
				AL5	56.8	AL6	53.4
		DA	56.7	DA1	60.5	DA2	53.4
				DA3	56.1	--	--
		IF	37.2	IF1	28.3	IF2	46.1
		EM	50.5	EM1	47.8	EM2	53.1

由表7.3可知，研究生信息素养整体的总指数为52.4，与当前研究生创新创业教育的现状基本一致，说明本研究选用的研究生创新创业教育的影响因素指标较为合理。但是，总指数的数值仅略大于50，指数并不高，反映出当前研究生创新创业教育开展的现状并不乐观。

在所选取的研究生创新创业教育的7个维度指标中，对其影响较大的前三位分别是高校创新创业资源配置情况(64)，高校对研究生创新创业教育的重视程度(56.7)和研究生创新创业的动机意愿(55.7)，其次依次是研究生创新创业能力水平(54.5)，研究生创新创业的实施方式(50.5)，研究生创新创业相关的激励支持政策(48.4)和研究生创新创业的师资配备(37.2)。这反映出，研究生创新创业教育主要受高校创新创业资源配置、对研究生创新创业教育的重视程度以及研究生创新创业动机意愿的影响较大，而研究生创新创业的能力水平、研究生创新创业的实施方式、研究生创新创业的相关激励受支持政策和研究生创新创业的师资配备等方面影响。

7.3 研究生创新创业教育评价模型的构建

7.3.1 研究生创新创业教育评价模型的构建

AHP(Analytic Hierarchy Process)，即层次分析法是指将一个复杂的多目标决策问题作为一个系统，将目标分解为多个目标或准则，进而分解为多指标(或准则、约束)的若干层次，通过定性指标模糊量化方法算出层次单排序(权数)和总排序，以作为目标(多指标)、多方案优化决策的系统方法。

1.AHP概述

在决策与评价中，利用人为的主观判断缺乏一定的科学性，仅利用数学工具进行分析时又有不少因素不能定量地表示出来。因此，人们开始理性的看待人的选择与判断的价值，开始研究人思维的规律。20世纪70年代初，美国的运筹学家、匹兹堡大学的萨迪(T.L.Saaty)教授提出了层次分析法(Analytic Hierarchy Process，AHP)。萨迪用AHP方法先后为美国国防部研究制定了应急计划、解决了美国电力在工业部门的分配问题和苏丹的运输问题。萨迪在1977年“第一届国际数学建模会议”上发表了“无结构决策问题的建模——层次分析法”一文。自此，AHP开始受到人们的关注，并逐步应用于计划的制定、资源的分配、方案的选择等领域中。

1980年，萨迪出版了AHP的相关论著《*THEORY AND APPLICATIONS OF THE ANALYTIC NETWORK PROCESS：DECISION MAKING WITH BENEFITS，OPPORTUNITIES，*

COSTS,AND RISKS》。1982年,萨迪的学生高兰尼柴(H.Gholamnezhad)在"中美能源、资源、环境"学术会议上向我国学者介绍了AHP。随后,许树柏等人发表了《层次分析法——规划决策的工具》,最先将AHP引入我国。鉴于AHP具有严谨的结构、完备的理论、解决问题简单方便等优点,AHP逐渐引起了我国学者的重视与关注。1998年,在我国天津召开了"第一届AHP国际学术会议"。2015年,萨迪的著作中文版《网络层次分析法原理及其应用:基于利益、机会、成本及风险的决策方法》由北京理工大学出版社出版发行。近年来,AHP被广泛应用于能源政策分析、产业结构研究、科技成果评价、发展战略规划、人才考核评价等多个领域,取得了令人满意的成效。

AHP的优点:(1)系统性和定性分析与定量研究相结合。AHP将问题的对象看成一个系统,通过定性分析与定量研究相结合的方式,按照分解、比较、判断、综合的思维方式进行决策,能够解决不少仅用技术无法解决问题。(2)决策判断与决策分析相结合。在运用AHP进行问题决策的过程中,输入信息主要来源于决策者的选择与判断,充分反映了决策者的认知能力。决策者在决策过程中可以与决策分析者进行沟通交流,决策者也可以直接应用它,增加决策的有效性。(3)对数据要求的数量不多,思路简单明了。利用AHP分析问题时所需要的定量数据并不多,可以清楚地分析出问题的本质和所涉及的因素及其内在关系。AHP将决策者的思维变化过程系统化、数学化和模型化,便于计算,思路简单明了,容易被人们接受。(4)有较强的适用性。AHP适用于多准则、多目标复杂问题的决策分析,可以实现对能源政策分析、产业结构研究、科技成果评价、发展战略规划、人才考核评价等复杂问题的分析,应用范围非常广。

虽然AHP在应用中有一定的局限,但因操作简单,具有系统性和严谨性等优点,被人们广泛使用。要使AHP决策尽可能科学,可以通过克服AHP的不足进行一定的改进。例如:尽量请行内专家群体判断,减少人为主观因素的影响;在进行判断前,要尽可能多地收集相关的资料,厘清研究问题的目标、范围、方案和准则等;注意各元素之间的强度关系,如强度关系相差较大尽量不要放在同一层;与其他决策方法相结合,使决策更具有科学性和可靠性。

2.AHP评价步骤

(1)层次结构模型的构建

在利用AHP分析问题时,根据问题的总体目标罗列出相关的影响因素和解决方案,构建出层次结构模型。所构建的层次结构模型一般包括三个层次,即目标层、准则层和方案层。目标层又称为最高层,表示决策的总目标和要解决的问题,在目标层有且只有一个元素。准则层又称为中间层,表示实现总目标需要考虑的因素和决策的准则,是实现总目标的中间环节。方案层又称为最底层,表示解决问题可备选的方案。

假设所要解决的总问题的总目标是Z,有n个准则层,可选择的解决方案有n个,所构建的简单层次结构模型,如图7.3所示。

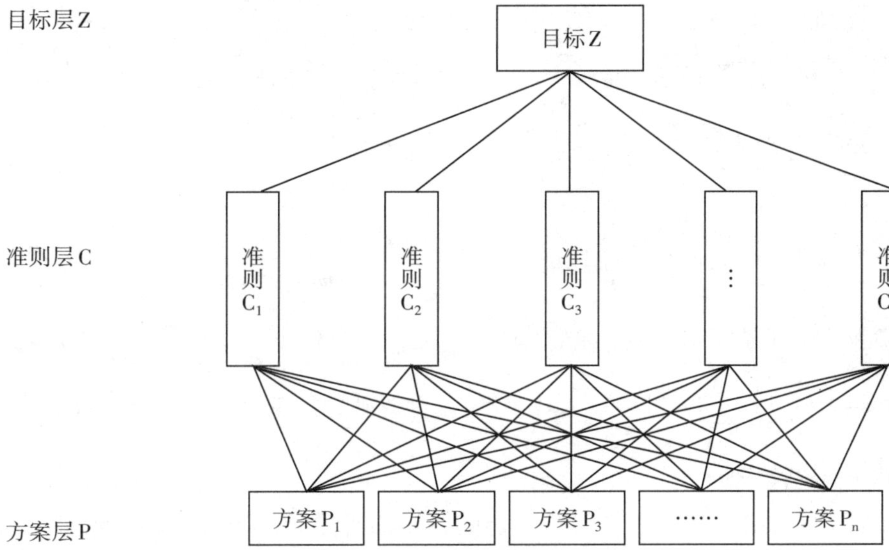

图7.3　简单的层次结构模型

(2)判断矩阵的构造与赋值

判断矩阵的构建是实现定性分析与定量分析相结合的关键,判断矩阵的数值代表着相同水平的一个元素相对于另一个因素的重要性程度。假设某一层共有n个因素,$x=\{x_1,x_2,\cdots,x_n\}$,每次取出x_i和x_j进行两两比较,参照萨迪的1—9标度法(如表7.4所示),以a_{ij}记为x_i和x_j对目标层Z的相对影响比,所构建的矩阵$A=(a_{ij})_{n\times n}$即为Z-X之间的判断矩阵。

表7.4　相对重要性程度标度法

标度	定义
1	对比时,两个因素同等重要
3	对比时,前者比后者稍微重要
5	对比时,前者比后者明显重要
7	对比时,前者比后者强烈重要
9	对比时,前者比后者极端重要
2,4,6,8	对比时,两因素之间呈两判断矩阵的中间状态对应的标度值
倒数	若因素x_i与x_j的重要性比为a_{ij},那么$a_{ij}=\frac{1}{a_{ij}}$

(3)层次单排序与一致性检验

层次单排序是指所有判断矩阵的因素对其准则相对重要性的排序计算,主要有以下几个步骤:

步骤1正规化判断矩阵

$\bar{a}_{ij}=\frac{a_{ij}}{\sum_{k=1}^{n}a_{ij}}(i,j=1,2,\cdot\cdot\cdot,n)$,可得 $\tilde{A}=[\dot{a}_{ij}]$。

步骤2计算 $\tilde{A}$ 各行和的均值

$w_i=\frac{1}{n}\sum_{j=1}^{n}\bar{a}_{ij}(1,2,\cdots,n)$,即可得特征向量 $w=[w_1,w_2,\cdots\cdots,w_n]^T$。

步骤3计算判断矩阵的最大特征根

$\lambda\ \max=\sum_{i}^{n}=1\frac{(AW)t}{nW_i}$ 可得最大特征根λ_max,其中(AW)_t为AW的第i个分向量。

步骤4一致性检验

一致性检验,主要是用来判断所构建的判断矩阵是否具有较高的一致性。只有通过一致性检验,才可认为所构建的判断矩阵逻辑上的合理性,进而保证后续的研究结果是合理有效的。一致性检验的步骤如下:

a.求一致性指标CI.(Consistency Index)

b.查找平均随机一致性指标RI.(Random Index)

随机一致性指标RI.可通过查找表7.5获取。

表7.5　平均随机一致性指标的取值

n	1	2	3	4	5	6	7	8	9
RI	0	0	0.52	0.89	1.12	1.26	1.36	1.41	1.46

c.计算一致性比例C.R.(Consistency Ratio)

C.R.值越小表示判断矩阵的一致性越好。当所求得的C.R.<0.1时,才可认为所构建的判断矩阵是有意义的,且其一致性检验是符合标准的。当C.R.≥0.1时,说明所构建判断矩阵的现实指导还不理想,需要重新进行调整。

(4)层次总排序与检验

层次总排序是指所有判断矩阵的因素对目标层的相对影响权重,通过对整个层次结构按照从上而下逐层进行合并计算的方法,求出最低层对总目标层的重要性权重系数。现假设A层共有 $A_1,A_2,\cdots,A_m$ 共m个因素,下一层B层有 $B_1,B_2,\cdots,B_n$ 共n个因素,用 $B_{1j},B_{2j},\cdots,B_{nj}$ 表示B层对A层的单排序权值,B层各因素对总目标的权重 $b_1,b_2,\cdots,b_n$ 可以通过公式进行计算。$b_i=\sum_{i=1}^{m}b_{in}a_j(i=1,2,\cdots\cdots,n)$,即可求得层次总排序表如表7.6所示。

表7.6　层次总排序表

层A / 层B	A_1	A_2	…	A_m	B层总排序权值
层B	a_1	a_2	…	am	
B_1	b_{11}	b_{12}	…	b_{1m}	$\sum_{j=1}^{m} b_{1j} a_j$
B_2	b_{21}	b_{22}	…	b_{2m}	$\sum_{j=1}^{m} b_{2j} a_j$
…	…	…	…	…	…
Bn	b_{n1}	b_{n2}	…	b_{nm}	$\sum_{j=1}^{m} b_{nj} a_j$

与层次单排序一样，也需要对层次总排序进行检验。假定B层中，某些因素对于A_j的单排序的一致性指标为CI_j，则可用$RI_j(j=1,2,\cdots,m)$表示平均一致性指标，根据公式即可得到B层的总排序随机一致性比率C.R.。当所求得的C.R.<0.1时，说明层次总排序的一致性较好，在可接受的范围之内。当C.R.⩾0.1时，说明层次总排序的一致性不好，没有达到理想值，需要重新进行赋值计算。

3.研究生创新创业教育评价模型构建

以前期基于结构方程模型的研究为基础，采用AHP构建研究生创新创业教育评价模型如图7.4所示。

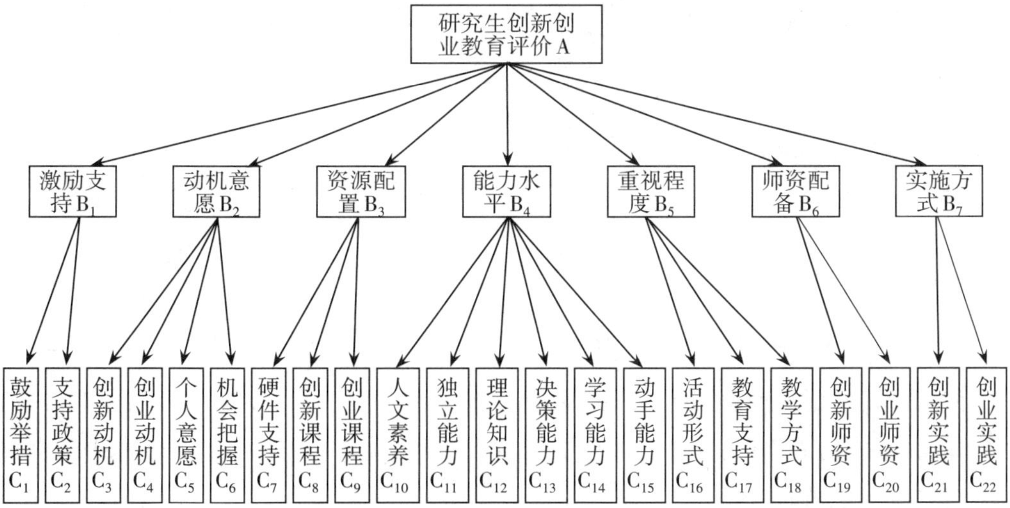

图7.4　研究生创新创业教育评价体系模型

该模型一共分为三层，顶层目标层为研究生创新创业教育评价(A)；中间层为评价模型的一级评价指标，包含研究生创新创业相关的激励支持政策(B_1)、研究生创新创业的动机意愿(B_2)、高校创新创业资源配置情况(B_3)、研究生创新创业能力水平(B_4)等;底层为评价模型的二级评价指标,B_1对应的有学校对研究生创新创业教育的鼓励举措(C_1)、政府对研究生创新创业的支持政策(C_2),B_2对应的有研究生创新的动机(C_3)、研究生创业的动机(C_4)、研究生创新创业的意愿(C_5)、把握创新创业的机会(C_6),B_3对应的有相关场地设备等硬件的支持(C_7)、开设创新教育的相关课程(C_8)、开设创业教育的相关课程(C_9),B_4对应的有人文素养(C_{10})、独立思考、分析、判断问题的能力(C_{11})、理论基础知识(C_{12})、决策能力(C_{13})、学习能力(C_{14})、动手能力(C_{15})等。

7.3.2 层次单排序指标权重的确定及一致性检验

1.指标的一致性检验

目标层为研究生创新创业教育评价A,一级指标有激励支持B_1、动机意愿B_2、资源配置B_3、能力水平B_4、重视程度B_5、师资配备B_6和实施方式B_7等7个要素。参照研究生信息素养影响因素指数和专家建议,确定一级指标层对目标层的判断矩阵A(如图7.5所示)。

$$A=\begin{bmatrix} A_1 & B_1 & B_2 & B_3 & B_4 & B_5 & B_6 & B_7 \\ B_1 & 1 & \frac{1}{4} & \frac{1}{6} & \frac{1}{3} & \frac{1}{5} & 2 & \frac{1}{2} \\ B_2 & 4 & 1 & \frac{1}{3} & 2 & \frac{1}{2} & 5 & 3 \\ B_3 & 6 & 3 & 1 & 4 & 2 & 7 & 5 \\ B_4 & 3 & \frac{1}{2} & \frac{1}{4} & 1 & \frac{1}{3} & 4 & 2 \\ B_5 & 5 & 2 & \frac{1}{2} & 3 & 1 & 6 & 4 \\ B_6 & \frac{1}{2} & \frac{1}{5} & \frac{1}{7} & \frac{1}{4} & \frac{1}{6} & 1 & \frac{1}{2} \\ B_7 & 2 & \frac{1}{3} & \frac{1}{5} & \frac{1}{2} & \frac{1}{4} & 2 & 1 \end{bmatrix}$$

图7.5 一级指标层对目标层的判断矩阵

在YAAHP软件中构建如图7.5所示的层次分析模型,输入研究生创新创业教育评价矩阵A。如图7.6所示,矩阵A的C.R. = 0.0216 < 0.1,说明矩阵A的一致性较为良好,在可接受范围之内。

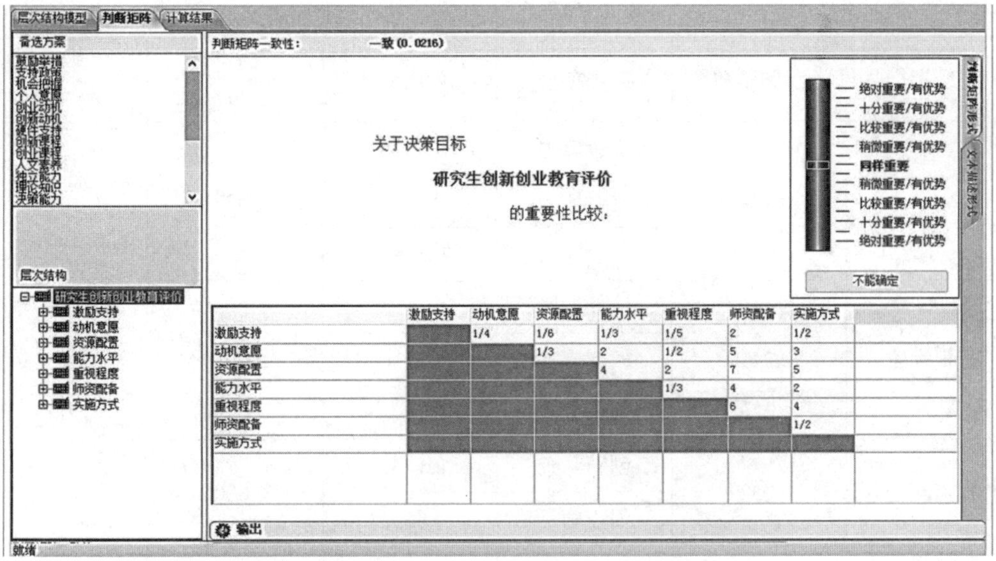

图7.6　研究生创新创业教育评价一致性检验结果

2.层次单排序的指标权重

在YAAHP中输入全部的矩阵后，查看层次分析模型的计算结果，将分析结果进行汇总，得到研究生创新创业教育评价层次单排序的指标权重，如表7.7所示。

表7.7　研究生创新创业教育评价层次单排序的指标权重

一级指标	权重系数	二级指标	权重系数	二级指标一致性检验	一级指标一致性检验
激励支持	0.0450	鼓励举措	0.2000	0.0000	0.0216
		支持政策	0.8000		
动机意愿	0.1599	个人意愿	0.5172	0.0116	
		创业动机	0.1257		
		创新动机	0.3077		
		机会把握	0.0500		
资源配置	0.3524	硬件支持	0.7838	0.0336	
		创新课程	0.1348		
		创业课程	0.0812		
能力水平	0.1042	人文素养	0.0345	0.0271	
		独立能力	0.0537		
		理论知识	0.0873		

续表

一级指标	权重系数	二级指标	权重系数	二级指标一致性检验	一级指标一致性检验
能力水平	0.1042	决策能力	0.5298	0.0271	0.0216
		学习能力	0.1756		
		动手能力	0.1190		
重视程度	0.2417	活动形式	0.7153	0.0019	
		教育支持	0.0976		
		教学方式	0.1870		
师资配备	0.0327	创新师资	0.1437	0.0000	
		创业师资	0.8563		
实施方式	0.0641	创新实践	0.1997	0.0000	
		创业实践	0.8003		

7.3.3 层次总排序指标权重的确定及一致性检验

YAAHP计算出层次的总一致性检验CR. = 0.0216 < 0.1，说明判断矩阵的总体一致性良好，在可接受范围之内。研究生创新创业教育评价各指标权重及一致性检验如表7.8所示。

表7.8 研究生创新创业教育评价各指标权重及一致性检验

指标名称	鼓励举措	支持政策	个人意愿	创业动机	创新动机	机会把握	硬件支持	创新课程	创业课程	人文素养	独立能力	理论知识	决策能力	学习能力	动手能力	活动形式	教育支持	教学方式	创新师资	创业师资	创新实践	创业实践
权重	0.0090	0.0360	0.0827	0.0201	0.0492	0.0080	0.2762	0.0475	0.0286	0.0036	0.0056	0.0091	0.0552	0.0183	0.0124	0.1729	0.0236	0.0452	0.0047	0.0280	0.0128	0.0513
一致性检验：0.0216																						

7.3.4 检验结论

根据上述数据，可绘制一级指标和二级指标对研究生创新创业教育的权重系数分布情况，如图7.7和图7.8所示。

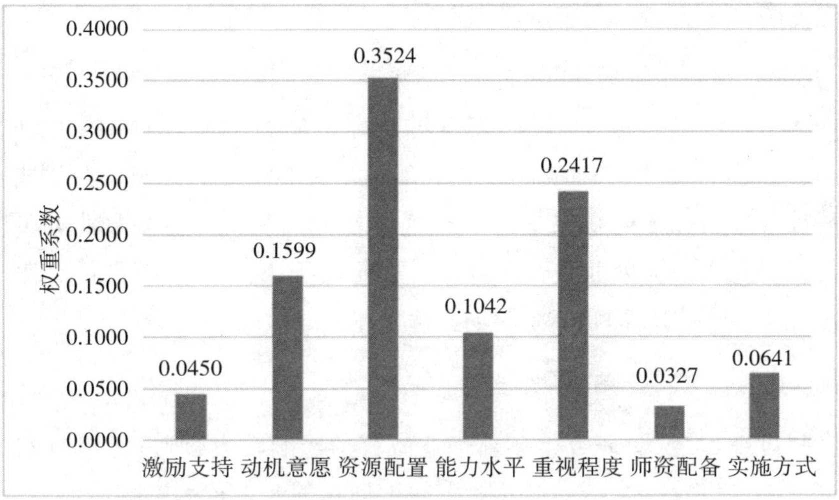

图7.7 一级评价指标对研究生创新创业教育的权重系数

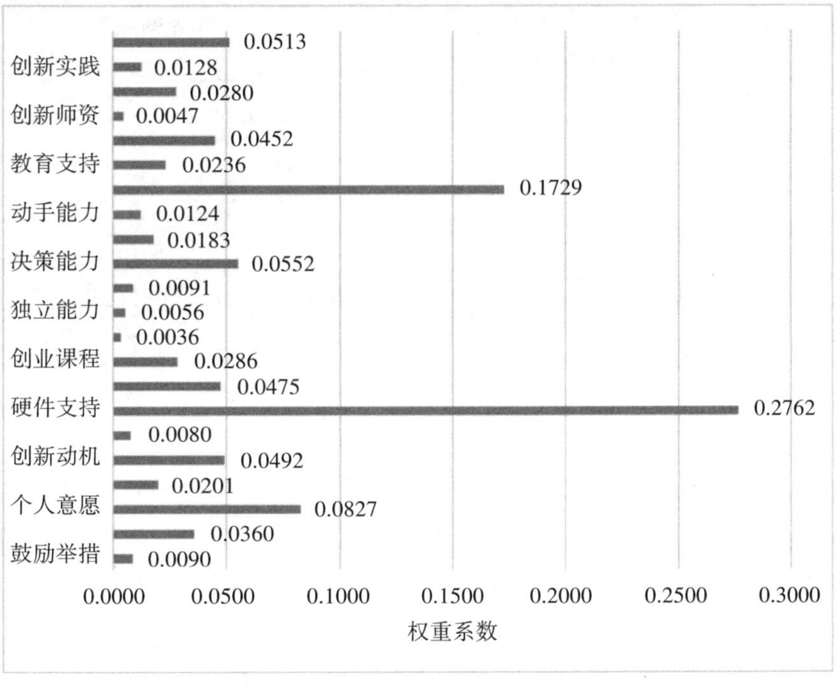

图7.8 二级评价指标对研究生创新创业教育的权重系数

如上图所示，资源配置对研究生创新创业教育的影响最大，占35.24%，其次依次为重视程度（24.17%）、动机意愿（15.99%）、能力水平（10.42%）、实施方式（6.41%）、激励支持（4.50%）和师资配备（3.27%）。根据研究的数据并结合上图，基于AHP的研究生创新创业教育评价研究的结论总结如下。

1. 高校创新创业资源配置情况极为重要

在研究生创新创业教育中，高校的“资源配置”对其影响最大，比重高达36.24%。在“资源配置”的二级指标中，硬件支持对研究生创新创业教育的影响最大，高达27.62%，创新课程与创业课程对研究生创新创业教育的影响比重也分别占4.75%和2.86%。高校开展研究生创新创业教育时，应高度重视研究生创新创业资源配置的建设，着重完善研究生创新创业教育开展中所需的设备、实验场地等硬件支持，同时，也应关注与完善研究生创新课程体系和创业课程体系的建设。

2. 高校对创新创业教育的重视程度

高校的“重视程度”对研究生创新创业教育的影响较大，所占比例为24.17%。在“重视程度”的二级指标中，活动形式对研究生创新创业教育的影响最大，所占比重为17.29%，教学方式与教育支持对研究生创新创业教育的影响比重也分别占4.52%和2.36%。高校开展研究生创新创业教育时，应加强对研究生创新创业教育的顶层设计，不仅要为研究生提供各种各样丰富的创新创业教育活动形式，也应结合研究生的专业开设与研究生创新创业相关的必修课程或选修课程，此外在研究生进行创新创业的实践中应给予一定的教育支持。

3. 研究生创新创业的动机意愿

研究生的“动机意愿”对研究生创新创业教育的影响较大，所占比例为15.99%。在“动机意愿”的二级指标中，研究生的个人意愿对研究生创新创业教育的影响最大，所占比重为8.27%，创新动机、创业动机与机会把握对研究生创新创业教育的影响比重也分别占4.92%、2.01%和0.80%。高校开展研究生创新创业教育时，应关注研究生的个人意愿，结合研究生的个人意愿开展相应的教育教学活动更有利于促进教育成效的提升。此外，也应关注研究生的创新动机与创业动机，在充分了解研究生创新创业目标动机的基础上开展教育教学活动，更利于研究生创新创业目标的实现。

4. 研究生创新创业能力水平

研究生的“能力水平”对研究生创新创业教育的影响较大，所占比例为10.42%。在“能力水平”的二级指标中，研究生的决策能力对研究生创新创业教育的影响较大，所占比重为5.52%，学习能力、动手能力、理论知识、独立能力与人文素养对研究生创新创业教育的影响比重分别占1.83%、1.24%、0.91%、0.56%和0.36%。高校开展研究生创新创业教育时，应注重对研究生创新创业能力水平的培养，促进研究生在决策能力、学习能力、动手能力、理论知识、独立能力与人文素养等方面得到有效提升，从而使研究生能更好适应创新创业教育。

5.研究生创新创业的实施方式

研究生创新创业教育的实施方式对研究生创新创业教育的影响所占比例为6.41%。在"实施方式"的二级指标中,研究生的创新实践与创业实践对研究生创新创业教育的影响比重分别为5.13%和1.28%。在研究生创新创业教育实践中,也应重视对研究生创新创业的实践,为研究生提供一定的实践平台和实践机会,从而有效提升研究生创新创业教育的实践成效。

6.研究生创新创业相关的激励支持政策

相关管理部门的"激励支持"对研究生创新创业教育的影响所占比例为4.50%。在"激励支持"的二级指标中,高校的支持政策与政府的鼓励举措对研究生创新创业教育的影响比重分别为3.16%和0.90%。为了有效促进研究生进行创新创业,政府和高校应加强对研究生创新创业的引导,并给予一定的支持,营造良好的研究生创新创业教育氛围和文化。

7.研究生创新创业的师资配备

研究生创新创业教育中的"师资配备",对研究生创新创业教育的影响所占比例为3.27%。在"师资配备"的二级指标中,创新师资与创业师资对研究生创新创业教育的影响比重分别为0.47%和2.80%。教师是影响教育教学成效的关键,高校开展研究生创新创业教育时,应注重对研究生创新创业教育师资队伍的建设,只有研究生创新教育的师资和创业教育的师资较为完善时,才有利于促使研究生创新创业教育有效平稳发展。

7.4 研究生创新创业教育问题分析与思考

通过对研究生创新创业实践教育现状的调查可见,许多高校正在进行研究生创新创业教育改革,但当前研究生创新创业教育的现状并不乐观。

欧美国家高校开展创新创业教育的时间较早,创业教育体系相对成熟和完善,极大地促进了国民经济的增长和社会的进步(如表7.9所示)。与美国、德国、英国等发达国家创业教育相比,我国创新创业教育起步晚。我国高校创业教育始于1998年,清华大学举办首届"创业计划大赛",率先为MBA开设了"创新与创业管理"方向,为全校本科生开设了"高新技术创业管理"课程。

表7.9 美、澳、德、英、日、中等六国高校开启创业教育的标志性时间或年代

时间	国家	事件
1974年	美国	哈佛大学设置了第一门创业课程"新创业管理"
20世纪60年代	澳大利亚	高校开展大学生创业教育
1970年	德国	科隆大学设置了第一个关于创业教育的研究计划和教学课程
20世纪80年代	英国	制订高等教育创业计划，拉开了英国大学生创业教育的序幕
20世纪90年代	日本	制订《大学技术转移促进法》，倡导创业教育，开始了大学生创业教育
1998年	中国	清华大学举办"创业计划大赛"，开设"高新技术创业管理"课程

我国大学生创业大赛中，高校负责部门几乎都是学校的共青团机构，他们将参赛的对象大多定位在本科生，研究生参赛人数相对较少，但是有志参加的研究生几乎在团队中都扮演着组织者和技术力量核心的角色，由此可以看出研究生创新创业力量对高校创业者整体水平的提高和创业质量的保证具有重要的影响作用。因此，各高校逐渐发现研究生对开展高校创业工作的重要性，也开始重视研究生的创新创业教育。

我国高校创新创业教育与发达国家相比相对落后，还没有形成系统完善的创新创业教育理论与实践体系。我国高校创新创业的理论研究不够，创新创业教育实践存在诸多缺陷。目前，我国高校创新创业教育主要存在以下不足：创新创业教育理念滞后、政府的扶持机制匮乏、高校创新创业教育体系缺失、创新创业教育专业师资力量薄弱、研究生创新创业比例有待提高等。

7.4.1 创新创业教育理念滞后

相比发达国家，我国实行市场经济的时间较短，在市场经济环境下创业实践尚不丰富，缺乏创业知识和经验。很多研究生认为创业教育是实现就业的一个渠道，但创业是一种高风险性、不确定性和稳定性不强的活动。在创业过程中，机遇与挑战并存，创业既有可能成功，也可能失败，面对创业还是就业的选择，我国研究生普遍选择就业，创业意识淡薄，缺乏创业的勇气和信心，认为创业是一种万不得已的选择，如果有好的条件、机遇或可能，还是希望到政府机关、事业单位、国有大中型企业等部门就业，向往一种稳定安逸的生活。

在发达国家，研究生创业是一种普遍现象，毕业创业的研究生人数占毕业生总数的10%-20%，有些国家接近30%。在欧美国家，许多研究生在毕业后甚至在读研期间就走上创业之路，微软、雅虎、惠普等著名企业都是美国高校学生创业的成功案例。如今美国95%的财富来自20世纪80年代以后受到良好创业教育的"创业一代"。我国创新创业教育理念滞后是制约我国创新创业教育发展的瓶颈问题。人们不能科学理性

地认识创新创业教育理念，固守陈旧的就业观，就业率仍是评定一所高校教学质量好坏的关键指标，大部分高校追求学生就业率，不敢尝试、不敢突破、不敢创新、不敢革新，高校创业教育的普及推广率较低，这就限制了其发展前景。

此外，高校在开展研究生创新创业教育过程中，普遍存在思想上顾虑多，求稳怕乱，站位不靠前，摆位不突出，检查不落实，致使创新创业教育"好看不好用"，流于形式。特别是高校科技成果处置和收益分配机制改革进展缓慢，教师支持度不够缺乏对外转让、合作转化、作价入股、自主创业等形式将科技成果产业化和带领学生创新创业的机制。高校中近半数的研究生参与创新创业教育的热情不高。出现这样的问题，有多种因素，主要责任在组织领导，根源在合法性不够。现阶段，高校研究生的学术学位及专业学位教育具有明确的合法性，表现在，学术学位研究生教育和专业学位研究生教育有国家承认的授权专业机构，有实体机构（学院、系、中心等），教学与科研具有高度的一致性，配套体系健全（培养计划、实验条件、课程建设、师资培养、师生考核体系等）。而研究生的创新创业教育不具有明确的合法性，表现在，多数高校成立的创业中心和创业学院等基本上为非实体机构；国务院学位委员会公布的学科专业目录里没有创新创业管理专业；多数参加者为兼职人员而非专职人员；教学与科研不一致；配套体系不健全；创业教育多主体参加，谁都做，责任主体不明确，质量缺乏保证。在国外，尤其是在美国，创业已成为美国大学、尤其是商学院和工程学院发展最快的学科，创业学已成为工商管理硕士的主修或辅修专业或培训重点。而国内高校的现存管理体制决定了任何一种教育形式，如果没有明确的合法性，在高校都不可能顺利开展。创新创业教育迫切需要在合法性方面得到正名。

7.4.2 政府的扶持机制缺位

政府出台了不少支持研究生创新创业的政策措施，但在落实环节仍然存在一些问题甚至阻力。部分地方政府部门和相关事业单位在支持研究生创新创业方面态度不一，当涉及一些优惠政策落实的时候，还存在门槛过高、手续烦琐、条件苛刻等问题，挫伤了部分研究生创新创业的积极性。

由于研究生还不是我国现有创新创业大军的主体，工商、税务、人力资源等政府部门对研究生创办企业还不够重视。虽然国家和地方政府对研究生创新创业相继出台了一些优惠政策，但多数研究生对优惠政策不甚了解，不知如何办理优惠手续。甚至一些高校就业指导中心的教师也对政策解读不清，政策的宣传力度或宣传途径不畅，致使研究生创新创业优惠政策处于模糊地带，不能很好落实，发挥不了政策的导向作用。此外，政府创业财政投入资金有待加强，创业行政管理质量有待改善，创业政策有待完善，创业服务水平有待提升，政府对创业的扶持力度还不够。

此外，社会力量是高校研究生创新创业教育的重要来源。多方参与的协同育人机制还不完善，没有能够吸引社会资源和国外优质教育资源投入到研究生创新创业人才培养方面。反映在创新创业教育上，往往是高校在排“独幕戏”，教师在唱“独台戏”，学生在演“独角戏”，高校得不到真活力，教师找不到真感觉，学生学不到真本事，导致教育质量不优，发展动力不足。要扭转这种“老大难”局面，必须在体制机制改革上下功夫，进一步明确各参与主体的责、权、利。

7.4.3 高校创新创业教育体系不健全

近年来，我国设立了一些关于对创新创业教育相关的指导性文件，从制度层面上保障和规范高校创新创业教育的开展。我国高校创新创业教育正逐步从外围、边缘状态向圆心聚向，创新创业教育正逐渐被高校重视，各高校根据国家要求开设创新创业课程，开展创新创业训练，建设创业实习基地等，但就目前而言，我国高校尚未建立完备的创新创业教育体系，很多高校仅开设几门创新创业课程，创业教育意识模糊不清，不能很好地设计课程，教学内容简单，教学方法陈旧，缺乏系统的、制度化的创新人才培养体系，创业资金有限、创业知识匮乏、实践经验不足等成为制约大学生创业的瓶颈。缺乏创业精神和创业教育目标，虽然各高校已将创新创业学分设置纳入在人才培养方案中，但创新创业课程设置简单、随意、课程趋同，缺乏科学性、实践性和创业环境，创新创业课程在人才培养方案中所占比例较小，创新创业教育资金投入有限，缺乏人力、物力、财力、政策和法律、法规的全方位支持，研究生创新创业能力提升空间十分有限。

学校作为教育机构，肩负着为国家培养人才的重任。但在学校管理实践中，重办学规模、轻教育质量，重教育形式、轻教育内容，重学校整体性、轻学生特殊性等现象很普遍，学校主体性没有真正发挥出来。具体表现在三个方面：①创业教育管理机制未理顺。目前高校中比较普遍的现象是教务部门对创业教育的管理缺失或不及时，而教学管理部门如学生管理部门、就业指导部门、团委等却以创业教育教学主体的身份来管理，组织开展了众多的创业授课、竞赛活动；主管教学的校领导很少涉及创业教育，创业教育多数由主管学生工作的校领导分管或者负责；还有科技创新结果并没有跟创业教育结合起来等等。这样造成创业教育管理局面比较零乱，导致教育与教学、学科与教育、创新与创业教育两张皮，很难深入纵向开展。②课程设置问题。课程资源很有限，大部分学校为学生创业开设的课程较少，与国外大学相比差距很大。并且大部分高校课程由国家统一规定，学校课程设置雷同，缺乏自主性，不能根据学校实际进行课程体系建设。此外还存在课程质量不高、课程总体结构不合理等问题。③创业教育的教材问题。教材在内容上普遍存在重复、陈旧现象，并且案例教学存在明显不足，已有的创业教育案例缺乏针对性、新颖性，可供导师使用的案例很少，这和国外的大学相比有很大差距。比如美国的哈佛商学院、肯尼迪政府学院都有自己的案例库。

7.4.4 创新创业课程体系建设迟缓

目前，不少高校并没有针对研究生创新创业教育设计相应的课程体系，主要还是依托创业讲座、创业论坛和创业设计大赛等活动对研究生开展创新创业教育，还有一些高校，虽然有面向研究生的创业课程，但这些课程主要依托管理学院，形成硕士与博士“两位一体”的研究生创业教育课程体系，包括硕士层次的创业管理学位项目，博士层次的创业管理学位项目及全球创业管理培训项目（MBA+科学硕士）。不难看出，该课程体系主要针对相应专业的研究生。因此，认为实施研究生创新创业教育亟待解决的问题是建立面向所有研究生的创新创业教育课程体系。

此外，创新创业课程设计缺乏针对性，创新创业教育需要具有针对性，尤其需要考虑的是学生的创业意愿。对于没有创业意愿的学生，如果创新创业教育只是一味地传授创业技能和技巧，那么必然无法引起学生的学习兴趣，只会让其感到学无所用。相反，对于一些已经明确有创业意向的学生，创新创业教育如果只涉及创业精神而不教授创业技能满足其实际需要，那么创新创业教育对其同样是没有价值的。因此，创新创业教育既要面向全体学生也需要兼顾实际的个人需要，研究生创新创业教育更是如此，研究生除了课程学习还有科研压力，如果创新创业课程不能做到尊重个人创业意愿设计分类课程，真正做到有的放矢，只会让其感到学无所获。这不仅在客观上加重研究生的学业负担，同时也浪费了教学资源。

再者，创新创业课程体系未能与专业教育相融合，研究生创业有知识结构和科研成果上的优势。正是由于其自身是新知识和技术的创造者，研究生在创新创业上有着巨大的潜力，依靠研究生的科研成果与学术积累进入市场有助于形成技术和知识上的优势，阻断潜在的“模仿者”并保证其创业的成功率。这种创新型创业对于创新的知识与技术的依赖是显而易见的，因此，研究生创新创业教育课程设置需要与专业教育相融合。而目前，各高校研究生创新创业教育与专业教育还处于相互分离状态，创新创业教育的理念、课程内容和课程学分设置都没有融入到各专业的人才培养方案中。

7.4.5 创新创业教育专业师资力量薄弱

纵观发达国家创业教育，其师资队伍主要由资深专家、成功人士、政府官员组成，其经验丰富，熟悉创业流程和企业发展变化、运营规律。高校创新创业教育是一项将创新创业理论与实践相结合的指导性活动，这就要求高校从事创新创业教育的教师具备扎实的创新创业理论知识、素养和丰富的实践经验，从而游刃有余地驾驭课堂，激发研究生创新创业的热情和兴趣，增加研究生创业的信心，将第一课堂、第二课堂与第三课堂充分融合，将创新创业理念与实践紧密结合。然而，从整体上说，我国高校创新创业教育指导教师缺乏创业知识、创业经历、专家素养、企业家精神和丰富的实践经验，创新创业教育师资队伍参差不齐，通常由就业指导课教师和高校辅导员等兼任，绝大多数创新创业教育指导教师没有开公司、办企业等创业实践经历和经验，缺乏创业体验，其整体素质难以满足创新创业教育实践教学的需要，缺乏一支专业化的创新创业教育师资队伍，致使我国高校研究生创新创业教育效果大打折扣。

作为一种新的教育模式，研究生创业教育更注重培养研究生的创新创业能力。但是，目前我国研究生创业教育存在两个极端：①重理论、轻实践，如单纯地进行理论研究，缺少围绕创业教育进行的创新创业实践；②重实践、少理论，如忙于各种课题或项目，缺少理论研究，从而造成原始创新力不强，创业能力不足。造成这种现象的根本原因，就是导师主体性缺失。很多导师只是专长于理论研究，缺乏实践应用的经验和能力，因自身缺乏创业经历，在教学中更多倾向于理论教学，简单地照本宣科，对学生缺乏吸引力，致使研究生学习过程也缺乏有效的实践，创业教育流于形式。在教学方式方法上，也是以导师讲授为中心，采取单向灌输方式，忽略研究生的主观能动性，研究生成了“留声机”和“复印机”，缺乏学习、创新的积极性，也不能很好地进行创新创业，满足不了市场需求，这是目前我国各大学创业教育中普遍存在的问题。导师只“授之以鱼”而不“授之以渔”，学生“知其然，不知其所以然”，并未掌握创业要领，导师“导”的主体性并未充分发挥出来。

第8章

研究生科研创新能力调研与评价体系构建

8.1 研究生科研创新能力培养价值

8.1.1 时代背景

1.科研创新——时代的要求

随着十九大的召开，国家对于高等教育的教育质量重视程度不断提高，研究生教育现状及前景已引起社会各界的思考和广泛关注。创新是一个民族进步的灵魂，是国家兴旺发达的不竭动力，创新作为当今社会中的热词，是引领发展的第一动力。一个没有创新能力的民族难以屹立于世界先进的民族之林。研究生已成为高校承担科研创新职能的主力军，其科研创新能力既影响着高等学校整体知识框架体系的创新水平，更关系着国家各个科研部门整体的创新能力。因研究生教育质量在国家创新人才建设体系中起着重要的作用，从《面向21世纪教育振兴行动计划》提出要大力培养具有较高科研创新能力水平的人才，到《国家中长期教育改革和发展规划纲要(2010-2020年)》明确指出要"着重提升研究生科研创新能力水平，大力开展哲学社会科学研究、自然科学、技术科学"，都是围绕"研究生科研创新能力培养"这一主题展开的。科研创新能力作为研究生教育中的核心部分，是我国教育教学事业发展的重要力量。如今，随着人才供给量的逐年攀升，社会各用人单位对高校人才输出质量有了更高的要求，不再局限于学历和文凭，还必须具有较强的科研创新综合实力。如果学校的研究生培养体制不完善，则会影响研究生创新能力的发展，并限制学生创新意识和创新思维的发展。目前国内在研究生培养方面，教学方式还比较单一，主要以传授和灌输知识为主，教师是整个教学过程中的主导者，阻碍了研究生创新思维的发展。这种教学方式以理论知识传授为主，缺乏实践，导致研究生在学习过程中不善于动手操作；原有教学资源的缺乏，导致学生知识面不够广，缺乏主动投入科学研究的积极性和欲望，一定程度上阻碍了其科研创新能力的提升。

2.研究生科研创新能力培养的重要性

习近平总书记和李克强总理在国务院学位委员会会议中多次指出，要加快我国经济发展、解决深层次的矛盾，要以创新带动发展，给再创造和创新更多空间。《国家中长期教育改革和发展规划纲要（2010-2020年）》提出：到2020年，基本实现教育现代化，强调支持研究生创造性科学研究活动、促进科研创新与教学互动、与创新人才培养相结合。对硕士研究生而言，科研创新能力是其创新能力的直接体现。硕士研究生在掌握基础知识的同时，若缺乏科研创新意识和欲望，这样在一定程度上会滞后高校科研水平的提升。随着社会用人单位对创新知识和创新人才要求的不断提升，研究生身为社会和国家的主力军，只有在不断提升自身科研创新能力的同时，才能适应社会进步发展的要求。2011年2月13日刘延东副总理在国务院学位委员会会议上的讲话中多次指出，要深入推进硕士研究生培养策略和培养模式的改革。近年来，随着国家对研究生教育质量要求不断提高，原有的研究生培养机制也暴露出许多的问题，如硕士研究生动手实践和科研创新能力不强、质量评估针对性不强等，全面评价当前的教学机制，提出提升策略也是急需解决的问题。一定程度上要扩大各企业及相关部门等社会力量的参与力度，构建应用型人才和产学研合作的培养新机制。同时，本书以如何评价研究生科技创新能力为重点，更新研究生培养模式，有针对性地提出科学规范的硕士研究生科研创新能力评价指标体系，促进基础课程学习和科研创新训练的有机结合，鼓励科教结合、多学科交叉培养硕士研究生的科研创新能力。在创新思维和创新意识的驱动下，利用所学知识在自己的专业领域发现、分析和解决问题，为社会、经济、生态价值的新思想、新理论、新方法和新发明贡献力量。

8.1.2 价值体现

对科研创新能力进行评价，一方面可以推进我国研究生教育事业的可持续发展，另一方面可在较大程度上提升研究生教育质量，评价研究生科研创新能力主要有以下五个作用。

1.鉴定作用

用所规定的合格标准，来区分和判别评价对象的优劣程度，有助于高校衡量硕士研究生的培养质量，并为社会所需创新人才的输出提供保障。

2.导向作用

其评价结果，对前期评价指标体系的制定、后期评价结果的借鉴及高校人才培养质量的提高，都会起一定的导向作用。

3.诊断和改进作用

对硕士研究生科研创新能力的评价，不仅可以提升研究生的信息素养，也可以为其创新素养的提升做铺垫。一方面对硕士研究生清晰认识自己的长处和不足有重要的作用；另一方面对于高校诊断教学问题，改进工作，提高教学质量有不可替代的价值。

4.监督作用

监督作用主要体现在两个方面，一是监督高校落实执行国家文件规定的相关事宜，保证学位授予质量；二是在研究生科研创新能力的评价过程中，获取大量的反馈信息，为研究生有关管理部门提供参考资料和决策依据。

5.激励作用

评价过程既可以激发研究生的学习动机，又可以调动其专注科研的积极性和主动性，确保对硕士研究生自身发展和培养过程的良性循环。

研究生科研创新能力评价的现实意义主要体现在个人层面、学校层面和国家层面三个方面。第一，从个人层面来看，对研究生科研创新能力深入评价有利于发现自我、完善自我。第二，对高校来说，既可以取长补短，调整培养模式，又可以为公平公正地考核学生的科研创新能力提供现实参考，进而激发学生的学术创新热情。第三，从国家层面看，硕士研究生作为国家科研创新力量的后备军，对于国家科研水平可持续发展有着重要意义。硕士研究生科研创新能力的提高可以推动学位与研究生教育改革的发展，促使研究生自觉贯彻落实“创新、协调、绿色、开放、共享”五个发展新理念。其相关研究有助于提高科技创新能力，加快推进课程、师资等优质教育资源共享，推动我国教育整体水平的不断提高。

8.1.3 国内外研究现状

1.教育评价研究现状

美国自颁布《不让任何一个孩子落后》教育法案后，加大了教育大数据的应用。从2001年开始关注大数据在教育决策与评价中的应用，并投入大量财力、物力与人力，这为大数据在教育评价中应用的相关研究提供了参考。

随后包括法国、日本等各个国家也大力将大数据应用到教育评价中，国外专家学者指出，数据可以为不同层次与目标指向的教育评价提供直观且可靠的依据，帮助家长、教师、管理者、教育决策者等客观了解教育的发展方向，对学生学习成果的科学评价及教师教学的有效性提供帮助，为美国教育可持续发展提供了改进路线图。2012年3月，美国政府提出利用数据资源做好教育评价工作，将具体评价工作精准化、数据化，为教育评价的进一步发展提供新途径与新思路。

通过美国学者对于教育评价的研究，可以知道使用数据说明问题远胜过文字的表达力度。大数据对于教育评价的作用，既丰富了教育评价的内涵和功能，又可以支持教育教学的决策，美国的学校一般利用基于大数据的教育评价来推进学校的整体发展，优化教学管理等工作。利用客观数据确保教育评价过程和结果的全面性、客观性与可靠性，有效提升教育教学质量、促进教育的全面发展。

纵观国外教育评价的相关研究可以得出，教育评价的理念，是从知识论到认知论的发展转变过程，教育评价领域的研究者认为，评价以知识建构为认知过程，能够激发个体的潜能；教育评价的目的，是从遴选到问责，从鉴别到诊断，实现个体的不断转变。进入教育大数据时代，技术的进步在很大程度上促进相关评价功能的实现，催生了一批以KNEWTON和可汗学院课程等为形式的网络课程，记录学生的学习过程，实现学习者个性化教育的需求；教育评价的工具，从标准化到情境化，从纸笔化到数字化。

总结国外对于教育评价的研究与实践应用过程的经验：评价过程中强调以人为本，并将评价贯穿于整个学习过程，基于大数据的评价，预示着教育评价领域更上一个台阶。文献综述可知，我国主要从以下几个方面开展教育评价工作。

①从提升国家未来竞争力进行人才储备的高度，开展教育评价

对学生是否具备适应未来社会发展的核心素养进行评价，并与终身学习相关联，以学生成功适应互联网时代和人工智能时代为目标。对当下的教育评价要以更加长远的目光和面向未来的视角来开展。

②以评促教，推动我国教育评价指标体系的标准化建设

以评价促培养，以人为本，转变评价的重点，使教育目标逐步从传统的教学过渡为创新思维的训练和核心素养的培养。

③整合多学科力量，开展大数据时代的教育评价研究，促进学生创新能力的发展

整合多学科资源，达到提升学生创新能力的培养目标，拓宽知识视野，大数据时代的教育评价正在开启教育评价的新模式。通过对数据的统计分析，制定相应的学习方案，嵌入式评价是其中一种比较重要的评价方式，通过此评价方式，为学生提供个性化服务和指导。

2.科研创新能力研究现状

在国外，针对硕士研究生科研创新能力的评价开展得较早，也比较深入。兰森(Lanser，E.G.)就导师对于硕士研究生科研创新能力的影响作了分析，认为导师和研究生的关系不仅仅是一种教育和学习关系，更是一种合作的关系，导师主要的工作是引导研究生学习，形成自主学习、独立思考、富有创新意识的习惯。史密比(Smeby)提出撰写硕士学位论文和申请研究生科研创新项目，是非常重要的训练模式，在具体实施的过程中，训练研究生以创新性思维和批判性思维的方式处理问题。欧内斯特·瑞德在《The Highest Education：A Study of Graduation in Britain》一书中，全面阐述了英国硕士研究生科研创新能力的培养过程，并且认为硕士研究生的科研交流场所不仅仅是在寝室，也可以是在研究实验室、常规实验室、图书馆和研究室等。

英国大学在研究基础上得出的科研创新评价体系，是在英国全国范围内实施的科研标准，被认为是欧洲最先进的科研评价体系之一，具有社会化、透明化、定性和定量相结合的特点。荷兰大学协会制定的科研评估体系，注重内部和外部评估相结合的过程，注重定性和定量评价相结合的过程。

总而言之，国外对研究生科研创新能力评价开展较早，并对其培养和提升策略做了深入探究，国外对于结构方程模型(SEM)的研究，主要集中在影响因素相关性的研究、评价指标体系的建构、竞争力和满意度的评价分析等领域。其中，对研究生科研创新能力的评价指标体系比较完整，具有一定的借鉴意义。笔者借鉴国外研究经验，利用SEM来评价硕士研究生的科研创新能力，构建评价指标体系、建立结构方程理论模型、进行假设验证，最后进行SEM的实证研究，依据研究结果，提出培养硕士研究生科研创新能力的策略，对提升我国教育质量，具有非常重要的意义。

通过分析文献，当前我国关于硕士研究生科研创新能力的研究主要集中在以下几个方面：(1)对科研能力的初步评价。大量文献中有关研究科研能力的评价，是通过形成性评价和总结性评价的方式，在层次分析法和TOPSIS法的思路上总结出目标分析最优指标法，来初步评价科研能力。在研究方法上，前人采用的评价指标设计问卷，根据收集的样本数据基于组合赋权法对指标进行赋权，采用专家咨询法和主成分分析法来

进行针对性评价，但其评价体系主观因素较大，还需要用到其他方法进行验证。(2)对研究生科研能力结构要素的研究。前人就研究生科研创新能力影响因素进行了调查和深入探究，界定了研究生科研创新能力的影响要素，并在此基础上进一步调查分析，结果发现，各学科研究生所需基本科研能力结构要素既有共性，又有个性，主要有逻辑推断能力、问题解决能力、创新能力、信息收集和加工能力。(3)对硕士研究生科研能力培养的研究。通过阅读文献，在研究生科研能力的研究过程中，分析出跨学科团队对于研究生创新意识的提升有很大的帮助，论述培养和提升研究生科研创新能力的有效方法，借鉴国外已有经验，不断加强和完善，适应社会需求，培养研究生的创新意识具有十分重要的意义。

通过分析国内外研究文献，借鉴国外经验，结合我国对研究生科研创新能力评价的整体状况，从中总结得出以下几点：(1)对硕士研究生科研创新能力的研究偏少；(2)硕士研究生科研能力及影响因素研究比较多，而对高校硕士研究生科研创新能力进行标准评价比较少，且评价体系不够健全、静态性大；(3)硕士研究生科研创新能力的评价方法很多，但是用结构方程模型(SEM)进行辅助评价的较少。在研究生进行扩招的背景下，进一步用客观、定性和定量相结合的方法来评价硕士研究生的科研创新能力显得格外重要。

8.2 教育评价与科研创新能力内涵与实践联系

8.2.1 教育评价及科研能力的内涵

1.教育评价

教育评价是指在一定教育价值观的指导下，依据确立的教育目标，通过使用一定的技术和方法，对所实施的各种教育活动、教育过程和教育结果进行科学判定的过程。纵观教育评价理论与实践的发展历史，一般认为教育评价大致经历了古代的传统考试、近现代的科学测试和当代的科学评价三个不同时期。因此，教育评价来源于古代学校对学生的学力检验，但是，教育评价系统的理论和方法的形成，则直接来源于20世纪初兴起的一种以追求考查教育效果的客观性为目的的教育测验运动。

2.科研能力

国内外，有关能力含义的研究主要集中在教育学、管理学和心理学这三个领域。许多的专家和学者都认同心理学领域对能力的定义，即能力是一种心理特征，是顺利实现某种活动的心理条件。科研能力是由多种不同能力组成的能力。科研能力即人们在现实研究中,运用科学方法和所学知识,去探究未知领域和解决实际问题的过程中,所形成的各种心理品质和能力。

3.硕士研究生科研能力

硕士研究生科研能力是研究生独立从事科研活动所必须具备的各种能力要素的综合。一定程度上是研究生在完成科研项目等活动中所具备的能力,科研活动的内容主要有发表的学术论文、独立项目情况和参与项目情况、实验研究、科技竞赛、专业学术交流和科技创造等。所以,研究生在具备一定科研素养的前提下,可以顺利进行一切科研创新活动,提升创新综合能力。

4.研究生的创新能力

创新能力一词是由拉丁文中“creare”一词演变而来,主要有造就、生产、创造、创建等意。《辞海》中将其解释为:进行创造和发明的能力,包括寻求问题的解决途径与方向、评价和预见能力、问题的发现能力以及完成某种操作和对设想进行检验的能力等。通过国内外有关创新能力文献的分析,将创新能力的概念总结为:一个人或者群体,在继承和批判前人的基础上,通过自身努力,创造性地提出新发现、新发明和新改进的能力。孙美兰,唐龙(2010)认为,研究生的创新能力包括科研创新能力、创造思维能力、前沿把握能力、知识吸收能力和学术交流能力,其中科研创新能力、创造思维能力、前沿把握能力是研究生创新的关键能力,知识吸收能力和学术交流能力是研究生应该具备的基本能力。沈瑛(2012)指出,创新能力是一种综合能力,主要包括创新意识、创造思维和探索精神,善于发现问题,并能综合运用科学知识创造性解决问题等能力。马云阔(2013)等人提出,研究生创新能力的组成要素有合理的知识结构、强烈的创新意识、活跃的创新思维、敢于探索的创新精神和创新实践能力。因此,研究生的创新能力是指研究生在学习和创造的过程中,运用已有的科学知识、创新思维和创新精神,创造某种符合社会意义或实现个人价值,并具有一定独创性和革新性产品的活动而具备的综合能力。

5.硕士研究生的科研创新能力

科研创新能力,从字面意思上理解,即在科学研究中的创新能力。而现有的研究中,对科研创新能力并没有一个非常清晰的界定。史建君(2013)、甘纪平(2011)等人认为,研究生科研创新能力是通过跨学科领域进行以探索真理为目的,普遍理智创造活动所需的综合能力,主要指发明新事物,应用新技术、新手段的能力以及对未知世界的探究能力。王俊淇(2013)指出,科研创新能力要能在不同的广度、视角、理论支持实践等方面创造性地完成科研创新活动，并取得创新性成果的过程。

实际上研究生的创新能力主要指研究生的科研创新能力，而有些研究中将创新能力等同于科研创新能力。与创新能力不同的是，科研创新能力是研究生采用新的创新手段和方法建立新的体系和理论、发现新的现象和规律。因此，科研能力是科研创新的必要条件，科研创新能力是科研能力的具体体现。因此，本研究中把研究生的科研创新能力作为独立对象进行量化研究，避免与难以量化的指标混淆，使得研究更有针对性和科学性。

8.2.2 硕士研究生科研创新能力的影响因素及特点

科研创新能力是高层次人才必备能力之一。长期以来，我国研究生培养中存在诸多问题，导致我国研究生科研能力较为薄弱。李小昱(2009)认为，现阶段研究生科研创新能力培养还存在着管理和培养的不足、教育模式与教学内容的设计缺乏创新性。王艳丽(2014)在研究中得出，文科硕士研究生科研创新能力偏低，创造实践能力和知识再创新远低于理论中值，且标准差较大。在影响因素中，个人因素影响最大，其次是导师因素，最后是培养机制。李祖超(2014)利用SEM研究了理工科研究生科研创新能力的影响因素，从中得出：理工科研究生涉及科研的深度、广度以及动机能正向影响其科研创新能力。基于前人研究，可知研究生科研创新能力受诸多主观与客观因素的影响，主观因素包括：个人参与科研的动力与动机。客观因素包括：导师的指导以及培养方案等，如图8.1所示。

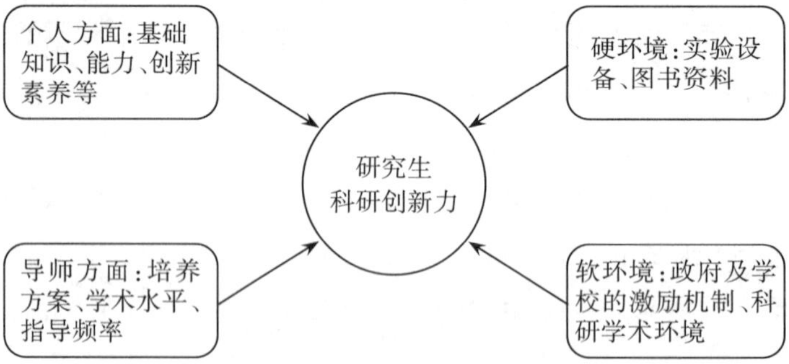

图8.1 硕士研究生科研创新能力的影响因素

通过对相关文献的分析，得出前人在研究相关影响因素时，相比研究内部因素，对其外部因素研究居多，在本研究中笔者借鉴前人研究思路，主要从硕士研究生科研创新能力的内部影响因素展开研究。同时，将硕士研究生科研创新能力的影响因素分为三个层次，从底层到高层依次是：表层要素、内层要素和高层要素，如图8.2所示。

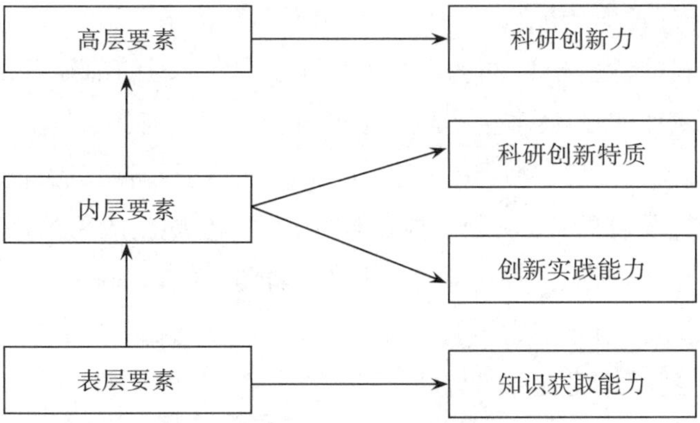

图8.2 硕士研究生科研创新能力影响因素

表层要素通过知识获得能力判断研究生是主动学习，还是被动接受；内层要素则通过科研创新特质和创新实践能力来分析研究生综合能力；高层要素是表层要素和内层要素一定程度上的升华，即从前期基础知识的学习到后期创新成果的输出，这一阶段也是研究生科研创新能力提升过程的展现。

8.3 研究生科研创新能力评价指标体系构建

8.3.1 基本设计思路

通过专家咨询问卷、访谈问卷和调查问卷，再依据多轮专家的反馈意见，反复修改指标，确定最终的评价指标体系，体现其可操作性。系统性原则主要体现为，在研究生科研创新能力整个复杂系统中，各个潜变量，如：知识获得能力、科研创新特质、创造实践能力和科研创新成果各自作为一个子系统，每个潜变量都需包含几个观测变量，使其可观测、可被评价。利用定性和定量结合原则，在指标体系的设计过程中，对于不同的一级指标及所包含的二级变量进行量化，确定一、二级指标之间的影响效应系数。

对硕士研究生科研创新能力进行评价，应该从系统的角度出发，遵循系统性原则，将总目标系统划分为若干子系统，并详细分析每个子系统，确保能够从代表的某一个侧面反映对硕士研究生科研创新能力的影响程度和本质展开实证研究。

8.3.2 设计指导思想

基于以上思路，本研究在确定评价指标和构建评价指标体系的过程中，明确设计该评价指标体系的指导思想，即借鉴系统论的观点，运用定性与定量相结合的分析方法，立足客观现实，尊重科学，在借鉴国内外相关经验的基础上，总结我国硕士研究生教育的特点，并充分考虑构成硕士科研创新能力的结构子要素。立足全面评价和充分体现硕士研究生科研能力的内涵和特征，确保在科学合理的前提下，构建科研创新能力评价指标体系，使得指标体系在实际应用的过程中更加可靠、简洁。

在沃拉斯创新四阶段模型理论等理论基础的支持下，科研创新能力的培养遵循四个阶段：准备阶段、孕育阶段、明朗阶段和检验阶段，在创新成果的基础上逐渐向明朗阶段推进，最后对已经形成的评价系统进行反复验证。建立硕士研究生科研创新能力的评价指标，既要考虑硕士研究生自身知识的局限性，也要促进其创新思维的发展，评价过程要得当，达到以评促发展的目的。

8.3.3 评价指标体系构建

在文献分析的基础上，借鉴德尔菲法构建研究生科研创新能力的评价指标体系。德尔菲法是充分利用专家的经验和知识，采用匿名的方式使每位专家在独立地、不发生横向沟通的情况下做出判断，通过几轮反馈，专家意见逐渐趋同，如图8.3所示。

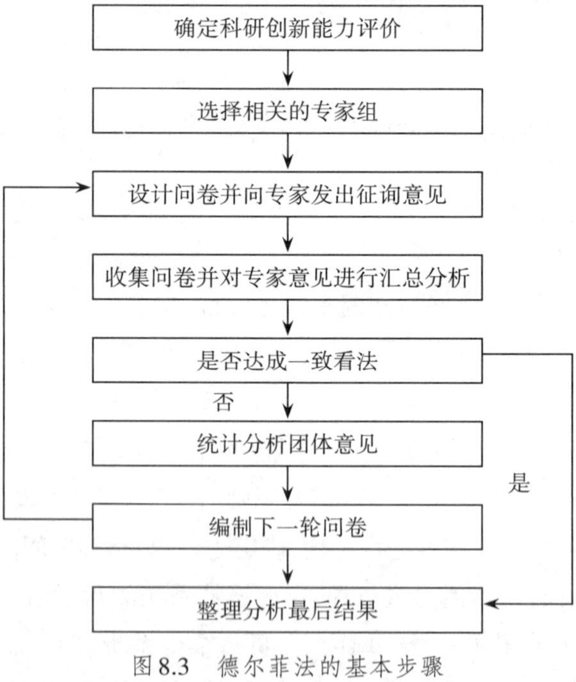

图8.3 德尔菲法的基本步骤

通过确认所研究的问题，选择相关的专家组，设计问卷，并通过线上和线下方式发送问卷，分析回收问卷，看专家意见是否一致，若意见一致，可以直接整理分析最终结果，如果意见未达成一致，分析团体意见，编制下一轮问卷，最后整理分析结果。

硕士研究生科研创新能力的影响因素有很多种，有物质等外部因素，也有自身能力等内部因素。据文献分析，外部因素在条件较差时，作用明显，但达到一定程度后就变得不明显了，如图8.4所示；而内在因素发挥的作用正好相反，如图8.5所示。

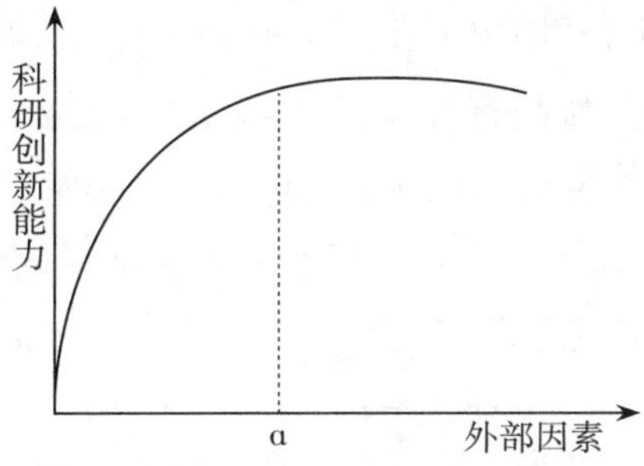

图8.4 外部因素与科研创新能力的关系

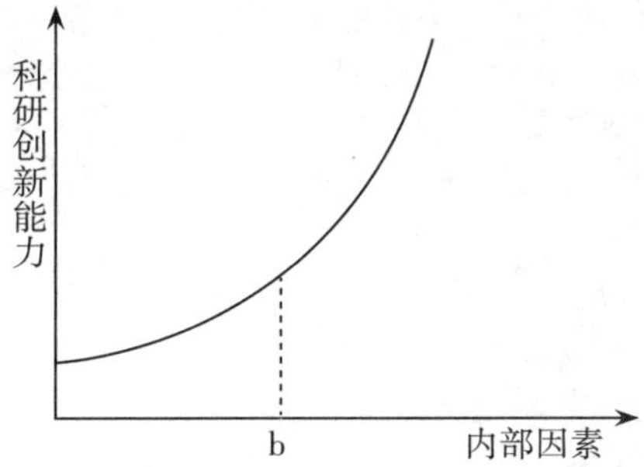

图8.5 内部因素与科研创新能力的关系

目前，我国硕士研究生培养时所需外部因素都基本上能满足，如果确保图8.5中外部因素即社会、物质等条件始终处于α点右侧，则硕士研究生的内在因素起着决定性作用，所以本研究主要从硕士研究生的内在条件方面来评价其科研创新能力。

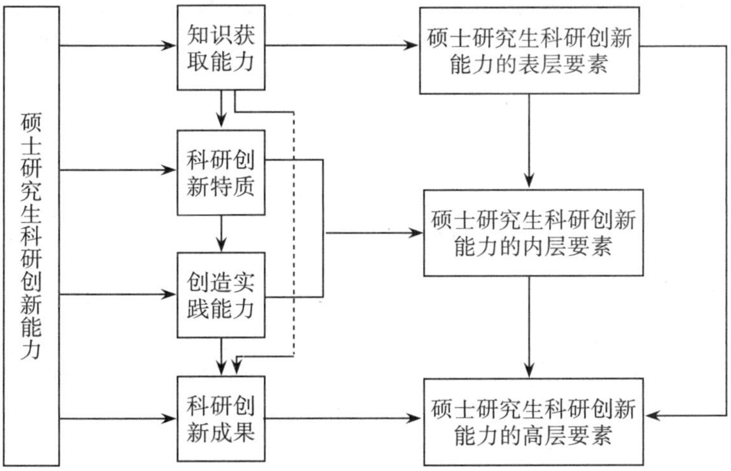

图8.6 研究生科研创新能力结构框架

通过分析文献，设计硕士研究生科研创新能力的影响因素及评价研究访谈问卷和专家咨询问卷。访谈问卷中设计了六个相关的问题，且前四个问题要求所填答案至少为3条，后面两个问题自由填写，以确保收集的答案更全面；专家咨询问卷设计包含三个部分:专家基本情况、一级指标确定和二级指标确定。通过线上和线下相结合的方式进行深度访谈,在此基础上利用专家咨询法和德尔菲法,收集专家组多轮反馈意见,确定评价指标,筛选出4个一级指标和18个二级指标,确定他们之间的关系和框架图,如图8.6所示,并构建硕士研究生科研创新能力评价指标体系,如表8.1所示。

表8.1 硕士研究生科研创新能力评价指标体系

评价对象	一级指标	二级指标
硕士研究生科研创新能力	知识获得能力	基础知识
		专业知识
		课外阅读
		感悟能力
	科研创新特质	批判精神
		想象力
		观察力
		创新意识
		毅力
	创造实践能力	运用知识能力
		分析总结能力
		实验操作能力
		表达能力
		逻辑推理能力
	科研创新成果	学术论文成果
		课题项目
		学位论文情况
		发明与专利

8.4 科研创新能力评价SEM实证分析

8.4.1 数据来源与分析

1.数据来源

为了完成硕士研究生科研创新能力评价工作，文章采用问卷调查的方法，针对硕士研究生科研创新能力评价设计调查问卷。用于进一步验证硕士研究生科研创新能力评价指标体系的科学性，测量评价指标体系中各级指标的重要性，为理论模型的构建做铺垫。

该问卷包括两个部分：基础部分和主体部分，本次问卷采用乐调查在线问卷平台发布问卷，收集相关数据。共发放问卷800份，收回788份，对收集的问卷进行前期整理，其中有效问卷有755份，有效回收率为94.4%，具体调查人群包括：重庆大学、西南大学、西南政法大学、重庆师范大学、重庆邮电大学、重庆交通大学、重庆医科大学、四川外国语大学、四川美术学院、重庆理工大学、重庆工商大学11所学校及全国其他高校的在读硕士研究生，为保证问卷的有效性和可靠性，进行了信度、效度检验。信度测验问卷的可靠性和稳定性程度，结果用信度系数来表示，系数越大，说明测得的结果越可靠。效度即有效性，指问卷能测出预测量变量的特征或功能的程度。

样本选取范围定位在重庆市11所高校的硕士研究生和全国各地其他学校硕士研究生，在“所在学校”一题中，选择“其他学校”这一选项的人数所占比例达到了11.88%，仅次于重庆师范大学所占研究生的比例13.45%。13个专业类别中教育学专业所占百分比最高，为15.92%。在此次调查中发现女生居多，占56.95%；研究生二年级的学生也占比最多，为43.27%；有63%的不是通过跨专业考上的研究生；另外，导师对自己所带研究生指导处于一般状态的有51.07%。

2.调研数据分析

（1）核心变量描述性统计分析

分析调查问卷所得数据，首先是对样本数据进行描述性统计分析，笔者利用SPSS26.0计算每个二级指标的标准差、最小值、最大值、平均数以及偏斜度和峰度，分析结果如表8.2所示。

表8.2　描述统计表

指标	总数	最小值	最大值	平均值	标准差	偏斜度	峰度
基础知识	755	1	5	2.79	1.137	.255	-.701

续表

指标	总数	最小值	最大值	平均值	标准差	偏斜度	峰度
专业知识	755	1	5	2.87	1.120	.149	-.705
课外阅读	755	1	5	2.88	1.056	.144	-.650
感悟能力	755	1	5	2.56	1.085	.448	-.317
批判精神	755	1	5	3.10	1.016	.042	-.637
想象力	755	1	5	2.83	1.089	.375	-.328
观察力	755	1	5	2.71	1.023	.238	-.702
创新意识	755	1	5	2.85	1.102	.235	-.434
毅力	755	1	5	2.78	1.054	.293	-.510
运用知识能力	755	1	5	3.00	1.054	.107	-.698
分析总结能力	755	1	5	2.80	1.051	.385	-.297
实验操作能力	755	1	5	2.60	1.053	.363	-.498
表达能力	755	1	5	2.68	1.056	.370	-.590
逻辑推理能力	755	1	5	3.00	1.052	.225	-.535
学术论文成果	755	1	5	2.65	1.060	.255	-.818
课题项目	755	1	5	2.36	1.061	.607	-.700
学位论文情况	755	1	5	2.28	1.060	.758	-.439
发明与专利	755	1	5	2.15	0.059	1.175	.390

由表8.2可知，各二级指标的最小值都是1，最大值都是5，表明被调查者对问卷所设计问题的回答具有较大的差异。从平均值来看，科研创新特质中各个指标的均值普遍比较大，最大值达到3.10（科研创新特质的第一个指标批判精神），科研创新成果的各指标均值比较小，最小值为2.15（科研创新成果的第四个指标发明与专利）。标准差集中在1左右，说明被调查对象对选项中问题回答的差异性不是很大。从各指标的偏度（对分布偏斜方向和偏斜程度的测度）和峰度（顶端的尖峭程度）来看，本书所涉及的每个指标的偏度值和峰度值的范围都在(-1,1)之间，满足正态分布的估计要求，从样本的描述性统计中可以得出，样本数据的整体表现良好，可继续检验其信度和效度。

（2）信度分析

信度，即可靠性，它度量的是各测量指标之间的一致性及稳定性。信度的估计主要通过Cronbach´s Alpha系数的大小来表示，当0.5<Cronbach´s Alpha<0.7时，认为调查问卷测量结果可以被接受，当Cronbach´s Alpha>0.7时，认为问卷测量的结果处于高信度水平。

本研究运用SPSS26.0统计软件对样本数据进行处理，对各一级指标之间的一致性及一级指标与各自二级指标之间的一致性做信度分析，分析整个问卷总体的信度Cronbach´s Alpha为0.933>0.7，说明测量结果达到了高信度水平，分析结果如表8.3所示。

表8.3　科研创新能力变量的可靠性统计量

Cronbach′s Alpha	项数
.933	24

科研创新能力各一级指标的Cronbach´s Alpha和一级指标总的Cronbach´s Alpha的分析结果如表8.4所示。

表8.4　科研创新能力一级变量的信度分析结果

<table>
<tr><th>一级变量</th><th>指标数量</th><th>Cronbach′s Alpha</th><th>整体Cronbach′s Alpha</th></tr>
<tr><td>知识获得能力</td><td>4</td><td>.885</td><td rowspan="4">0.918</td></tr>
<tr><td>科研创新特质</td><td>5</td><td>.895</td></tr>
<tr><td>创造实践能力</td><td>5</td><td>.901</td></tr>
<tr><td>科研创新成果</td><td>4</td><td>.890</td></tr>
</table>

表8.4分析的结果是去除问卷中最前面的6个基本问题，有针对性地对4个潜变量和18个观测变量分别做的效度分析和总的信度分析，整体Cronbach´s Alpha为0.918 > 0.7，各指标的测量水平也处于高信度水平。

(3)效度分析

效度，可以使调查问卷数据化，更加科学地衡量科研创新能力各指标达到的程度，其测量结果是指问卷所选取的问题是否具有代表性、合理性和针对性，效度也是指研究所得到的测量值与真实值的接近程度。学术界通常采用KMO值和巴特莱特球形检验来检测问卷是否适合做因子分析，从而进行效度检验。KMO的取值范围在0到1之间，当KMO < 0.5时，极不适合做因子分析；当0.5≤KMO < 0.6时，不太适合；0.6≤KMO < 0.7之间，表明问卷可以做因子分析；当0.7≤KMO < 0.8之间，表明问卷适合做因子分析的程度一般；当0.8≤KMO < 0.9时，表明适合做因子分析。KMO > 0.9且接近于1时，表明非常适合做因子分析。

表8.5　调查问卷的KMO和Bartlett的检验

<table>
<tr><td colspan="2">取样足够度的Kaoser-Meyer-Olkiny度量</td><td>.945</td></tr>
<tr><td rowspan="3">Bartlett的球形度检验</td><td>近似卡方</td><td>3903.572</td></tr>
<tr><td>df</td><td>153</td></tr>
<tr><td>Sig.</td><td>.008</td></tr>
</table>

利用SPSS26.0统计软件进行KMO和Bartlett的检验，结果如表8.5所示。KMO的值为0.945大于标准值0.9，表明非常适合做因子分析，Bartlett的检验统计量的观测值为3903.572，其显著性为0.008 < 0.01，说明各变量之间并非对立，而是有共同因素，也表明该组样本数据之间相关性较高，适合做因子分析。

依据上述分析，在此基础上，运行统计软件SPSS26.0检验各潜变量的KMO值和Bartlett值，如表8.6所示。

表8.6 各潜变量的KMO值和Bartlett值检验

一级变量 / 信效度		知识获得能力	科研创新特质	创造实践能力	科研创新成果
KMO		.789	.862	.856	.807
Bartlett的球形度检验	近似卡方	570.443	841.060	897.674	568.422
	Df	6	10	10	6
	Sig.	.000	.000	.000	.000

基于上述调查问卷信度和效度分析的结果显示：该问卷的效度良好，非常适合做因子分析；依据样本数据分析结果得出各指标的信效度也良好，再一次验证了本书所构建的硕士研究生科研创新能力评价指标体系的合理性、科学性和可靠性，为进一步开展结构方程理论模型的构建和实证研究奠定坚实基础。

8.4.2 科研创新能力评价SEM实证分析

1.科研创新能力评价SEM变量的选择

根据构建的硕士研究生科研创新能力评价指标体系，选取变量指标。本研究设定了4个潜变量，即知识获得能力、科研创新特质、创造实践能力和科研创新成果。每个潜变量由若干个观测变量表示，它们分别是：

①知识获得能力：知识获得能力对所包含的4个二级变量都有影响，二级变量也对一级变量有一定的影响，它们之间是相互影响的关系，所以定义知识获得能力是内生潜变量，其所属观测变量为内生观测变量(4个)。

②科研创新特质对其他变量有影响，且能被其他变量影响，所以定义科研创新特质为内在潜变量，其二级变量为内生观测变量(5个)。

③创造实践能力对其他变量有影响，且能被其他变量影响，所以定义创造实践能力为内在潜变量，其二级变量为内生观测变量(5个)。

④科研创新成果是指研究生创新能力提升所输出的成果，如学术论文情况、项目、

发明专利等，科研创新成果一定程度对其他变量有显著的影响，所以定义科研创新成果为内生潜变量，其所属观测变量为外生观测变量(4个)。

2.科研创新能力结构方程理论模型构建

(1)测量方程理论模型

本研究的科研创新能力结构方程假设从两个方面来看，一是测量模型假设，二是结构模型假设。测量模型表示的是观测变量与潜变量之间的关系，即所取指标是否能够很好体现硕士研究生的科研创新能力。对于观测变量之间是否具有表现某一潜变量的内部一致性，需要做出假设，并对观测变量进行定量分析对比，运用结构方程进行验证。四个潜变量也是无法直接来评价科研创新能力的，要通过观测变量来提出假设，进行验证，测量方程理论模型假设如图8.7所示。

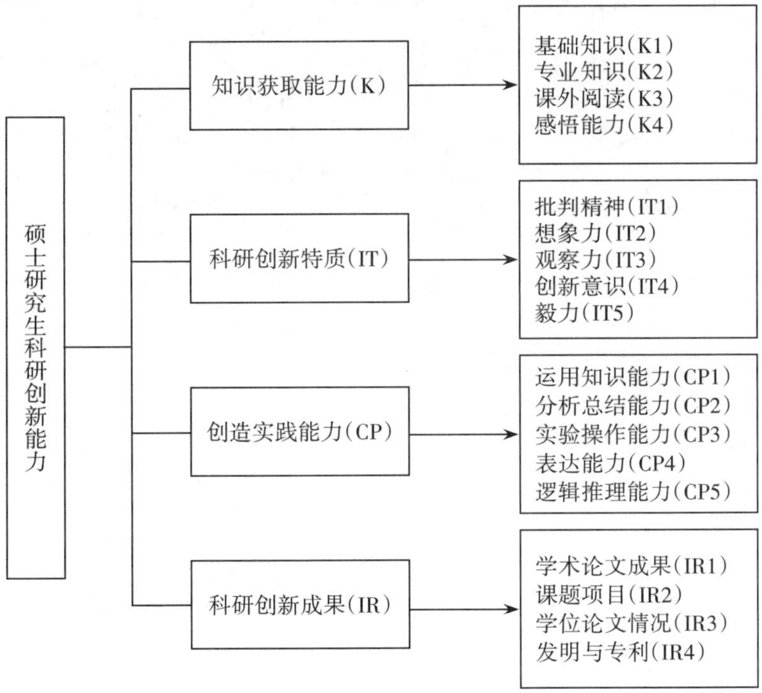

图8.7 测量方程理论模型

(2)结构方程理论模型

对于潜变量之间的关系，在分析国内外专家学者的研究文献、实证资料、理论经验和探索性研究等基础上做出假设。本研究通过四个潜变量对科研创新能力的影响或总的效果及这四个潜变量之间的相互影响关系做出假设，即结构方程理论模型假设。

①基本路径分析假设

H1:潜变量知识获得能力会对科研创新特质产生积极的正向影响。研究生基础知识、专业知识、课外阅读的提升,可以促进研究生综合能力的提升。

H2:潜变量知识获得能力会对创新实践能力产生积极的正向影响。知识的获得和感悟能力等会影响知识的运用能力、总结能力和逻辑推理能力等。

H3:潜变量知识获得能力会对科研创新成果产生直接或者间接的正向影响。

H4:潜变量科研创新特质对科研创新成果产生积极的正向影响。

H5:潜变量创造实践能力对科研创新特质产生积极的正向影响。

H6:潜变量创造实践能力对科研创新成果产生积极的正向影响。

H7:潜变量创造实践能力对知识获得能力产生逆向影响。

为了进一步验证指标模型的合理性以及各指标的影响情况,依据国内外研究现状、专家组反馈意见和样本数据的分析结果,运用主客观相结合的方式,做出上述假设,在此基础上建立结构方程理论模型,如图8.8所示。

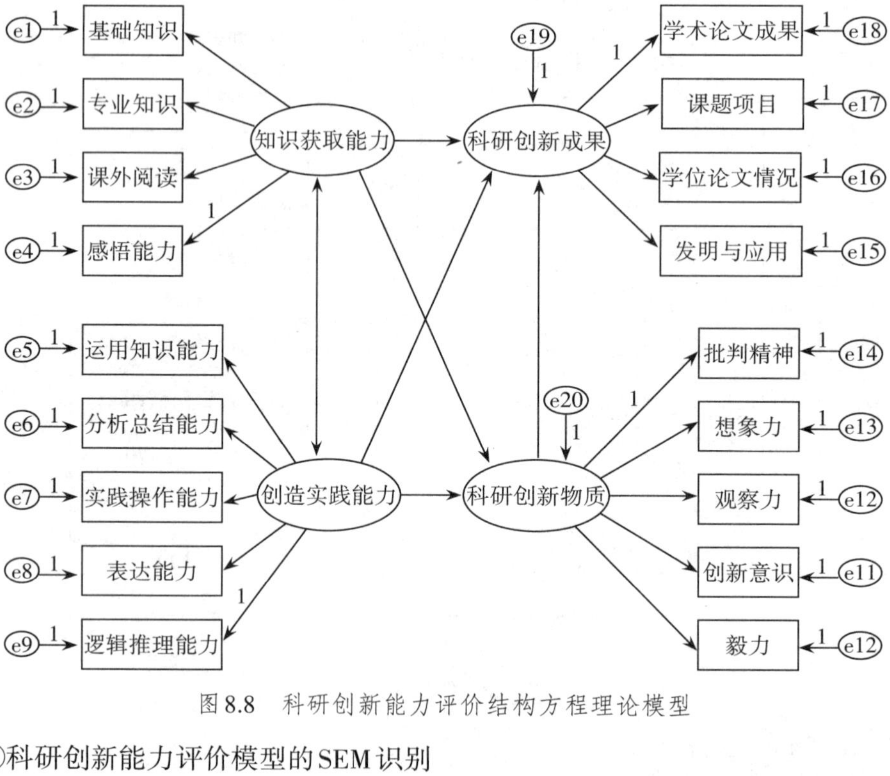

图8.8 科研创新能力评价结构方程理论模型

②科研创新能力评价模型的SEM识别

结构方程理论模型建立后,需要对模型进行识别,在模型能够被识别的情况下,才能够被顺利地估计各个参数的值,进行下一步研究。假设SEM模型中共有p个外生可观测变量,q个内生可观测变量,形成的数据点数目=$(p+q)(p+q+1)/2$,在模型中所有观测变量的方差和协方差为数据点数目。假设待估计的自由参数为t个,则模型的自由度计算方法为:$df=(p+q)(p+q+1)/2-t$,根据自由度的正负值来判断模型是否被识别。这种模型的识别，是由Bollen创立的t法则（t-rule）为标准进行判定的，t法则的数学表达式为：$t \leqslant (p+q)(p+q+1)/2$。根据前面路径结果分析该模型，内生潜变量既可以影响其他内生变量，也可以被影响，所以本研究中观测变量既有内生观测变量也有外生观测变量。a.确定内生观测变量个数为：知识获得能力4个、科研创新特质5个、创造实践能力5个，$q=4+5+5=14$个内生观测变量。b.确定外生观测变量个数为：科研创新成果4个外生观测变量，$p=4$个。c.数据点的数目$=(p+q)(p+q+1)/2=171$个，待估计的自由参数$t=$方差+协方差+回归系数$=59$，即：自由度$df=(p+q)(p+q+1)/2-t=112$，$df>0$，说明估计参数的总数比数据点的数目少，计算得自由度是正数，表示该模型能够被过度识别，如此才能够进一步进行模型适配度检验。

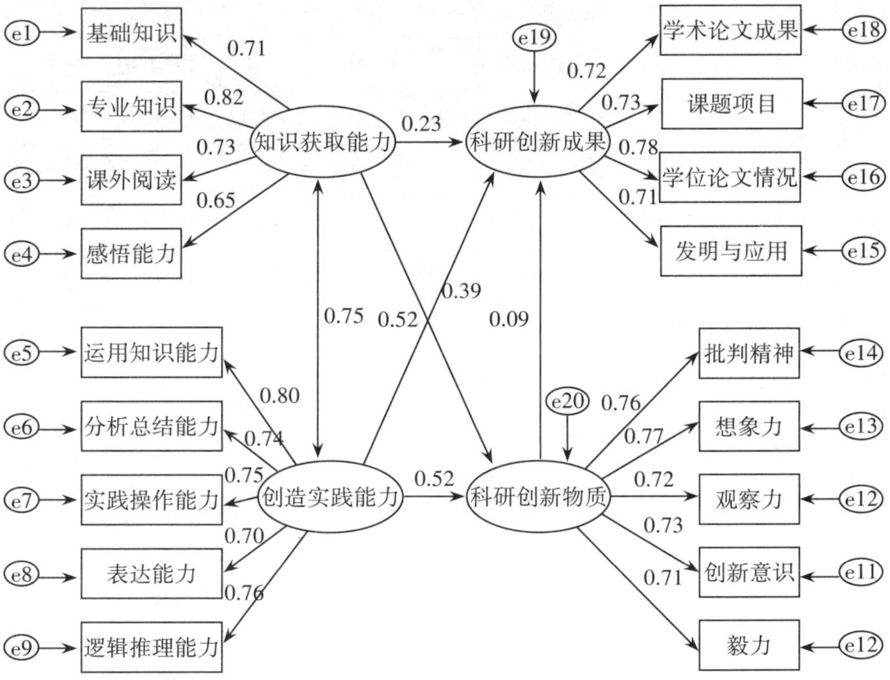

图8.9　模型路径及其参数估计

③模型路径及参数估计

运行AMOS24.0统计软件，导入样本数据，得出结构方程模型路径及参数估计结果，如表8.7所示，依据样本数据进行模型识别和修正，路径及其参数估计结果如图8.9所示。从图中可知，潜变量的因子载荷量的最大值是0.82，最小值是0.65，显著性概率值都在0.05置信水平下显著，方差、误差值均为正，表明理论结构模型与实际样本数据可以很好的适配。

表 8.7 变量间回归结果分析

变量	影响关系	潜变量	Estimate	S.E.	C.R.	P	Label
科研创新特质	<---	创造实践能力	.553	.076	7.293	***	par_17
科研创新特质	<---	知识获得能力	.472	.087	5.431	***	par_18
科研创新成果	<---	知识获得能力	.294	.113	2.599	***	par_15
科研创新成果	<---	科研创新特质	.099	.115	.862	.389	par_16
科研创新成果	<---	创造实践能力	.569	.112	5.091	***	par_19
基础知识	<---	知识获得能力	1.169	.096	12.161	***	par_1
感悟能力	<---	知识获得能力	1.000				
课外阅读	<---	知识获得能力	1.121	.090	12.463	***	par_2
专业知识	<---	知识获得能力	1.334	.099	13.520	***	par_3
表达能力	<---	创造实践能力	1.006	.071	14.116	***	par_4
实验操作能力	<---	创造实践能力	1.011	.067	15.167	***	par_5
分析总结能力	<---	创造实践能力	.956	.064	14.972	***	par_6
运用知识的能力	<---	创造实践能力	1.102	.068	16.289	**	par_7
逻辑推理能力	<---	创造实践能力	1.000				
批判精神	<---	科研创新特质	1.000				
想象力	<---	科研创新特质	.943	.060	15.740	**	par_8
学术论文成果	<---	科研创新成果	1.010				
观察力	<---	科研创新特质	.955	.065	14.691	***	par_9
创新意识	<---	科研创新特质	.924	.062	14.881	***	par_10
毅力	<---	科研创新特质	.934	.065	14.443	***	par_11
学位论文情况	<---	科研创新成果	1.097	.077	14.299	***	par_12

注：**表示P<0.05，***表示P<0.001，<---表示单向影响关系。

由表8.7可知，P值一列中的第四个值0.389>0.05，表明其显著性不高，表示科研创新特质对科研创新成果的影响不是很大，其他指标的值都处于标准值状态下，说明其因素对科研创新能力的影响相对较大。

3.科研创新能力结构方程模型修正

依据AMOS24.0处理的数据，得到初始状态的运算结果，常用拟合指标的适配指数如表8.8–8.10所示。通过查表看表中模型的各项拟合指数，判定$\chi2$/df指数、NFI指数、

AGFI指数、RMSEA指数、RFI指数、GFI指数、ECVI指数和AIC指数是否都在可接受的范围之内，其中RMSEA为“渐进残差均方和平方根”，其值小于0.05，表示模型的拟合优度非常优良；GFI为“拟合优度指数”，其值大于0.09，表示模型路径图与样本数据的拟合优度良好；AGFI为“调整后拟合优度指数”，其值大于0.09，表示模型路径图与样本数据的拟合优度良好；NFI为“标准适配指数”，RFI为“相对适配指数”，两个指数值大于0.09为标准；AIC为“Akaike信息准则”，其值越小表示模型的拟合度越好；ECVI为“期望跨效度指数”，其值越小，表示不同数据之间的一致性越高。

表8.8　绝对适配度指数的拟合情况

绝对适配度指数	计算结果	可接受范围	模型的适配判断
CMIN	290.457(P=0.063)	P<0.05(达到显著水平)	否
RMSEA	0.055	<0.05	否
GFI	0.928	>0.9	是
AGFI	0.904	>0.9	是
ECVI	0.904 (0.7146,0.9297)	理论模型值应小于独立模型和饱和模型值或者在90%的置信区间	是

表8.9　增值适配度指数的拟合情况

增值适配度指数	计算结果	可接受范围	模型的适配判断
NFI	0.927	>0.9	是
RFI	0.913	>0.9	是
IFI	0.958	>0.9	是
TLI	0.950	>0.9	是
CFI	0.958	>0.9	是

表8.10　简约适配度指数的拟合情况

简约适配度指数	计算结果	可接受范围	模型的适配判断
CMIN/DF	2.252	<2	否
PGFI	0.700	>0.5	是
PNFI	0.781	>0.5	是
PCFI	0.807	>0.5	是
AIC	374.457 (372.000,4005.084)	理论模型值应小于独立模型和饱和模型值或者在90%的置信区间	是

由表8.8可知，P=0.063>0.05，RMSEA的值为0.055>0.5，这两个指数值没有在标准范围之内，即使得该模型未达到可接受范围。由表8.10可知，增值适配度指数里面的

卡方自由度值>2,未达到可接受范围,其他各个指数都符合标准范围。

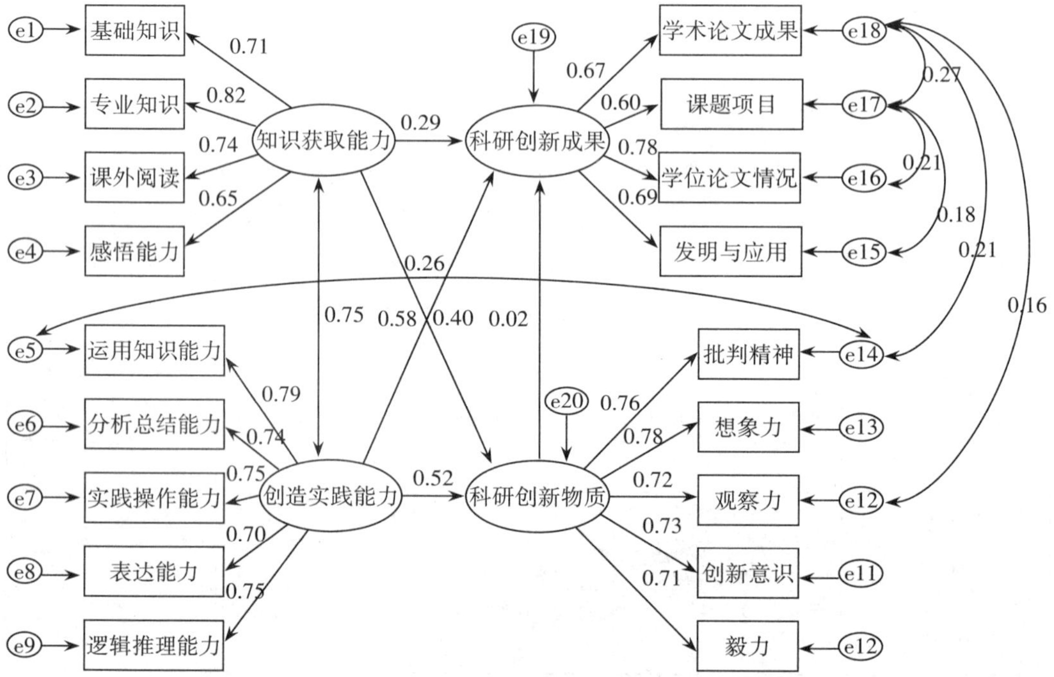

图8.10 修正后的科研创新能力评价结构方程模型

修正后得到最终的科研创新能力评价结构方程理论模型,由图8.10可知,修正后的结构模型图在统计软件AMOS24.0中重新运行,得到了因子载荷量和各拟合指数的计算结果,而因子载荷量的拟合标准或临界值在0.50~0.95之间,对样本数据检验,结果在0.65~0.82之间,再结合适配指数分析,如果修正过的其余拟合优度呈现的统计量都达到标准值,那么整体模型的拟合优度较为理想。修正后各拟合指数的计算结果,如表8.11、表8.12、表8.13所示。

表8.11 绝对适配度指数的拟合情况

绝对适配度指数	计算结果	可接受范围	模型的适配判断
CMIN	233.261(P=0.032)	P<0.05(达到显著水平)	是
RMSEA	0.046	<0.05	是
GFI	0.942	>0.9	是
AGFI	0.919	>0.9	是
ECVI	0.790 (0.626,0.8136)	理论模型值应小于独立模型和饱和模型值或者在90%的置信区间	是

由表8.11可知,经过修正,模型中绝对适配度指数的拟合指数P值和RMSEA值都达到了可以接受的范围。

表8.12 增值适配度指数的拟合情况

增值适配度指数	计算结果	可接受范围	模型的适配判断
NFI	0.941	>0.9	是
RFI	0.927	>0.9	是
IFI	0.972	>0.9	是
TLI	0.965	>0.9	是
CFI	0.971	>0.9	是

表8.13 简约适配度指数的拟合情况

简约适配度指数	计算结果	可接受范围	模型的适配判断
CMIN/DF	1.803	<2	是
PGFI	0.683	>0.5	是
PNFI	0.763	>0.5	是
PCFI	0.787	>0.5	是
AIC	327.261 (312.000,4005.816)	理论模型值应小于独立模型和饱和模型值或者在90%的置信区间	是

由表8.12可知,增值适配度指数里面的各个指数均有微小的变化,但都符合标准值,属于可接受范围。由表8.13可知,通过修正CMIN/DF为1.803<2,属于可接受范围。

从以上几个表格中的整体样本数据分析得出,绝对适配度指数中RMSEA<0.05,表明样本数据与模型拟合程度较高;增值适配度指数中各项指数值都大于标准值0.9,表明样本数据与模型的拟合程度极高;简约适配度指数中各项指数都符合标准值,同时,卡方自由度CMIN/DF的值为1.803<2,拟合优度的指数都在标准的范围之内,即修正后的结构方程模型与实际数据的匹配度较好,表明假设模型与样本数据的契合度在可接受的范围之内。

4.基于SEM的实证研究

实证研究的基本原则遵循结论的客观性和普遍性,研究结论建立在假设及一定知识基础上的实验和精准化的样本数据基础之上。通过在研究对象本体上获取大量的客观材料,从个别到一般。分析一级指标之间的路径系数来确定潜变量相互之间的影响效应,以及各个二级变量对与其所对应的潜在变量的影响效应系数。

(1)结构模型变量间的路径系数分析

科研创新能力评价的结构方程模型中,潜在变量间的路径系数如表8.14所示。

表8.14 潜在变量间的路径系数

潜变量	影响关系	潜变量	变量的路径系数
创造实践能力	<---	知识获得能力	0.75
科研创新特质	<---	知识获得能力	0.54
科研创新成果	<---	知识获得能力	0.30
科研创新特质	<---	创造实践能力	0.52
知识获得能力	<---	创造实践能力	0.75
科研创新成果	<---	创造实践能力	0.40
科研创新成果	<---	科研创新特质	0.02

从表8.14可以看出，一阶验证性因子分析中，潜在变量知识获得能力和创造实践能力之间的路径系数最大是0.75，说明两个变量间的影响关系很大，必须予以着重考虑。知识获得能力对科研创新特质、创造实践能力对科研创新特质的路径系数都在0.5以上，表明两者对科研创新能力的影响都较大，说明在获得知识的同时也要注重创造实践能力的提升。知识获得能力对科研创新成果、创造实践能力对科研创新成果，其路径系数大于等于0.30、小于等于0.40，说明他们之间的直接影响较大，需要考虑。科研创新特质对科研创新，路径系数为0.02 < 0.1，作为一般考虑对象。在二阶因素分析中，所列因素对科研创新能力的作用效果，如表8.15所示。

表8.15 二阶因素路径的分析结果

潜变量	影响联系	潜变量	路径系数
知识获得能力	<---	科研创新能力评价	0.78
创造实践能力	<---	科研创新能力评价	0.80
科研创新特质	<---	科研创新能力评价	0.72
科研创新成果	<---	科研创新能力评价	0.75

由表8.15可知，经过二阶因素路径的分析结果，在科研创新能力的评价中，路径系数的排序由高到低依次是：创造实践能力、知识获得能力、科研创新成果、科研创新特质，从表中可以看到，其路径系数都大于0.7。由以上表中所列数据可知，四个潜变量对硕士研究生科研创新能力的评价都有一定的作用。首先注重培养硕士研究生的创造实践能力，其次是提升研究生知识获得能力，也要注重研究生在读期间所发表学术论文的级别、学位论文、横纵向项目和发明创造，培养研究生的科研创新品质，提升其科研创新能力，适应创新性社会，满足各用人单位对创新性人才的需求。

(2)分析测量模型影响效应

在测量模型中,详细分析了各一级变量与其所包含的二级变量之间的影响效应系数,确定影响效应系数的大小,从而判断彼此之间的影响效应。知识获得能力与其各二级变量之间的影响效应系数如表8.16所示。

表8.16 知识获得能力与其各二级变量之间的影响效应系数

知识获得能力与其各二级变量之间的影响效应系数			直接影响效应	间接影响效应	总影响效应
知识获得能力	<---	基础知识	0.709	0.009	0.718
知识获得能力	<---	专业知识	0.819	0.015	0.834
知识获得能力	<---	课外阅读	0.729	0.014	0.743
知识获得能力	<---	感悟能力	0.649	0.008	0.657

在表8.16中,知识获得能力的决定因素中,专业知识的总的影响效应系数最大,为0.834;其次是课外阅读,其对知识获得能力的总的影响效应系数为0.743;感悟能力对知识获得能力的影响效应最小,其值为0.657。科研创新特质与其各二级变量之间的影响效应系数如表8.17所示。

表8.17 科研创新特质与其各二级变量之间的影响效应系数

科研创新特质与其各二级变量之间的影响效应系数			直接影响效应	间接影响效应	总影响效应
科研创新特质	<---	批判精神	0.759	0.018	0.777
科研创新特质	<---	想象力	0.779	0.017	0.796
科研创新特质	<---	观察力	0.719	0.010	0.729
科研创新特质	<---	创新意识	0.729	0.012	0.738
科研创新特质	<---	毅力	0.709	0.009	0.718

表8.17中结果显示,科研创新特质的5个决定因素中,想象力对科研创新能力的影响最显著,其直接影响效应系数为0.779,总的影响效应系数为0.796在5个二级变量中最高,但是科研创新特质的其他二级变量对其影响也是显著的,影响效应系数从大到小依次是:想象力、批判精神、创新意识、观察力、毅力。创造实践能力与各二级变量之间的影响效应系数如表8.18所示。

表8.18 创造实践能力与其二级变量之间的影响效应系数

创造实践能力与其二级变量之间的影响效应系数			直接影响效应	间接影响效应	总影响效应
创造实践能力	<---	运用知识能力	0.789	0.019	0.808
创造实践能力	<---	分析总结能力	0.739	0.015	0.754
创造实践能力	<---	实验操作能力	0.749	0.012	0.761
创造实践能力	<---	表达能力	0.700	0.008	0.708
创造实践能力	<---	逻辑推理能力	0.758	0.017	0.775

由表8.18可知，在创造实践能力的决定因素中，运用知识的能力对其影响最为显著，其影响效应系数最大，为0.808；其次是分析总结能力、实验操作能力和逻辑推理能力，它们总影响效应系数分别为0.754、0.761和0.775；相比，表达能力对创造实践能力的影响效应最小，其效应系数为0.708。科研创新成果与其二级变量之间的影响效应系数，如表8.19所示。

表8.19 科研创新成果与其二级变量之间的影响效应系数

科研创新成果与其二级变量之间的影响效应系数			直接影响效应	间接影响效应	总影响效应
科研创新成果	<---	学术论文成果	0.749	0.015	0.764
科研创新成果	<---	课题项目	0.700	0.015	0.715
科研创新成果	<---	学位论文情况	0.829	0.012	0.841
科研创新成果	<---	发明与专利	0.659	0.009	0.668

由表8.19可知，科研创新能力评价因素中，科研创新特质对科研创新成果的影响不是很大，但其二级指标对科研创新成果的影响效应系数较高。表中四个观察变量对潜变量既可以直接影响科研创新成果，也可以通过其他路径间接产生作用。

综上所述，样本数据分析结果显示，已将各个一级变量所对应二级变量之间的影响效度进行量化。由以上四个表可知：知识获得能力中的专业知识、科研创新特质中的想象力、创造实践能力中的知识能力和科研创新成果中的学位论文情况的影响效应系数值最大，同时也对科研创新能力有显著影响，是影响科研创新能力的关键因素，也是高校在培养硕士研究生的过程中必需考虑的因素。同时，也可以看到，每个表格中都有一个最低的系数值，但是相比整体的平均影响效度，都处于较高的位置，如：知识获得能力中的感悟能力、科研创新特质中的毅力、创造实践能力中的表达能力和科研创新成果中发明与专利之间的影响效应系数值最小，相比其他变量可作为一般考虑对象来权衡硕士研究生的科研创新能力。

8.5 研究生科研创新能力的提升策略

8.5.1 科研创新能力评价结果分析

依据SEM的实证分析结果显示，科研创新能力评价中的各指标对科研创新能力的提升都有不同程度的影响，本研究通过定性和定量相结合的研究范式，对影响科研创新能力评价指标的显著性做了详细的分析和总结。在基于SEM实证分析的基础上，为全面了解样本所选取地区硕士研究生科研创新能力的整体水平，通过SPSS26.0统计软件，对所选取样本——重庆市11所高校的硕士研究生科研创新能力的整体水平做了平均值分析。硕士研究生科研创新能力研究现状分析结果，如表8.20所示。

表8.20 硕士研究生科研创新能力研究现状分析结果

一级指标	二级指标	各二级指标平均分值	各维度总分值	总分平均值
知识获得能力	基础知识	2.79	2.78	2.72
	专业知识	2.87		
	课外阅读	2.88		
	感悟能力	2.56		
科研创新特质	批判精神	3.10	2.77	
	想象力	2.78		
	观察力	2.61		
	创新意识	2.80		
	毅力	2.58		
创造实践能力	运用知识能力	3.05	2.84	
	分析总结能力	2.82		
	实验操作能力	2.65		
	表达能力	2.68		
	逻辑推理能力	3.02		
科研创新成果	学术论文成果	2.75	2.50	
	课题项目	2.56		
	学位论文情况	2.38		
	发明与专利	2.29		

研究结果显示，重庆11所高校的硕士研究生的科研创新能力总平均分为2.72，低于理论中值3分，这表明其科研创新能力总体水平不高，虽然创造实践能力各维度总分值为2.84，高于科研创新特质和知识获得能力，也高于理论中值，但是相比之下，科研创新成果远低于理论中值，且离散程度较大。

由表8.20可知，相应一级指标总分值分别为：知识获得能力为2.78、科研创新特质为2.77、创造实践能力为2.84、科研创新成果为2.50。在知识获得能力中专业知识对其影响最为显著，值为0.834，想象力对科研创新特质的影响最为显著，值为0.796，运用知识能力对创造实践能力的影响最为显著，值为0.808，学位论文情况对科研创新能力的影响最为显著，值为0.841，这些维度对科研创新能力的影响最为显著，要提高研究生科研创新能力需要着重从这几个方面加强培养和干预提升。

本书的出发点是以评价硕士研究生的科研创新能力为主要目标，研究的主旨偏向研究科研创新能力的内部影响因素。在SPSS26.0统计软件中，通过对样本的单因素分析可以得出，硕士研究生所在学校、所学专业以及性别对科研创新能力的影响效应系数值不是很大，即影响不是很显著。但是相比研究生一二年级的学生，研究生三年级的学生（45.58%）和没有跨专业考研的学生（63.25%），在具备一定基础知识和综合能力的基础上，科研创新能力表现较强。

8.5.2 提高硕士研究生科研创新能力的对策

事物发展的根本原因在于内因。硕士研究生自身的努力程度也是其科研创新能力提高的关键因素，在优化外部环境的基础上，着重分析影响其发展的内部因素，有针对性地提出提升策略，提高创新素养。

1.更新硕士研究生的教育观念

首先，教育工作者应明确研究生培养过程中科研创新能力的重要地位，时刻关注硕士研究生教育发展的趋势和动态，研究生的科研创新能力贯穿于教育的整个过程。由分析结果可知，学术论文、课题项目、学位论文和发明专利的平均值分别为：2.75、2.56、2.38、2.29，都低于理论中值3，且对科研创新成果的直接影响效应分别为：0.749、0.700、0.829、0.659，都大于0.6，因此，要将课程学习和学术论文、课题项目、学位论文和发明创造等结合起来，培养学生系统学习的观念。在硕士研究生培养的过程中，要提高其科研创新能力，既需要掌握丰富的专业理论知识，也需要参与系统的科研实践活动并注重科研方法的使用。将培养硕士研究生科研创新能力作为衡量研究生工作质量的标准，同时考核研究生导师的绩效和创新队伍的建设也是重要内容，全面促进硕士研究生科研创新能力的提升。

2.增强自主性，完善知识结构

研究结果显示，硕士研究生的基础知识和专业知识成绩普遍偏低，有74.27%的学生基础知识成绩中等偏下，71.12%的学生专业知识成绩中等偏下，所以要严格加强理论知识学习，知识的储备是提升科研创新能力的基础，系统的知识结构，也是提升科研创新能力的必备条件。跨学科的学习过程，可拓宽视野，增加知识的深度和广度。研究显示，大部分学生只有在需要的时候才进行课外阅读(30.55%)，在学习和实践过程中，偶然会有深入的理解(36.75%)。因此，硕士研究生必须培养自主学习和实验探究的能力，注重基础知识的积累，让学到的知识结构化、体系化，善于运用跨学科学习理念，系统学习、开拓视野、激发创新思维，培养创新意识，勤于思考，进行深度学习，为提高科研创新能力打下坚实的基础。

3.提高联想能力、创造实践能力和逻辑推理能力

研究显示，81%以上学生逻辑推断能力较差，概括能力(37.23%)一般，有27.68%的学生能够看到事物的本质，但是无法进行推理。所以，在学习过程中，要善于分析事物，熟练运用概念判断推理，提升概括能力，归纳能力，学会触类旁通。通过参加科研创新实践活动，如：不同种类的学术交流活动、科技创新竞赛和社会实践等来提升运用知识的能力，在实验和各种实践活动中，锻炼应变能力和缜密的推理能力、联想能力、深入分析事物的本质，善于发现，善于总结。创新思维成果转化和学术交流的过程，都需要较强的逻辑推理能力、表达能力和创造实践能力等。因此，研究生在学习和实践的过程中，要注重知识积累和能力提升，加强训练，为提升科研创新能力做铺垫。

4.加强学术交流，促进科研创新成果化

从研究结论可以看出，科研创新成果的综合值为2.50，远低于理论中值3，说明硕士研究生在科研成果的输出方面比较薄弱。755个样本数据中仅有6.68%的人是省级及以上项目负责人并已结题，29.59%的人从未参与项目，有31.98%的人在学位论文的选题上没有新颖性，46.78%的人从未参与发明活动。因为，发表学术论文、参与课题项目、学位论文获奖情况及发明与专利，是研究生阶段科研水平的重要衡量指标。课题项目的级别和参与程度、学术论文的发表级别还有参与发明活动的程度，在一定程度上反映着研究生科研创新能力水平的高低。所以，要注重培养研究生的科研综合能力和学生自主学习、探究性学习的能力，以便学生在读完三年研究生课程后，能够完成最好答卷——学位论文，论文选题要新颖、理论方法有创新，也能体现其实用价值及产生社会与经济效益。硕士研究生应克服自身条件的限制，积极参与专业学术会议，科技创新竞赛、课题项目等活动，关注学科发展前沿，在实践中发现自己的不足，培养做科

研的兴趣和积极性，在此过程中提升自我学术交流能力，培养科研素养，提升互联网搜索和整理信息的能力，培养科学严谨的学术作风和创新精神，促进科研创新能力的提升。

5.加强导师指导力度，建设创新性导师队伍

研究结果显示，导师对硕士研究生的指导处于一般状态，所占比例为51.07%，29.83%的研究生与导师的互动较多，19.09%的学生偶尔受到老师的指导。导师作为引导人，起着决定性作用，组建多元化创新团队，导师运用自己储备的知识和技能引导、激发学生，开展多种学术交流活动，培养学生独立思考、自主学习、团队合作学习的能力，调动学生学术研究的积极性。此外鼓励学生参与导师的学术课题研究、科研学术交流活动，自行组建团队参加科技创新竞赛，在很大程度上提升硕士研究生的科研创新能力。

6.增强创新意识，培养自身科研素养

对于硕士研究生而言，要时刻认识到科研创新能力在研究生阶段的重要性，求知过程中善于发现、善于总结，努力克服自身限制条件，将主要精力放在提升个人科研创新能力上，有意识地多阅读国内外文献和经典的学术著作（只有29.11%的人经常阅读文献，8.35%的人从来不阅读文献），利用创新理念和方法跨学科建立知识结构体系，丰富理论知识，培养创新意识和持之以恒、开拓进取的创新精神。

总之，培养和提高硕士研究生的科研创新能力是一项系统工程，需要贯穿硕士研究生教育的始终，需要各个方面相互配合，在课程教学、科研实践和论文撰写等方面着重培养，需要研究生、导师和教学管理者共同努力，提高硕士研究生的科研创新能力，提高学位研究生的教育质量。

第9章

研究生科研绩效调研与评价体系构建

9.1 科研绩效概述

9.1.1 绩效及科研绩效的内涵

绩效是一个多维结构，观察和测量的角度不同，结果也不尽相同。因此，随着研究者从管理学、经济学、社会学等不同学科领域出发理解和认识绩效，所得到的研究结果也各有差异。由于研究视角深度和广度的不断增加，人们对绩效的概念和内涵认识也在不断深入，目前对绩效的界定主要有三种观点，一种是把绩效看作结果，另一种把绩效看作行为，还有一种强调绩效应关注人的潜能与绩效的关系。此外，单纯从语言学角度来看，绩效包含成绩和效益两个方面。在科学研究领域，绩效则是指科学研究活动的结果和成效。

从20世纪70年代开始，研究人员就从个人层面和组织层面对绩效的内涵进行研究。绩效通常被认为是个人或者组织在特定时期内的投入及产出情况，人力、物力以及时间等物质资源是投入的表现形式，对工作任务在数量、质量及效率等方面的完成情况是产出的呈现方式。员工的个人绩效和企业的组织绩效是绩效的主要研究对象，此外也包括其他学科领域对绩效的研究。科研绩效是指科研团队或者个人在一定时期内所创造的科研成果，这与科研能力、资源投入、相关管理等有着非常密切的关系。科研绩效是衡量科学研究工作水平的重要指标。

9.1.2 研究生科研绩效的内涵

研究生兼有学生和科研工作者的双重身份，导师的指导和帮助是研究生在科研活动过程中的主要推动力。与一般员工绩效管理不同，研究生的科研绩效水平与其导师的指导密切相关，因此研究生的科研绩效水平在较大程度上受其导师的影响。导师自身的科研能力和学术影响对研究生科研绩效水平的提升有着关键性的影响作用。此外，导师的指导意愿、指导经验、指导频率和指导方式等会直接影响导师对研究生的指导质量，同时这些因素也会间接影响研究生科研绩效水平的提升。因此，导师因素是研究生科研绩效水平提升的重要影响因素。

科研产出和科研绩效的取得，较一般绩效的产出和表现形式而言，具有复杂性和特殊性。科研绩效是创造性活动的产物，主要表现为新想法的提出、新知识的创造、新技术的产生、新技能的掌握等。因此，研究生的科研绩效管理不仅需要来自外部因素的控制，也需要研究生内在动机和创造性的激发，与知识管理和创新管理较为相似。研究生科研绩效指的是研究生在攻读硕士学位期间所创造的科研产出，是研究生科研能力的重要反映。对于硕士研究生而言，科研产出可直接体现为：科研论文、参与科研项目、专利软著、学术专著和科研获奖等。

9.1.3 个体科研绩效测量方法介绍

现有关于科研产出数量和质量的研究，主要是从主观评价和客观衡量的角度进行探索，无论是主观评价还是客观评价，都有其自身的优缺点。当前测量个体科研绩效的方法主要有以下几种：

1.科研论文、学术专著等科研成果的数量

在个体科研绩效的研究中，大多数学者直接把个体科研成果的数量作为评价指标，这也是最常用的测量方法。一般包括：发表科研论文的数量、出版学术专著的数量、申请发明专利的数量、科研项目或科研资助的数量等多种指标。虽然单纯采用成果数量而不考虑成果质量的做法缺乏一定的合理性，但由于数量方面的数据方便易得，所以这种方法仍较为常用。

2.分类法

分类法主要是采取按成果数量分段或者多指标聚类分析的方法，将个体的科研绩效划分为不同的等级,然后用所属的等级代表个体绩效,进而采用逻辑回归或者区别分析的方法研究科研绩效的影响因素。分类法主要是根据过去两年中年均出版物数量和获得的资助将研究者分为成功、中等和不成功三类;根据被试者提交的科研论文数量,采用聚类分析的方法将科研表现划分为低级、中级和高级三种。由于其分类标准存在较大的争议,所以实际中难以进行实践操作。

3.H指数法

H指数法是综合运用数量分析和质量分析对科研论文进行评价的一种新方法。在2005年,由学者Hirsch首次提出。根据研究者发表科研论文的数量、引用频次等指标,设置相应的H指数进行评价,方法简单易于计算,可以同时测量已有的绩效水平以及预测未来的绩效水平。但由于H指数易受设定方面的局限,不利于评价刚取得的科研成果,因此,如何不断修正H指数,扩展更多的衡量指标也是目前很多学者正在研究的问题。

4.同行评议法

同行评议法是以评议专家的主观判断为基础的一种评议方法。在评议的过程中,首先是通过相关领域的专家对评价对象进行打分,接着对评分进行统计处理,最后确定评价值。同行评议法是基于科研活动的长期性和科学理论的反复验证性特征,邀请相关领域的专家同行参与评议,其评议结果具有一定的科学性和可靠性。Bornmann和Daniel通过收集到的数据,利用数学统计法验证了同行评议法具有公平公正性和可靠性。同行评议虽被广泛应用,但介于其主观性的特点,仍存在广泛的争议。

9.1.4 科研绩效的影响因素

研究生科研绩效的影响因素主要从个体因素、导师因素、组织因素及学校因素等方面进行研究。

1.个体因素

对于研究生个体因素的研究主要包括个体客观因素变量和个体主观因素变量两个方面。其中客观因素变量主要包括生源质量、生物学统计变量等;主观因素变量主要包括:个性能力、目标动机、科研兴趣等。

生源质量是研究生教育的切入点,同时也是研究生培养的前提和基础,其在某种程度上影响研究生的科研质量。生物学统计变量如个体的年龄、性别、婚姻状况等对研究生的科研绩效也存在一定程度的影响。科研兴趣指的是研究生对待学术研究的情绪状态和积极态度，是研究生从事科研活动的内在动力。科研兴趣不仅可以推动研究生主动进行科研活动，而且可以激发研究生的创新能力，从而创造出更多优秀的科研成果。目标动机可以帮助研究生更加关注于学习的内在价值，并提高其学习兴趣，最终改善其学习成绩。而学习成绩也可以在某种程度上反映研究生的学习能力，对研究生自信心的提升非常有利，同时还可以提高研究生导师的关注度，从而促进研究生的科研产出。

2.导师因素

导师在研究生培养过程中起着非常重要的作用，导师对研究生的指导包含多个方面。对于研究生导师因素的相关研究主要涉及指导规模、指导方式、指导频次与效率、导师能力和经验、导师学术能力和导师支持等。

导师指导通常包含质和量两个方面，主要是指导质量和指导频率。导师对研究生的指导频率越高，对研究生的科学研究越为支持，研究生的科研成果就越为丰富。研究生导师的学术能力越卓越，指导经验越丰富，越可以在学术活动中给与研究生更多的指导和意见，从而提升研究生对于问题的处理能力和创新能力。此外，其对于研究生在生活和心理上的指导也是尤为重要的。导师采取的指导方式和开展的指导规模在一定程度上也会对研究生的科研绩效产生重要影响。而导师对于研究生科研活动的物质支持体现在其提供的各种科研资源，如科研课题、科研经费支持、科研合作机会、学术交流机会等，这些将直接或间接地影响研究生的培养质量。导师的指导能力、科研能力、创新能力、教授能力等，也会对研究生的科研投入和科研产出产生直接的影响，是提升研究生培养质量的关键性因素。

3.组织因素

目前科研活动的开展大多以组织团队的形式进行，组织团队的整体发展对组织内个体的行为和态度有着重要影响，个体的科研产出受到组织因素的影响。在组织团队中个体无论是独立活动，还是团队活动，都存在着相互影响，主要表现在团队之间的科研资源分享、对他人努力程度的感染、对他人科研习惯的纠正、对他人科研能力的帮助等。组织因素主要涉及合作氛围、资源共享、创新氛围、师生关系、同学关系等。

合作氛围与研究生的科研绩效有着十分密切的联系。关于合作氛围，主要包括团队的凝聚力和团结程度。团队的科研氛围和团队满意度可以促使研究个体高效率地完成科研任务，从而取得优异的科研产出成果。研究生与导师建立和谐的师生互动关系，可以促进研究生快速成长，和谐的师生互动关系可以帮助研究生顺利完成科研任务。研究生在进行科研活动的过程中,同伴的影响对研究生的发展也存在着非常重要的影响。因科研活动的特殊性,研究生之间的关系表现为同学关系和同事关系,而这两种关系可以看作研究生的一种社会资本。研究生之间建立良好的沟通与互动关系时,同学之间的相互探讨会将更加频繁,有助于科研难题的解决,进而提升研究生的科研能力;同时,良好的互动关系,有利于在团队中形成良好的合作氛围、创新氛围和资源共享,从而有利于研究生科研绩效水平的提升。

4.学校因素

学校因素包括硬件环境和软件环境。硬件环境包括图书资料、科研设施等;软件环境包括课程设置、培养方案、讲座开设、科研资助、奖学金、助学贷款等。培养方案的制定对研究生的整个培养过程起着重要的统领性和指导性作用,对研究生的科研产出有着关键性影响。充足的科研经费会帮助研究生消除不必要的障碍,使其专心于科学研究活动并促进其科研成果的取得。组织团队的研究活动可以帮助研究生学会如何承担科学研究工作,并让其置身于学术专家、筹资渠道、学术编辑及其他有利于研究生未来研究活动的网络之中。以科研为导向选拔生源,将课程体系和激励机制两方面紧密结合促进创新和实践,以发挥学术团队的整体优势进行指导而非导师的单一指导。

9.1.5 层次分析法概述

1.层次分析法

层次分析法AHP(Analytic Hierarchy Process)是上世纪70年代由美国知名科学家T. L. Saaty首次提出。其目的是把复杂的实际问题,通过数学的方法,按照主次关系形成相应的阶梯层次框架,使问题得以简化,并且对每一层中的所有元素进行两两对比确定相对重要性,然后以排序结果计算最终的权重,兼具了定性和定量方式的优点。该方法简单易学,评价结果相对科学可信,被广泛应用。然而这种方法的主要缺点是不同专家的主观偏好对权重的确定会有影响。因此,在确定因子的权重时应大量考虑对研究领域熟悉的专家的意见。

AHP在评价中的应用主要包括四个步骤:

(1)构建层次结构模型

在利用AHP处理实际问题时,将相关的组成因素根据不同的类别自上而下地划分为若干层次,同一层的各要素属于上一层的要素,并对下层要素产生作用。顶层为目标层,一般只有1个要素,最下层为方案层,中间可以有多个层次,一般称为准则或指标层。当准则过多时,需要将准则层分解为子准则层,如图9.1所示。

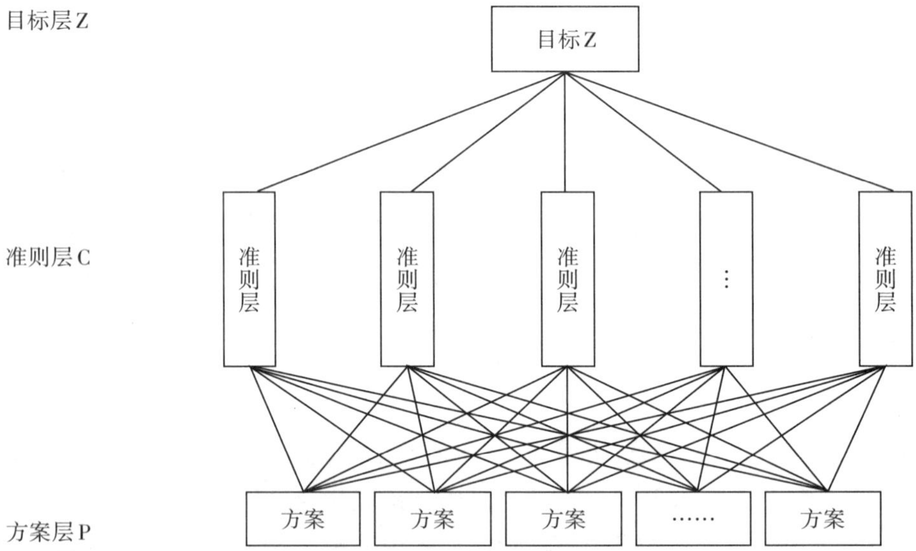

图9.1　简单的层次结构模型

(2)构建两两比较判断矩阵并赋值

判断矩阵是目标层与因素层的子要素互相比较的结果。判断矩阵的数值代表着相同水平的一个要素相对于另一个要素的重要程度。例如某一层共有n个因素，$x=\{x_1, x_2, \ldots, x_n\}$，每次取出$x_j$和$x_j$进行两两比较，常用萨迪标度相对重要性等级表的原理来对指标重要性进行判断打分(如表9.1所示)，以此构建相应的判断矩阵。

表9.1　标度相对重要性等级

标度	定义
1	对比时，两个因素同等重要
3	对比时，前者比后者略微重要
5	对比时，前者比后者明显重要
7	对比时，前者比后者强烈重要
9	对比时，前者比后者极端重要
2,4,6,8	为两个相邻标度的中间值
倒数	对比时，两个相邻标度值互为倒数

(3)层次单排序与一致性检验

层次单排序主要是指判断矩阵的相关因素对其准则相对重要性的排序计算，主要包括正规化判断矩阵、计算各行和的均值及矩阵最大特征根等指标。

一致性检验，主要是用来判别建立的判断矩阵的可靠程度。如果所建立的矩阵偏离一致性时，其可靠程度和逻辑性就有待商榷，判断矩阵需要调整。一致性检验主要包括次序一致性检验、判断一致性检验和基本一致性检验。其中一致性比例C.R越接近于零越好。一般C.R.=0时，可以认为判断矩阵是完全一致性矩阵；C.R<0.1时，可以认为判断矩阵符合标准；C.R.>0.1时，可以认为判断矩阵需要调整。

④层次总排序与一致性检验

层次总排序是指通过对整体层次结构按照自上而下的次序逐层进行合并计算的方式，求出最底层对总目标层的重要性权重系数。

层次总排序也需要通过一致性检验，需要分别计算以下指标C.I.，R.I.，C.R.。其中C.I.为总排序的一致性指标。R.I.为总排序的随机一致性指标，C.R.为层次总排序的随机一致性比例。

9.1.6 理论基础

1.扎根理论

扎根理论（Grounded Theory）研究方法于1967年由美国芝加哥大学社会学家B.Glaser和哥伦比亚大学社会学家A.Straus首次提出。它是定性研究中较为科学且常用的方法。扎根理论是运用归纳的方法，对现象加以分析整理后所得的结果，是经由系统化的资料搜集与分析而发掘、发展，并已暂时验证过的理论。Straus和Corbin指出，扎根理论强调理论的发展，而且该理论植根于所搜集的现实资料以及资料与分析的持续互动。扎根理论的核心是资料分析过程也叫编码过程，主要指基于理论归纳并辅以文献演绎的过程。扎根理论在资料收集方式上的独特性在于其能根据研究过程，不断补充新的资料，数据资料的丰富性、严密性增强了研究结论的说服力和理论性。同时，数据资料的收集整理和分析是同步进行并连续循环的过程。比较为规范的扎根理论研究方法流程如图9.2所示，包括现象界定、文献分析、数据采集、资料分析和理论建构、理论饱和度检验（补充资料）、结论与建议（研究结束）。

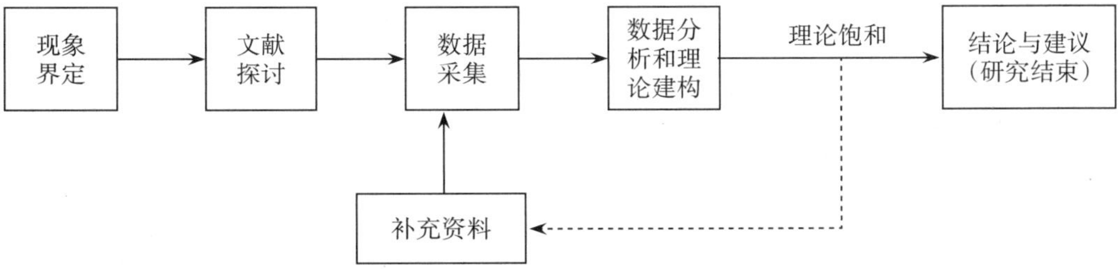

图9.2　扎根理论流程图

2. 社会资本理论

社会资本理论最早是在1985年由Bourdieu提出的，他认为实际存在的和潜在的所有资源构成了社会资本，同时这些资源借助于成员所熟悉的制度化关系网络联系在一起。随后许多学者从不同视角对社会资本进行界定，主要观点有社会资本是来自个体内部和外部主体之间的一种关系资源,并且可以自由流动;社会资本可能是一种能力;社会资本或是某种信任和规范等。社会资本是一个较为抽象的概念,存在于个体和组织及组织成员之间的密切联系之中,属于一种无形的资产。综合对社会资本的相关定义及研究生个体的独有特点,笔者认为研究生的社会资本指的是研究生个人的社会网络,包括研究生与导师及同学关系之间实际存在的资源和潜在资源的总和。

3.社会网络理论

社会网络是由特定群体参与者之间的关系所组成的网络。当参与者之间的关系逐步稳定之后,便形成一定的社会网络结构。社会网络通常由行动者(actors)、连带(ties)和关系(relationship)组成。社会网络的特征为:第一,与社会网络中参与者的属性和特征相比较,社会网络的整体结构更为重要,并可用来对各种社会现象进行阐释。第二,多种形式的网络结构及其位置特征决定了社会网络的规则。第三,社会是由多种形式的网络结构所构建的,参与者所处的网络结构决定了其表现行为的呈现形式。

因其整体形式的不同,社会网络可分为自我中心网络和整体网络。以个体为中心,以个体与他人之间的关系组成的网络是自我中心网络的主要分析对象,其类似于一个向外发散的星状网络。自我中心网络的主要研究内容包括对个体行为的分析以及个体的自我中心网络对个体行为的影响,不包括对整体网络结构的分析。多个参与者之间的关系可构成整体网络,同时对整体网络的分析主要从整体的结构方面来进行。

4.绩效管理理论

绩效管理是在绩效考核的基础上发展而来的,在20世纪70年代末期,"绩效管理"这一概念首次由西方学者提出。随着管理理论体系的不断发展完善和日常管理需求的不断提升,使得更多学者发现了绩效管理的重要意义,绩效管理逐渐演变为管理学的研究热点之一。目前,学术界对其大致存在以下三类看法。

首先是组织绩效管理理论,包括绩效计划、绩效考核和绩效改进三项过程,着重对组织部门、战略目标制定、团队组织结构、企业的生产流程设计等方面开展绩效管理,并聚焦于组织绩效。其次是员工绩效管理理论,该观点认为绩效管理是将员工作为核心,既重视员工绩效结果,又重视对员工行为过程的监控,并将其主体定位于员工的工作业绩、日常行为和日后工作潜力等。最后是综合绩效管理理论,此理论认为绩效管理是组织和员工共同进行的,是一种由组织和员工充分沟通、相互理解后,达成共同目标意向,并通过不断反馈修正,最终共同完成工作目标的管理过程。

9.2 研究生科研绩效评价指标体系构建

研究生科研绩效评价指标体系的构建共经历三个步骤：一是选择评价指标，初步构建指标体系框架；二是筛选及确定评价指标；三是确定指标权重。

9.2.1 构建评价指标体系的原则

研究生教育处于高等教育的较高层次，是培养综合性人才的重要场所。研究生科研创新是对学习的最高要求，也是对知识的再创造，但是如何更加客观、全面地评价研究生的科研绩效，确定其影响因素，仍存在一定困难。综合来看，应遵循以下几个原则。

1. 系统性原则

研究生科研绩效的评价过程是一个复杂的系统，在设计科研绩效评价指标体系时，要按照系统论的观点，将研究对象看作一个系统，从不同的维度、层面、角度选择最能反映研究生科研绩效的指标，充分考虑子系统间的相互关系，使得整个评价系统加平衡、完整。同时，注重总系统和子系统之间的关系，充分反映研究生科研绩效影响因素的各个方面，从局部到整体，突出评价指标的本质作用。

2. 可操作性原则

在评价研究生科研绩效、构建评价指标体系时，在文献研究和数据分析的基础上，既要充分考虑各个指标之间的影响效应系数，也要衡量所选取的指标能否被操作。研究生科研绩效数据易于采集，具有较好的可比性，计算方法简便实用，以简单易懂为目标，便于定量研究，同时经过多轮专家咨询，再经过数据验证，在一定程度上具备较强的科学性和可操作性。

3. 定量与定性相结合的原则

虽然定量指标更可靠、更容易获得，但一些具备特性的评价指标不易通过定量指标来体现，需要借助专家的经验进行判断，即定性评价。而定性评价的主观性因素过强，且不能准确得出各个层次指标之间的具体关系，需要借助于定量评价。因此只有将定量评价与定性评价相结合，才能使评价结果更加客观与科学。

4. 客观与主观相结合的原则

为保证评价工作的科学与公正，应选择客观指标作为评价的依据，但对于不易量化的指标，则需要借助专家的经验进行主观评判。为减小主观评价的误差，采取德尔菲法及专家访谈法筛选评价指标体系，并进行相应的实证研究以检验评价体系的科学性，促使评价体系更易操作，也更具有示范作用。

9.2.2 评价指标体系设计思路

通过查阅文献、系统分析及专家访谈，初步确定评价指标框架雏形。通过德尔菲法（Delphi）进行指标的筛选及确定，即编制专家咨询问卷并开展第一轮专家咨询；收集并分析专家意见，根据其意见进行修改评价指标，得出第二轮专家咨询问卷并开展第二轮专家咨询；收集并分析专家意见，专家意见一致，所以确定评价指标。最后，运用层次分析法（AHP）确定指标权重，得出最终的评价指标体系。具体思路如图9.3所示。

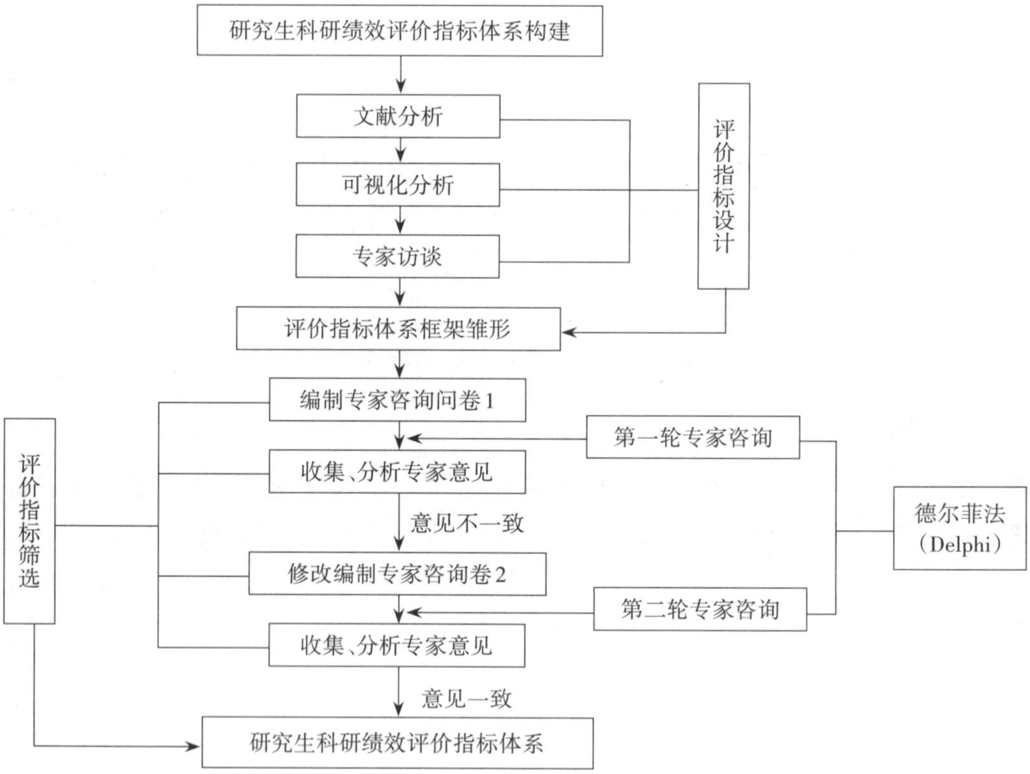

图9.3 评价指标体系设计思路

9.2.3 评价指标设计

1.指标来源

查阅整理有关“科研绩效”“绩效评价”“研究生科研绩效”等相关方面的文献资料，并根据《中华人民共和国学位条例》《国家中长期教育改革和发展规划纲要（2010—2020年）》《硕士学位授予单位研究生培养工作评估方案》等相关文件，同时结合CiteSpace软件对研究生科研绩效研究现状进行可视化分析，了解科研绩效研究的前沿，探索科研绩效领域的主体和热点，追踪科研绩效研究的发展趋势，归纳概括出研究生科研绩效的概念、内涵特征及初步评价指标。

2. 专家访谈

(1)专家基本情况

为了深入了解研究生科研绩效发展现状，学习研究生科研绩效评价过程中的先进理念和成果经验，在综合文献资料的基础上开展专家访谈。共访谈专家5位，基本情况如表9.2所示。其中专家1为博士，教授，博士生导师，某高校研究生院院长，从事教育管理工作35年；专家2为博士，教授，硕士生导师，某高校教育科学学院院长，从事教育管理工作30年；专家3为博士，教授，硕士生导师，某高校教育科学学院副院长，从事教育管理工作28年；专家4为博士，教授，硕士生导师，某高校经管学院副院长，从事教育管理工作25年；专家5为博士，教授，研究生导师，某高校经管学院副院长，从事教育管理工作22年。其分布情况如表9.2所示。

表9.2 专家基本情况

序号	学历/导师	职称/职务	工作年限
1	博士/博士生导师	教授/研究生院院长	35
2	博士/硕士生导师	教授/教育科学学院副院长	30
3	博士/硕士生导师	教授/教育科学学院副院长	28
4	博士/硕士生导师	教授/经管学院副院长	25
5	博士/硕士生导师	教授/经管学院副院长	22

(2)专家访谈

访谈提纲：

①您对进行研究生科研绩效评价的看法；

②您认为开展研究生科研绩效评价的一般流程有哪些；

③您认为研究生科研绩效评价的理念是什么；

④您认为研究生科研绩效评价过程中最重要、核心的问题是什么。

综合专家访谈意见，专家们认为科研能力作为研究生的核心素质，对社会发展起着举足轻重的作用，所以对研究生科研绩效进行评价研究具有重要意义。开展研究生科研绩效评价的一般流程包括科研绩效评价内涵的理解、指标的选取及确定、指标权重的确定等。研究生科研绩效评价的理念是定量评价与定性评价相结合。此外，科研绩效评价过程中最重要、核心的问题是科研投入、科研产出及过程指标的确定。

3.雏形框架构建

结合文献研究、可视化分析及专家访谈结果,初步拟定了研究生科研绩效评价指标体系雏形框架,即由投入指标、过程指标、产出指标等3个一级指标,生源质量、人口变量、师资队伍、教育资源等13个二级指标,本科毕业院校、研究生入学成绩、知识技能掌握情况和个性及能力等48个三级指标构成,具体如表9.3所示。

表9.3 研究生科研绩效评价指标体系雏形框架

一级指标	二级指标	三级指标
投入指标B1	生源质量C1	本科毕业院校D1 研究生入学成绩D2
		知识技能掌握情况D3 个性和能力D4
	人口变量C2	性别D5 年龄D6 婚姻状况D7
	师资队伍C3	导师学位/职称D8 师生比D9
		博士学位教师比例D10
		高级职称教师比例D11
		青年教师比例D12
	教育资源C4	实验室、实习场所面积D13
		教学科研仪器设备D14
		生均拥有图书数D15 生均教育经费D16
		校园网络及数据库建设D17
过程指标B2	培养导向C5	培养方向D18 培养模式D19
	学生投入C6	科研时间D20 科研兴趣D21 目标动机D22
	导师指导C7	指导规模D23 指导方式D24 指导频率D25
	科学研究C8	参加科研项目数D26 参加学术会议数D27
		科研经费提供D28
过程指标B2	教学管理C9	培养方案D29
		教学管理D30 规章制度D31
	课程设置C10	正高职称教师人均年授课时数D32
		专业学位课平均成绩D33
		课程内容D34 课程结构D35

续表

一级指标	二级指标	三级指标
产出指标B3	科研论文C11	论文级别D36 论文数量D37
		作者排名D38 论文引用率D39
	科研项目C12	主持项目数D40 主持项目级别D41
		参研项目数D42 参研项目级别D43
		参研项目排名D44 科研项目经费D45
	专利和软著C13	申请专利数目D46 申请专利类别D47
		申请软著数目D48

9.2.4 指标筛选及确定

本研究运用德尔菲法(Delphi)的原理筛选评价体系指标。编制专家咨询问卷,开展第一轮专家咨询;收集并分析专家意见,根据其意见修改评价指标,得出第二轮专家咨询问卷并开展第二轮专家咨询;收集并分析专家意见,专家意见一致,确定评价指标。

1.专家确定

(1)专家人数确定

根据文献研究可得,咨询专家的建议人数为15—50人。为了保证咨询结果的可信度和权威性,本研究共邀请44位专家开展专家咨询。

(2)专家遴选

根据研究目标,在咨询专家的遴选上,考虑专家的年龄、学历层次、职称层次、工作经验、研究领域、所在学校等因素,经过严格分析和选取,将咨询对象确定为四类专家,分别为教育管理专家、教育评价专家、研究生培养专家和研究生任课教师,学科领域涉及教育心理学、特殊教育学、教育学、教师教育学、管理学等。

(3)专家构成情况

专家构成主要从专家的研究领域、职称、工作年限进行统计说明,具体情况如表9.4至表9.6所示。统计结果表明,本研究所遴选的相关专家不仅有工作时间较长、管理经验丰富的资深学者,也有优秀的中青年教育评价专家。他们对研究生科研绩效具有较好的理解力,在研究生管理领域具有较成熟的见解,使最终的咨询结果更加科学合理。

表9.4 咨询专家研究领域分布情况

分布情况	人数	百分比	分布情况	人数	百分比
教育管理	9	20%	培养专家	10	23%
教育评价	17	39%	任课教师	8	18%

表9.5 咨询专家职称分布情况

分布情况	人数	百分比	分布情况	人数	百分比
正高	17	39%	中级	6	14%
副高	20	45%	初级	1	2%

表9.6 咨询专家工作年限分布情况

分布情况	人数	百分比	分布情况	人数	百分比
工作年限≥30	3	7%	工作年限11~20	18	41%
工作年限21~30	12	27%	工作年限0~10	11	25%

2.问卷设计

本研究首先初步构建了研究生科研绩效评价指标体系雏形框架,然后根据研究的目的与目标,设计专家咨询问卷。专家咨询问卷主要分为三个部分。第一部分为本课题的研究情况说明,包括本次咨询的背景、目的和意义。第二部分为专家基本情况调查,主要包括专家学历程度、年龄、工作年限、研究领域,职称等,以便对专家咨询权威性进行判断。第三部分为研究生科研绩效评价指标的专家咨询,主要请专家对研究生科研绩效评价指标体系的各项评价指标内容或者权重提出意见与建议。需要指出的是,本研究未涉及艺术类研究生的创作表演、建筑类研究生的建筑设计等科研产出。

3.专家咨询

(1)专家权威性分析

本研究共进行了两轮专家咨询,第一轮发放专家咨询问卷44份,回收有效问卷44份,回收有效率为100%,有效问卷率100%;第二轮发放专家咨询问卷28份,回收有效问卷25份,回收有效率为89%,有效问卷率100%,如表9.7所示。根据查阅的文献分析可得,有效回收率在70%以上,可以认为专家积极性较高。本研究有效回收率均大于80%,表明绝大部分专家都认真完成了问卷调查,且部分专家对研究生科研绩效评价指标体系提出了针对性建议,表明专家对本次咨询的积极性较高。

表9.7 问卷发放回收情况一览表

专家咨询	第一轮	第二轮
发放份数	44	28
回收份数	44	25
回收率	100%	89%
有效问卷率	100%	100%

本研究将"理论分析、工作经验、国内外参考文献、直觉经验"四个方面作为专家主要判断依据。经过统计分析,专家对于问题的判断及评价标准中,100%的专家认为理论分析与工作经验对于判断问题的结果影响较大,91%的专家认为国内外参考文献对于判断问题的影响较大,70%的专家认为直觉经验不能作为判断问题的依据,具体如表9.8所示。综上所述可得,专家普遍认为理论分析和工作经验是问题判断的主要影响因素,表明本次咨询结果可信度较高。

表9.8 专家权威性分析表

判断依据 \ 比例	人数			百分比(%)		
	大	中	小	大	中	小
理论分析	26	18	0	59	41	0
工作经验	29	15	0	66	34	0
参考文献	30	10	4	68	23	9
直觉经验	0	13	31	0	30	70

专家的熟悉程度是指咨询专家对所咨询内容的了解程度,对咨询的可靠性有重要的影响。根据文献分析可得,熟悉程度≥70%认为可以接受。专家熟悉程度的计算公式为:专家熟悉程度(A)=(A1+A2+A3)/3。经过统计分析,A1为86%,A2为89%,A3为85%,A为86.7%,本课题的研究中专家熟悉度(A)为86.7%大于70%,说明专家对咨询问卷的熟悉程度、咨询指标选择的有效性较高。

②专家咨询

在初步形成研究生科研绩效评价指标体系雏形框架的基础上,选择44名相关领域的专家进行问卷咨询,征询专家对各级指标的意见或建议,收回咨询问卷后再对专家的意见或建议进行分析汇总,综合考虑后对指标内容进行适当的调整,有利于最终建立的评价指标体系更加科学、合理。

经过整理、分析和综合专家的意见,研究生科研绩效评价指标体系雏形框架得到了专家的基本认同,但仍有不少的建议,具体的建议如下。

1)删减或替换的指标

有10名(23%)咨询专家建议删除“科研项目经费”指标,因其与其他指标重合;有8名(18%)专家建议删除“专业课成绩”指标,因其不能较好地评价课程设置;有31名(70%)专家建议将“投入指标”“过程指标”“产出指标”改为“科研投入”“科研过程”“科研产出”;有23名(52%)专家建议将“人口变量”改为“生源统计学变量”。

2)增加指标

有21名(48%)的咨询专家建议增加“学术讲座开设”指标,因为其更能体现“科学研究”指标;有19名(43%)的专家建议增加“科研获奖”和“学术专著”指标,因其均为科研产出的类别。

3)合并或拆分指标

有23名(52%)的咨询专家建议“科研论文”指标拆分为“科研论文”和“学术专著”两个指标,因为原有指标不能完全反应科研产出的成果。

按照专家的建议,对研究生科研绩效评价指标体系进行适当的调整,具体如表9.9所示,并且拟通过第二轮专家咨询确定最终的研究生科研绩效评价指标体系。

表9.9 研究生科研绩效评价指标体系框架

一级指标	二级指标	三级指标及含义
科研投入B1	生源质量C1	本科毕业院校D1
		研究生入学成绩D2
		知识技能掌握情况D3
		个性和能力D4
	生物统计学变量C2	性别D5
		年龄D6
		婚姻状况D7
	师资队伍C3	导师学位/职称D8
		师生比D9
		博士学位教师比例D10
		高级职称教师比例D11
		青年教师比例D12
科研投入B1	教育资源C4	实验室、实习场所面积D13
		生均教学科研仪器设备D14
		生均拥有图书数D15
		生均教育经费D16
		校园网络及数据库建设D17

续表

一级指标	二级指标	三级指标及含义
科研过程B2	培养导向C5	培养方向D18
		培养模式D19
	学生投入C6	科研时间D20
		科研兴趣D21
		目标动机D22
	导师指导C7	指导规模D23
		指导方式D24
		指导频率D25
	科学研究C8	参加科研项目数D26
		参加学术会议D27
		学术讲座开设D28
		科研经费提供D29
	教学管理C9	培养方案D30
		教学管理D31
		规章制度D32
	课程设置C10	正高职称教师人均年授课时数D33
		课程内容D34
		课程结构D35
科研产出B3	科研论文C11	论文级别D36
		论文数量D37
		作者排名D38
		论文引用率D39
	科研项目C12	主持项目数D40
		主持项目级别D41
		参研项目数D42
		参研项目级别D43
		参研项目排名D44
科研产出B3	专利和软著C13	申请专利数目D45
		申请专利类别D46
		申请软著数目D47

续表

一级指标	二级指标	三级指标及含义
科研产出B3	学术专著C14	专著级别D48
		专著数量D49
		作者排名D50
	科研获奖C15	获奖级别D51
		获奖数量D52
		作者排名D53

9.2.5 指标权重确定

经过第二轮专家咨询，修订完善研究生科研绩效评价指标体系后，接着开展第三轮专家咨询，但本轮专家咨询的目的是确定各层级指标的权重。第三轮专家咨询共发放问卷44份，回收有效问卷44份，有效回收率为100%。研究生科研绩效评价指标体系的权重计算过程以“专家1”为例。

1.构建层次结构

根据研究生科研绩效评价指标体系，利用层次分析法（AHP）构建层次结构模型，如图9.4所示。简单的层次结构模型分为目标层、准则层、方案层三个层次，本研究构建的研究生科研绩效评价指标层次结构模型中研究生科研绩效评价A为目标层，一级指标B为准则层，二级指标C为子准则层，三级指标D为方案层。

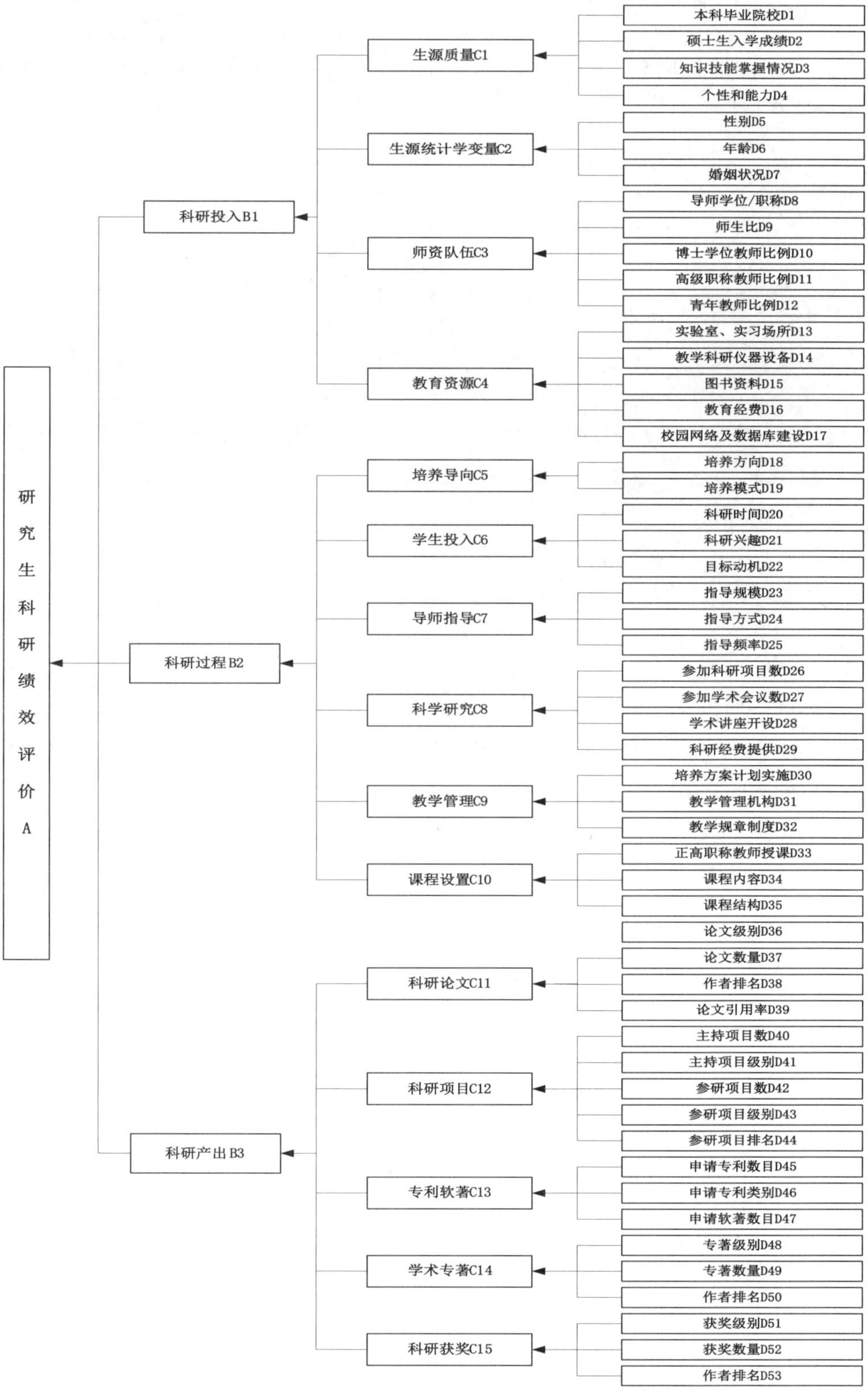

图9.4　研究生科研绩效评价层次结构模型

2.构造判断矩阵

(1)运用萨迪标度相对重要性等级表的原理,设计专家问卷打分表,构造判断矩阵,如公式9.1所示。

$$A=\begin{bmatrix} 1 & a_{12} & \cdots & a_{1i} & \cdots & a_{1i} & \cdots & a_{1n} \\ a_{21} & 1 & \cdots & a_{2i} & \cdots & a_{2j} & \cdots & a_{2n} \\ \vdots & \vdots & \vdots & \vdots & \vdots & \vdots & \vdots & \vdots \\ a_{i1} & a_{i2} & \cdots & 1 & \cdots & a_{ij} & \cdots & a_{in} \\ \vdots & \vdots & \vdots & \vdots & \vdots & \vdots & \vdots & \vdots \\ a_{i1} & a_{i2} & \cdots & a_{ji} & \cdots & 1 & \cdots & a_{jn} \\ \vdots & \vdots & \vdots & \vdots & \vdots & \vdots & \vdots & \vdots \\ a_{n1} & a_{n2} & \cdots & a_{ni} & \cdots & a_{ni} & \cdots & 1 \end{bmatrix}=(a_{ij})_{n\times n} \quad \text{(式9.1)}$$

(2)邀请44位专家填写问卷打分表,根据问卷结果及专家评判意见,参照萨迪相对重要性等级表,从而构建出各分级指标的判断矩阵,以专家1填写的判断矩阵A1~C13为例进行演绎计算。

$$A1=\begin{bmatrix} A & B1 & B2 & B3 \\ B1 & 1 & 1/2 & 1 \\ B2 & 2 & 1 & 2 \\ B3 & 1 & 1/2 & 1 \end{bmatrix}$$

目标层为研究生科研绩效评价(A),一级指标包含科研投入(B1)、科研过程(B2)、科研产出(B3)等3个要素。参照“专家1”的数值和相关专家的建议,确定一级指标层对目标称的判断矩阵A1。

$$B1=\begin{bmatrix} B & C1 & C2 & C3 & C4 \\ C1 & 1 & 3 & 1 & 1/4 \\ C2 & 1/3 & 1 & 1/5 & 1/7 \\ C3 & 1 & 5 & 1 & 1/3 \\ C4 & 4 & 7 & 3 & 1 \end{bmatrix}$$

$$B2=\begin{bmatrix} B & C5 & C6 & C7 & C8 & C9 & C10 \\ C5 & 1 & 1/3 & 1 & 1/3 & 3 & 3 \\ C6 & 3 & 1 & 3 & 1 & 5 & 5 \\ C7 & 1 & 1/3 & 1 & 1/3 & 3 & 3 \\ C8 & 3 & 1 & 3 & 1 & 5 & 5 \\ C9 & 1/3 & 1/5 & 1/3 & 1/5 & 1 & 1 \\ C10 & 1/3 & 1/5 & 1/3 & 1/5 & 1 & 1 \end{bmatrix}$$

$$B3=\begin{bmatrix} B & C11 & C12 & C13 & C14 & C15 \\ C11 & 1 & 2 & 2 & 2 & 4 \\ C12 & 1/2 & 1 & 1 & 1/2 & 2 \\ C13 & 1/2 & 1 & 1 & 1/2 & 2 \\ C14 & 1/2 & 2 & 2 & 1 & 4 \\ C15 & 1/4 & 1/2 & 1/2 & 1/4 & 1 \end{bmatrix}$$

准则层为一级指标，包含科研投入(B1)、科研过程(B2)、科研产出(B3)等3个要素。参照"专家1"的数值参数和相关专家的建议，确定子准则层对准则层的判断矩阵B1–B3。同理，子准则层为包含二级指标生源质量(C1)……专利和软著(C13)等13个要素。按照上述方法，参照"专家1"的数值参数和相关专家的建议，确定方案层对子准则层的判断矩阵C1–C13。

3.层次单排序及一致性检验

(1)层次单排序

层次单排序是指判断矩阵的相关因素对其准则相对重要性的排序计算，主要包括正规化判断矩阵、计算各行和的均值及矩阵最大特征根等，主要有以下几个步骤：

第一步，正规化判断矩阵，可得$\tilde{A}$。

$$\tilde{A} = [\,\overline{a_{ij}}\,] \qquad (式9.2)$$

$$a_{ij} = \frac{a_{ij}}{\sum_{k=1}^{n} a_{kj}}(i, j = 1, 2, \cdots, n) \qquad (式9.3)$$

第二步，计算各行和的均值，可得特征向量W。

$$w=(w_1, w_2, \cdots w_n)^T$$

$$wi = \frac{1}{n}\sum_{j=1}^{n} \bar{a}_{ij}\,(1, 2, \cdots, n) \qquad (式9.4)$$

第三步，计算判断矩阵的最大特征根。

$$\lambda\max = \frac{1}{n}\sum_{i=1}^{n} \frac{(Aw)i}{w_i} \qquad (式9.5)$$

其中，$(Aw)i$表示向量Aw的第i个分量。

(2)一致性检验

一致性检验，主要是用以鉴定判断矩阵的可靠程度。如若矩阵偏离一致性，则无法保证其可靠程度和逻辑合理性。进行一致性检验的过程如下：

第一步，求取一致性指标C.I.。

C.I. $= (\lambda\max - n)/(n - 1)$

第二步，通过表9.10查找平均随机一致性指标R.I.。

表9.10　随机一致性指标

n	1	2	3	4	5	6	7	8	…
R.I.	0	0	0.58	0.89	1.12	1.24	1.32	1.41	…

第三步，得出一致性比例C.R.。

$$C.R. = \frac{C.I.}{R.I.} \qquad \text{（式9.6）}$$

对于一致性比例，一般在C.R.=0时，可以称判断矩阵为完全一致性矩阵；C.R.<0.1时，可认为判断矩阵符合标准；C.R.>0.1时，则可认为判断矩阵需要调整。

（3）层次单排序及一致性检验结果

利用上述方法，经过YAAHP软件运算，可求得专家1对研究生科研绩效评价指标的一致性比例C.R.。以专家1的咨询结果为例进行演绎运算。具体结果如图9.5至图9.8所示。

图9.5　一级指标的一致性检验结果

图9.6　二级指标B1的一致性检验结果

图9.7　二级指标B2的一致性检验结果

图9.8　二级指标B3的一致性检验结果

最终可得出一级指标一致性比例C.R.=0.000，二级指标一致性比例C.R.=(0.0287，0.0122，0.0131)，三级指标一致性比例C.R.=(0.0454，0.0516，0.0337，0.0304，0，0.0516，0，0，0，0，0，0，0，0，0，0)，层次单排序一致性比例C.R.均小于0.1，同理可得其他43位专家对评价指标的C.R.也均小于0.1，满足一致性要求，表明判断矩阵构造合理，权重结果可用于研究生科研绩效评价。

4.层次总排序及一致性检验

(1)层次总排序及一致性检验

层次总排序即对整体层次结构由上而下逐层合并计算，求出方案层对目标层的重要性权重系数。层次总排序一致性检验需逐步计算以下指标：

$$\text{C.I.} = \sum_{j=1}^{m} a_j C.I._j \qquad (式9.7)$$

$$\text{R.I.} = \sum_{j=1}^{m} a_j R.I._j \qquad (式9.8)$$

$$\text{C.R.} = \frac{C.I.}{R.I.} \qquad (式9.9)$$

层次总排序一致性比例C.R.=0时，可认为判断矩阵是完全一致性矩阵；C.R.<0.1时，可认为判断矩阵符合标准；C.R.>0.1时，可认为判断矩阵需要调整。

(2)层次总排序及一致性检验结果

经YAAHP软件运算可得,专家1对研究生科研绩效评价指标层次总排序的一致性检验比例C.R.=0.000,小于0.1。同理可得其他43位专家相应C.R.均小于0.1,说明判断矩阵的总体一致性较好,在可接受范围内。

按照上述方法,计算均符合一致性检验要求的44位专家对各级评价指标权重系数的算数平均数,结果即为各级指标对应的权重系数。研究生科研绩效评价指标体系权重系数如表9.11所示。

表9.11　研究生科研绩效评价指标体系(权重)

一级指标	权重	二级指标	权重	三级指标	权重
科研投入	0.3021	生源质量	0.0840	本科毕业院校	0.0189
				研究生入学成绩	0.0075
				知识技能掌握情况	0.0159
				个性和能力	0.0256
		生源统计学变量	0.0180	性别	0.0046
				年龄	0.0070
				婚姻状况	0.0069
		师资队伍	0.1168	导师学位/职称	0.0347
				师生比	0.0254
				博士学位教师比例	0.0251
				高级职称教师比例	0.0224
				青年教师比例	0.0080
		教育资源	0.0832	实验室、实习场所	0.0159
				教学科研仪器设备	0.0240
				图书资料	0.0172
				教育经费	0.0226
				网络及数据库建设	0.0203
科研过程	0.3235	培养导向	0.0692	培养方向	0.0313
				培养模式	0.0358
		学生投入	0.0390	科研时间	0.0130
				科研兴趣	0.0280
				目标动机	0.0158

续表

一级指标	权重	二级指标	权重	三级指标	权重
科研过程	0.3235	导师指导	0.0480	指导规模	0.0126
				指导方式	0.0249
				指导频率	0.0146
		科学研究	0.0688	参加科研项目数	0.0142
				参加学术会议数	0.0152
				学术讲座提供	0.0153
				科研经费提供	0.0243
		教学管理	0.0353	培养方案计划实施	0.0095
				教学管理机构	0.0089
				教学规章制度	0.0119
		课程设置	0.0632	正高职称教师授课	0.0089
				课程内容	0.0233
				课程结构	0.0158
科研产出	0.3745	科研论文	0.1535	论文级别	0.0453
				论文数量	0.0216
				作者排名	0.0371
				论文引用率	0.0278
		科研项目	0.0731	主持项目数	0.0173
				主持项目级别	0.0274
				参研项目数	0.0117
				参研项目级别	0.0087
				参研项目排名	0.0082
		专利和软著	0.0481	申请专利数目	0.0193
				申请专利类别	0.0214
				申请软著数目	0.0141
		学术专著	0.0408	专著级别	0.0222
				专著数量	0.0224
				作者排名	0.0252

续表

一级指标	权重	二级指标	权重	三级指标	权重
科研产出	0.3745	科研获奖	0.0590	获奖级别	0.0137
				获奖数量	0.0141
				作者排名	0.0172

经过两轮专家咨询确定研究生科研绩效评价指标，并通过第三轮专家咨询得出评价指标权重系数，最终得出研究生科研绩效评价指标体系。

9.3 基于SEM的研究生科研绩效影响因素实证分析

研究生科研绩效影响因素的实证分析共经历四个步骤：一是构建研究生科研绩效影响因素的结构方程模型；二是模型的评估及修正；三是模型的拟合度分析；四是研究结果的分析。

9.3.1 问卷设计及数据统计分析

1.问卷设计

实证分析的问卷设计是从与研究生科研绩效相关的不同维度出发，编制"硕士研究生科研绩效影响因素"调查问卷，以期了解研究生科研绩效现状，探析影响研究生科研绩效的主要因素，从而探索研究生科研绩效水平的提升策略。

在文献分析及专家访谈的基础上，同时参照研究生科研绩效评价指标体系，将研究生科研绩效的影响因素分为5个维度，包括科研投入部分的4个维度和科研产出部分的1个维度，即自身因素、导师因素、组织因素、学校因素及科研产出。

初始编制的"研究生科研绩效影响因素"调查问卷共32个项目。邀请专家对问卷每个项目的可读性和适宜性评定后，增加了3个项目，并对部分项目的语言表达进行了优化，最终问卷共有35个项目，如表9.12所示。其中，科研投入部分中4个维度的具体项目全部使用李克特五点量表测评，根据对描述问题的符合程度，在数据处理时从弱到强分别用数字1–5进行赋值。

表9.12　问卷的维度及项目设计

调查问卷	维度	项目数
研究生科研绩效影响因素调查	自身因素	5
	导师因素	6

续表

调查问卷	维度	项目数
研究生科研绩效影响因素调查	组织因素	5
	学校因素	6
	科研产出	5

在重庆师范大学随机选取了116名硕士研究生，对问卷进行试测，以保证编制问卷的科学性。运用SPSS26.0对试测问卷进行信度和效度的检验。

（1）信度分析

信度，是指问卷的可信程度，主要表现检验结果的一惯性、一致性、再现性和稳定性。信度的估计主要通过Cronbach´s Alpha系数的大小来表示，当0.5<Cronbach´s Alpha <0.7时，认为该调查问卷测量结果可以被接受，当Cronbach´s Alpha>0.7时，认为该问卷测量的结果处于高信度水平。

运用SPSS 26.0统计软件对试测问卷的数据进行处理，对各一级指标之间的一致性及一级指标与各自二级指标之间的一致性做信度分析，分析整个问卷总体的Cronbach´s Alpha为0.960>0.7，说明测量结果达到了高信度水平，分析结果如表9.13所示。

表9.13　试测问卷的可靠性检验

Cronbach´s Alpha	基于标准化项的Cronbachs Alpha	项数
0.939	0.960	35

（2）效度分析

效度分析是一种数据简化的技术，通过研究众多变量之间的内部依赖关系，探求观测数据中的基本结构，可以更加科学的衡量各指标达到的程度，其测量结果用于说明问卷所选取的问题是否具有代表性、合理性和针对性。通常采用KMO值和巴特莱特球形检验来检测问卷是否适合做因子分析，从而进行效度检验。KMO的取值在0到1之间，当KMO < 0.5时，极不适合做因子分析；当0.5≤KMO < 0.6时，不太适合；当0.6≤KMO < 0.7时，表明问卷可以做因子分析；当0.7≤KMO < 0.8时，表明问卷适合做因子分析的程度一般；当0.8≤KMO < 0.9时，表明适合做因子分析。KMO > 0.9且接近于1时，表明非常适合做因子分析。

表9.14　试测问卷的KMO和Bartlett检验

取样足够度的Kaiser-Meyer-Olkin度量		0.937
Bartlett 的球形度检验	近似卡方	3115.711
	df	595
	Sig	.000

运用SPSS 26.0统计进行KMO和Bartlett检验，结果如表9.14所示。问卷的整体KMO值为0.937，各维度的KMO值均高于0.8，sig为0.000，表明问卷效度良好，适合用于后续研究。

经过前测验证了“研究生科研绩效影响因素调查问卷”的合理性。遂从重庆大学、西南大学、重庆交通大学、重庆邮电大学、重庆师范大学、西南政法大学等11所高校及全国其他高校中随机抽取700名全日制在读硕士研究生，用优化后的“研究生科研绩效影响因素”调查问卷进行测评。收回有效问卷663份，有效率为94.7%。

2.数据统计分析

样本选取范围定位为重庆市11所高校的硕士研究生和全国各地其他学校硕士研究生。在就读高校中，重庆师范大学所占的比例最大，为18.55%，重庆其他高校所占的比例较为平均，可以说在一定程度上样本选取是合理的。女生所占的比例较大，为75.87%，年龄范围在23–25岁，所占的比例较大，为47.66%，说明大部分学生可能是由本科直接考进研究生。婚姻状况为：未婚的比例为90.59%，已婚的比例为9.05%。2017级和2016级的学生所占比例较大，本科毕业院校大部分属于普通本科院校，比例为87.18%。此外，50.68%的学生在研究生入学考试中取得了较好的成绩，36.80%的学生本科专业与研究生专业完全一致，但也有10.86%的学生专业完全不相关。

(1)信度分析

将663份有效问卷的数据导入SPSS 26.0软件中进行信度检验，检验结果如表9.15所示。问卷的总体Cronbach′s Alpha为0.932，各维度的Cronbach′s Alpha均在0.7以上，说明测量结果达到了高信度水平。

表9.15　问卷的可靠性检验

Cronbach′s　Alpha	基于标准化项的Cronbachs　Alpha	项数
0.907	0.932	35

科研绩效影响因素各一级指标的Cronbach′s Alpha和一级指标总的Cronbach′s Alpha检验结果如表9.16所示。

表9.16　各维度的可靠性检验

维度	指标数量	Cronbach′s　Alpha	基于标准化项的Cronbachs　Alpha	整体Cronbach′s Alpha
自身因素	5	0.861	0.866	0.960
导师因素	6	0.900	0.902	
组织因素	5	0.926	0.926	
学校因素	6	0.887	0.887	
科研产出	5	0.855	0.856	

表9.16分析的结果为去除问卷中基本信息统计的数据，有针对性的对5个潜变量和27个观察变量分别进行总信度分析和各维度信度分析，整体Cronbach′s Alpha为0.960>0.9，各维度的测量结果也处于高信度水平。

（2）效度检验

运用SPSS 26.0对问卷的数据进行效度检验，结果如表9.17所示。问卷的KMO值为0.961>0.9，表示非常适合做因子分析，Bartlett的球形度检验计量的观测值为13044.998，其显著性为0.000<0.01，说明各变量之间并非对立，而是有共同因素，也表明该组样本数据之间相关性较高，适合做因子分析。

表9.17　问卷的KMO和Bartlett检验

取样足够多的Kaiser-Meyer-Olkin度量		0.961
Bartlett的球形度检验	近似卡方	13044.998
	df	351
	Sig	0.000

对各维度变量进行KMO和Bartlett检验，结果如表9.18所示。

表9.18　各维度的KMO和Bartlett检验

一级指标 / 信效度		自身因素	导师因素	组织因素	学校因素	科研产出
KMO		0.839	0.866	0.903	0.883	0.849
Bartlett的球形度检验	近似卡方	1682.815	2479.359	2491.078	2084.193	1440.521
	df	10	15	10	15	10
	Sig	0.000	0.000	0.000	0.000	0.000

基于上述调查问卷的信度和效度分析，结果表明该问卷的信效度良好，非常适合做因子分析，并从侧面验证了所构建的研究生科研绩效评价指标体系的科学性和可靠性，为进一步开展结构方程模型的构建和实证研究奠定了坚实的基础。

9.3.2 结构方程模型的构建

根据构建的研究生科研绩效评价体系，并在文献分析及专家访谈的基础上，选取变量指标。本章节设定了四个潜变量对研究生科研产出的内容进行界定，分别是自身因素、导师因素、组织因素和学校因素。对于研究生而言，科研产出包括科研论文、科研项目、发明专利、学术专著和科研成果获奖。每个潜变量由若干个观测变量表示。潜变量与观测变量之间的理论模型假设，如图9.9所示。

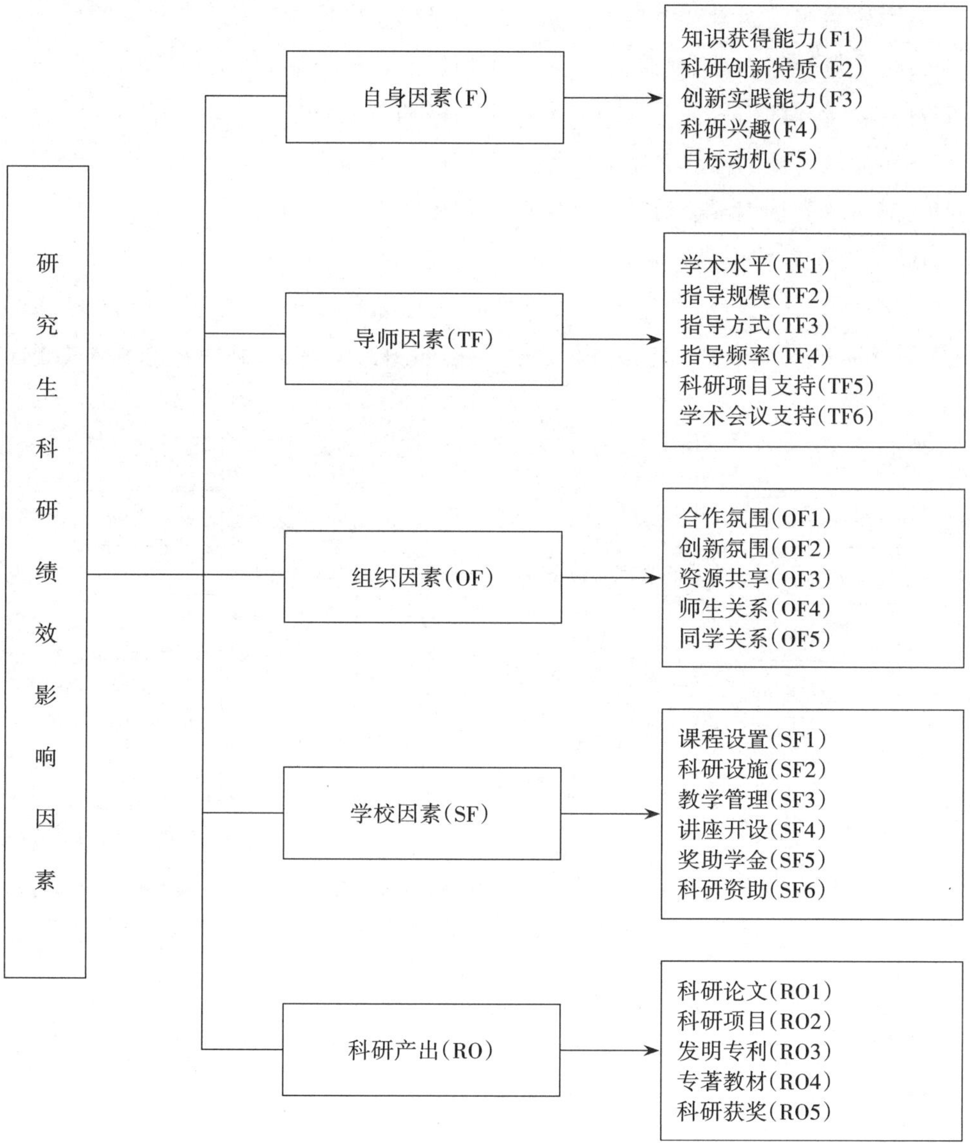

图9.9　测量方程理论模型

对于潜变量之间的关系,在分析国内外专家学者的研究文献、实证资料、理论经验和探索性研究等的基础上做出假设。本章节假设了四个潜变量对科研产出的影响以及四个潜变量间的相互影响关系,也就是结构理论模型假设。基本路径分析假设如下描述:

H1:潜变量自身因素会对科研产出产生积极的正向影响。

H2:潜变量导师因素会对科研产出产生积极的正向影响。

H3:潜变量组织因素会对科研产出产生积极的直接或者间接的正向影响。

H4:潜变量学校因素会对科研产出产生积极的正向影响。

H5:潜变量组织因素会对自身因素产生积极的正向影响。

H6:潜变量导师因素会对组织因素产生积极的正向影响。

H7:潜变量导师因素会对自身因素产生积极的正向影响。

H8:潜变量学校因素会对组织因素产生积极的正向影响。

H9:潜变量学校因素会对导师因素产生积极的正向影响。

H10:潜变量学校因素会对自身因素产生积极的正向影响。

为了进一步验证指标模型的合理性以及各指标的影响情况,根据上述假设,构建研究生科研绩效影响因素结构方程理论模型,如图9.10所示,随后依据样本数据进行模型识别和修正。

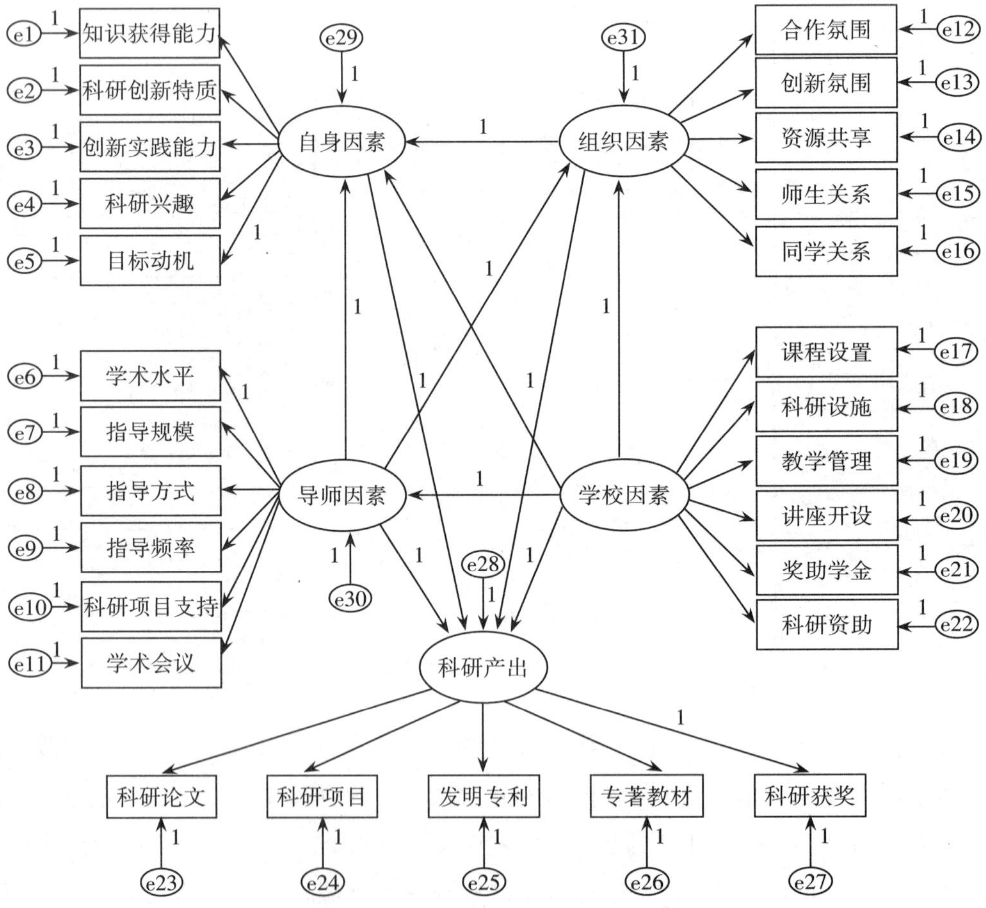

图9.10 科研绩效影响因素结构方程理论模型

9.3.3 初始结构方程模型

初始化结构方程模型包括结构方程模型的识别、模型的路径及参数估计。

1.影响因素模型的SEM识别

结构方程理论模型建立后，需要对模型进行识别，模型能够被识别的情况下，才可以顺利地进行各个参数的估计，进行下一步研究。假设SEM模型中共有p个外生可观测变量，q个内生可观测变量，形成的数据点数目=$(p+q)(p+q+1)/2$，在模型中所有观测变量的方差和协方差为数据点数目。假设待估计的自由参数为t个，则模型自由度的计算方法为：$\mathrm{df}=(p+q)(p+q+1)/2-t$，根据自由度的正负值来判断模型是否被识别。这种模型的识别，是根据Bollen创立的t法则（t-rule）为标准进行判定的，t法则的数学表达式为：$t\leqslant(p+q)(p+q+1)/2$。根据前面路径结果分析该模型，内生潜变量既可以影响其他内生变量，也可以被影响，所以本研究中观测变量既有内生观测变量也有外生观测变量。

①确定内生观测变量个数为：自身因素5个、导师因素6个、组织因素5个、学校因素6个，q=5+6+5+6=22个内生观测变量。

②确定外生观测变量个数为：科研产出5个外生观测变量，p=5个。

③数据点的数目=$(p+q)(p+q+1)/2$=378个，待估计的自由参数t=方差+协方差+回归系数=58，即：自由度$\mathrm{df}=(p+q)(p+q+1)/2-t=320$，$\mathrm{df}>0$，这说明数据点的数目比估计参数的总数多，此时自由度为正数，表示模型能够被过度识别，如此才能够进一步进行模型适配度检验。

2.模型路径及参数估计

将调查数据匹配后导入AMOS24.0软件，运行Calculate Estimates计算，得到初始结构方程模型标准化路径系数，如图9.11所示。

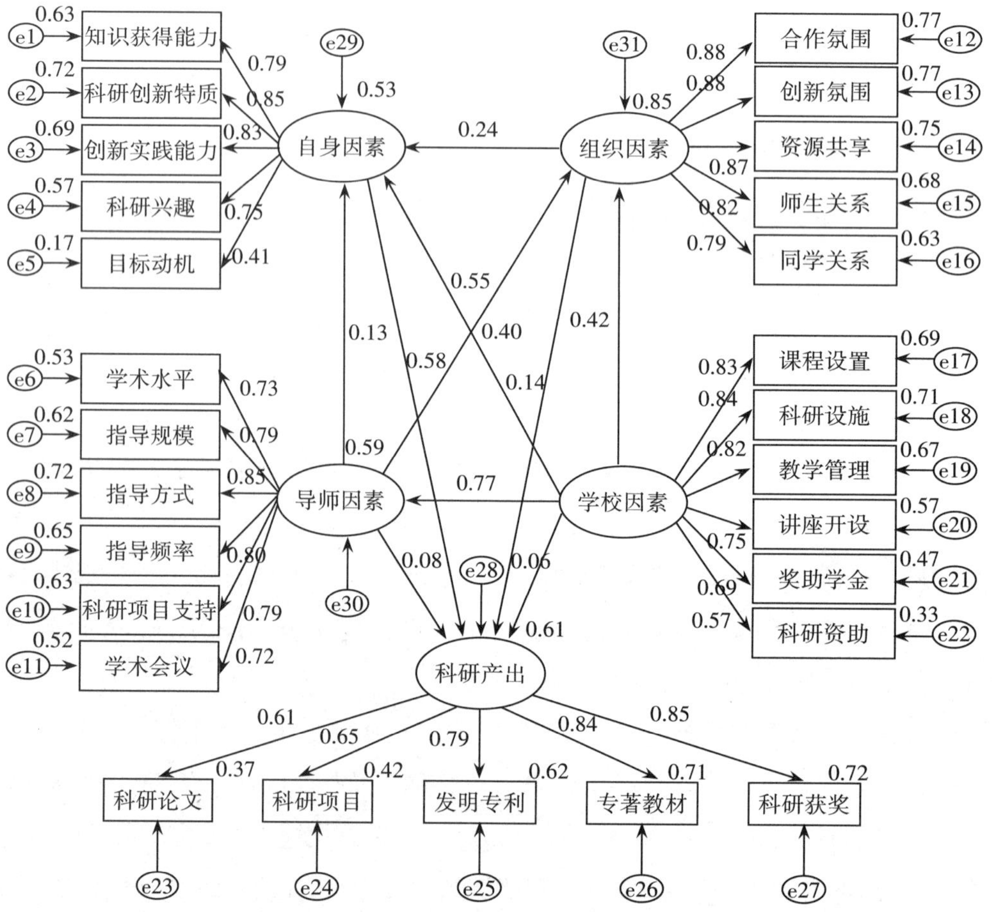

图9.11 结构方程模型路径

对于变量间的路径影响进行分析，得到如图9.11所示的结果。由结构方程模型路径图（图9.11）及回归分析结果（表9.19所示）可知，潜变量即一级指标的因子载荷量的最大值是0.88，最小值是0.41，显著性概率值Probability level都在0.001置信水平下显著，方差、误差值均为正，表明结构方程模型与实际样本数据可以较好的适配。

表9.19 变量间回归结果分析

变量	影响关系	变量	Estimate	S.E.	C.R.	P	Label
科研兴趣	<---	自身因素	1.918	.119	16.053	***	par_1
创新实践能力	<---	自身因素	1.863	.108	17.266	***	par_2
科研创新特质	<---	自身因素	1.939	.111	17.476	***	par_3
知识获得能力	<---	自身因素	1.688	.101	16.687	***	par_4
科研项目支持	<---	导师因素	16.134	1.870	8.626	***	par_5

续表

变量	影响关系	变量	Estimate	S.E.	C.R.	P	Label
指导频率	<---	导师因素	14.500	1.677	8.647	***	par_6
指导方式	<---	导师因素	15.720	1.801	8.727	***	par_7
指导规模	<---	导师因素	15.303	1.777	8.614	***	par_8
学术水平	<---	导师因素	12.880	1.521	8.469	***	par_9
合作氛围	<---	组织因素	10.223	1.149	8.898	***	par_10
创新氛围	<---	组织因素	9.643	1.084	8.896	***	par_11
资源共享	<---	组织因素	9.605	1.081	8.883	***	par_12
师生关系	<---	组织因素	9.100	1.034	8.802	***	par_13
同学关系	<---	组织因素	7.915	.906	8.736	***	par_14
课程设置	<---	学校因素	19.913	2.289	8.700	***	par_15
科研设施	<---	学校因素	21.413	2.456	8.718	***	par_16
教学管理	<---	学校因素	19.215	2.214	8.678	***	par_17
讲座开设	<---	学校因素	18.411	2.157	8.534	***	par_18
科研项目	<---	科研产出	.771	.042	18.190	***	par_19
科研论文	<---	科研产出	.744	.044	16.766	***	par_20
学术会议	<---	导师因素	15.542	1.836	8.463	***	par_21
科研资助	<---	学校因素	13.105	1.650	7.942	***	par_22
专著教材	<---	科研产出	.936	.036	26.304	***	par_23
发明专利	<---	科研产出	.937	.039	23.903	***	par_24

注：**表示 P<0.05，***表示 P<0.001，<---表示单向影响关系。

9.3.4 结构方程模型的修正

1.修正前拟合效果

将调查数据导入AMOS24.0后，对各项指标的拟合度进行检验分析。常用的拟合度指数分析包括绝对适配指数分析、增值适配度指数分析及简约适配度指数分析。绝对适配指数分析如表9.20所示。

表9.20 绝对适配度指数分析

绝对适配度指数	适配的标准或临界值	检验值	适配判断
CMIN值	P>0.050	1369.020(0.000)	否
RMR值	<0.050	0.043	是
RMSEA值	<0.050	0.07	否
GFI值	>0.900	0.860	否
AGFI值	>0.900	0.835	否
CMIN/DF	<2.000	4.278	否

在绝对适配度指数分析中，CMIN为差异的宏函数，差异表示卡方值(Chi-square)，它可以检查模型是否适合数据；显著性P大于0.05，即可认定该模型与数据拟合度适度。RMR为“残差均方根”，其值越接近于0表示模型拟合度越好，通常采用RMR<0.05做为判断标准；RMSEA为“平均平方误差平方根”，其值小于0.05时，可以判断模型的拟合度较好；GFI为“拟合优度指数”，其值越接近于1表示模型适合度越好，通常采用GFI>0.9作为临界值标准；AGFI为“调整后的拟合优度指数”，临界标准为0.9；CMIN/DF是指卡方值除以自由度，其值为4.278大于临界标准值2.0，说明模型拟合度不理想。

由表9.20可知，显著性P、RMSEA、GFI、AGFI、CMIN/DF的值未在标准范围之内，即该模型的绝对适配指数未达到可接受范围。

表9.21 增值适配度指数分析

增值适配度指数	适配的标准或临界值	检验值	适配判断
NFI值	>0.900	0.897	否
RFI值	>0.900	0.887	否
IFI值	>0.900	0.919	是
TLI值	>0.900	0.911	是
CFI值	>0.900	0.919	是

在增值适配度指数分析中，NFI为“标准适配指数”、RFI为“相对适配指数”、IFI为“增量适配指数”、TLI为“Tueker-Lewis指数”、CFI为“比较适配度指数”，当值大于0.9时，说明模型拟合度较好。由表9.21可知，NFI、RFI的值均小于0.9，表明该模型的增值适配指数未达到理想状态。

表9.22 简约适配度指数分析

简约适配度指数	适配的标准或临界值	检验值	适配判断
PGFI值	>0.500	0.728	是
PNFI值	>0.500	0.817	是
PCFI值	>0.500	0.837	是

在简约适配度指数分析中，PNFI为“简约性已调整基准化适合度指标”、PCFI为“简约性已调整比较适合度指标”，当值大于0.5时，拟合度较好。由表9.22可知，PGFI、PNFI、PCFI的值均大于0.5，表明该模型的简约适配指数达到可接受范围。

根据拟合指数分析结果可知，模型的拟合指数未达到理想状态，需要根据修正指标对模型进行修正。

2.修正后拟合效果

根据修正的提示，综合考虑初始结构方程模型的路径图和修正指标，增列e4和e5、e5和e7、e8和e9、e10和e11、e23和e24等5对残差项之间的共变关系。运行Calculate Estimates计算，得到的模型拟合参数有了较大改善，但仍有个别统计量与适配标准有一定偏差，且此时修正指标也提示还有增加残差共变关系的必要。因此，参照Bollen-stine法来进一步修正模型拟合度，再次修正后的结构方程模型路径图如图9.12所示。

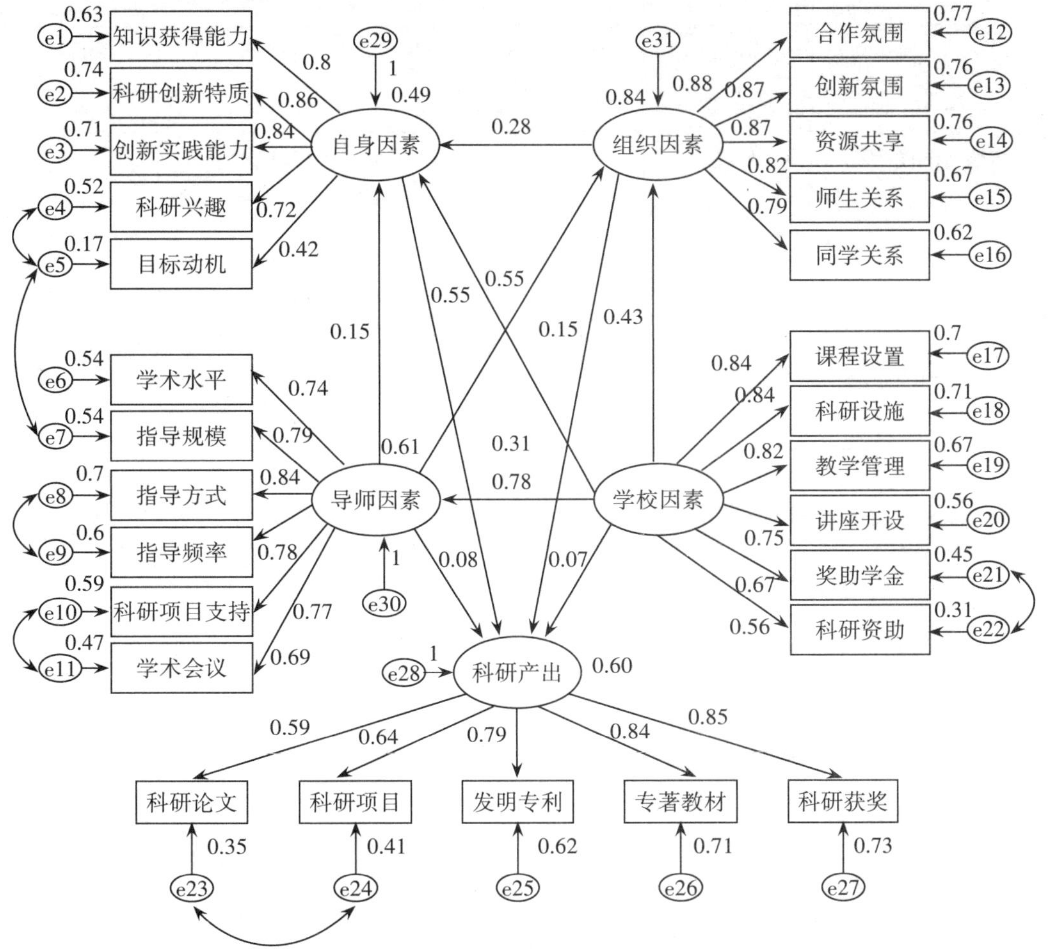

图9.12　修正后的研究生科研绩效影响因素结构方程模型路径图

再次修正后的结构方程模型拟合效果如表9.23所示。此时,结构方程拟合效果的检验值,均达到参考的适配标准,说明构建的各个模型适配度良好,均可以被接受。因此,将此模型确定为最终的结构方程模型。

表9.23　修正后结构方程模型拟合效果

统计检验量		适配的标准或临界值	检验值	适配判断
绝对适配度指数	CMIN值	P>0.050	0.056	是
	RMR值	<0.050	0.041	是
	RMSEA值	<0.050	0.037	是
	GFI值	>0.900	0.901	是
	AGFI值	>0.900	0.903	是
	CMIN/DF	<2.000	1.209	是
增值适配度指数	NFI值	>0.900	0.925	是
	RFI值	>0.900	0.916	是
	IFI值	>0.900	0.948	是
	TLI值	>0.900	0.941	是
	CFI值	>0.900	0.947	是
简约适配度指数	PGFI值	>0.500	0.741	是
	PNFI值	>0.500	0.820	是
	PCFI值	>0.500	0.839	是

9.3.5 假设检验与研究结果分析

1.验证性因素分析

科研绩效影响因素的结构方程模型中,潜在变量间的影响效应系数如表9.24所示。

表9.24　潜在变量间的影响效应系数

潜变量	影响关系	潜变量	直接影响效应	间接影响效应	总影响效应
科研产出	<---	自身因素	0.548	0.000	0.548
科研产出	<---	导师因素	0.084	0.169	0.253
组织因素	<---	导师因素	0.547	0.000	0.547
自身因素	<---	导师因素	0.154	0.154	0.308
科研产出	<---	组织因素	0.154	0.154	0.308

续表

潜变量	影响关系	潜变量	直接影响效应	间接影响效应	总影响效应
自身因素	<---	组织因素	0.281	0.000	0.281
科研产出	<---	学校因素	0.066	0.233	0.299
组织因素	<---	学校因素	0.426	0.426	0.852
导师因素	<---	学校因素	0.778	0.000	0.778
自身因素	<---	学校因素	0.306	0.204	0.510

由表9.24可知：①学校因素对组织因素的影响最为显著，总影响效应系数值达0.852，且直接影响效应与间接影响效应相同；②学校因素对导师因素的影响次之，总影响效应系数值为0.778；③自身因素对科研产出的总影响效应系数为0.548；④导师因素对组织因素的总影响系数值为0.547；⑤学校因素对自身因素的总影响系数为0.510；⑥导师因素对自身因素和组织因素对科研产出的总影响效应系数相同，均为0.308，且间接影响效应等于直接影响效应；⑦学校因素对科研产出和组织因素对自身因素的总影响效应系数分别为0.299和0.281，且学校因素对科研产出的间接影响效应大于直接影响效应；⑧导师因素对科研产出的总影响效应系数最小为0.253，但其间接影响效应大于直接影响效应。

2.假设验证

由验证性因素分析可知，潜在变量间的总影响效应系数均为正值且大于0.2，则本研究的假设均可被证实，如表9.25所示。

表9.25　假设检验结果

假设提出	检验结果
H1：潜变量自身因素会对科研产出产生积极的正向影响	成立
H2：潜变量导师因素会对科研产出产生积极的正向影响	成立
H3：潜变量组织因素会对科研产出产生积极的正向影响	成立
H4：潜变量学校因素会对科研产出产生积极的正向影响	成立
H5：潜变量组织因素会对自身因素产生积极的正向影响	成立
H6：潜变量导师因素会对组织因素产生积极的正向影响	成立
H7：潜变量导师因素会对自身因素产生积极的正向影响	成立
H8：潜变量学校因素会对组织因素产生积极的正向影响	成立
H9：潜变量学校因素会对导师因素产生积极的正向影响	成立
H10：潜变量学校因素会对自身因素产生积极的正向影响	成立

3.测量模型影响效应分析

在测量模型中，详细分析了各一级变量与其所包含的二级变量之间的影响效应系数，确定影响效应系数的大小，从而判断彼此之间的影响程度。自身因素与其各二级变量之间的影响效应系数如表9.26所示。

表9.26　自身因素与其各二级变量之间的影响效应系数

自身因素与其各二级变量之间的影响效应系数			直接影响效应	间接影响效应	总影响效应
自身因素	<---	知识获得能力	0.797	0.012	0.809
自身因素	<---	科研创新特质	0.861	0.012	0.873
自身因素	<---	创新实践能力	0.841	0.012	0.853
自身因素	<---	科研兴趣	0.721	0.020	0.741
自身因素	<---	目标动机	0.417	0.026	0.443

在自身因素的五个决定因素中，科研创新特质的总影响效应系数最大，为0.873；其次为创新实践能力，其对自身因素的总影响效应系数为0.853；目标动机对自身因素的影响最小，为0.443，但其间接影响效应系数在所有二级变量对自身因素的影响中是最大的。可见，各决定因素对自身因素不仅有直接影响效应，同时还存在着间接影响效应。

表9.27　导师因素与其各二级变量之间的影响效应系数

导师因素与其各二级变量之间的影响效应系数			直接影响效应	间接影响效应	总影响效应
导师因素	<---	学术水平	0.738	0.017	0.755
导师因素	<---	指导规模	0.793	0.016	0.809
导师因素	<---	指导方式	0.836	0.014	0.850
导师因素	<---	指导频率	0.777	0.016	0.793
导师因素	<---	科研项目支持	0.767	0.020	0.787
导师因素	<---	学术会议	0.686	0.027	0.713

由表9.27可知，导师因素的六个决定因素中，指导方式的总影响效应系数最大，为0.850；其次为指导规模，其对导师因素的总影响效应系数为0.809；导师对学术会议的支持对导师因素的影响最小，为0.713，但其间接影响效应系数在其余五个决定因素中为最大。可见，各决定因素对导师因素不仅有直接影响效应，同时还存在着间接效应。

表9.28　组织因素与其各二级变量之间的影响效应系数

组织因素与其各二级变量之间的影响效应系数			直接影响效应	间接影响效应	总影响效应
组织因素	<---	合作氛围	0.875	0.013	0.888
组织因素	<---	创新氛围	0.874	0.012	0.886
组织因素	<---	资源共享	0.869	0.012	0.881
组织因素	<---	师生关系	0.821	0.015	0.836
组织因素	<---	同学关系	0.788	0.014	0.802

由表9.28可知，组织因素的五个决定因素中，合作氛围的总影响效应系数最大为0.888；其次为创新氛围，其对组织因素的总影响效应系数为0.886；同学关系对组织因素的影响最小为0.802。此外，各决定因素对组织因素不仅有直接影响效应，同时还存在着间接效应。

表9.29　学校因素与其各二级变量之间的影响效应系数

学校因素与其各二级变量之间的影响效应系数			直接影响效应	间接影响效应	总影响效应
学校因素	<---	课程设置	0.836	0.013	0.849
学校因素	<---	科研设施	0.844	0.014	0.858
学校因素	<---	教学管理	0.821	0.013	0.834
学校因素	<---	讲座开设	0.748	0.018	0.766
学校因素	<---	奖助学金	0.670	0.020	0.690
学校因素	<---	科研资助	0.555	0.023	0.578

由表9.29可知，学校因素的六个决定因素中，科研设施的总影响效应系数最大为0.858；其次为课程设置，其对学校因素的总影响效应系数为0.849；科研资助对学校因素的影响最小为0.578，但其间接影响效应系数在其余六个决定因素中为最大。各决定因素对学校因素不仅有直接影响效应，同时还存在着间接效应。

由测量模型的验证性因素分析和结构方程模型的影响效应系数分析结果可知，在科研绩效的影响因素中，自身因素对科研产出的影响最为显著，其次是组织因素、学校因素和导师因素。此外，组织因素、学校因素及导师因素还通过间接方式对科研产出进行影响。各影响因素的二级指标对其影响程度均不相同，可依据其影响系数针对性地提出改进措施予以提升各因素对科研产出的影响，从而在整体上提高研究生的科研绩效水平。

9.4 研究生科研绩效水平的提升策略

通过对研究生科研绩效评价指标体系的构建及研究生科研绩效影响因素的实证分析，以主观与客观、定量与定性相结合的方式，更加全面地探究研究生科研绩效评价的主体内容，为研究生科研绩效水平的提升提供针对性对策及建议。

9.4.1 研究生科研绩效评价结果分析

1.基于AHP的评价指标体系结果分析

由研究生科研绩效评价指标体系的权重系数可知，科研产出(0.3745)在科研绩效评价体系中所占比重最大。研究生学习期间，科研产出是检验其科研水平的重要标志，也是评价学校科研产出水平和人才培养质量的一个重要指标。对于研究生而言，科研产出主要包括科研论文、科研项目、发明专利、出版专著和科研获奖等方面，其中科研论文(0.1535)对于科研产出的评价有着极为重要的影响。

研究生科研绩效评价指标体系二级指标权重系数如图9.13所示。

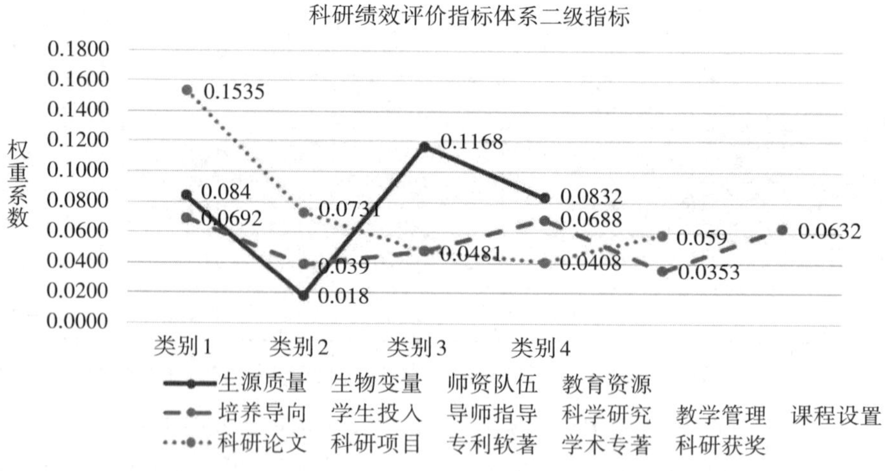

图9.13 科研绩效评价指标体系二级指标权重系数

科研过程(0.3235)在科研绩效评价体系中占据较大比重，由图9.13可知，培养导向(0.0692)和科学研究(0.0688)对科研过程的重要性是显而易见的，表明学校及导师对于研究生科研的导向和支持对于研究生科研水平的提升是非常重要的。此外，课程设置(0.0632)及导师指导(0.0480)对研究生科研绩效的评价有着较为重要的影响，应加强课程在内容及结构方面的合理化设置，同时增强导师对研究生的有效指导，从而提升研究生的科研绩效水平。

科研投入(0.3021)对于科研绩效评价体系而言是不可或缺的。其中，师资队伍

(0.1168)所占比例最大,而导师的学位/职称(学术水平)(0.0347)对师资队伍的影响最为显著。此外,生源质量(0.0840)和对教育科研的投入(0.0832)也存在重要影响,学校应重视研究生的生源质量及加强教育科研的投入。评价指标体系的权重为研究生科研绩效评价提供了数据支持,同时也为研究生科研绩效水平的提升提供了重要导向。

2.基于SEM的影响因素实证结果分析

由研究生科研绩效影响因素的实证分析结果可以得出,自身因素(0.548)、导师因素(0.253)、组织因素(0.308)、学校因素(0.299)均对研究生科研产出产生显著的正向影响。自身因素对研究生科研产出的影响最为显著,说明研究生的科研能力、科研兴趣及目标动机对于其科研产出的提升发挥着十分重要的作用。组织因素、学校因素、导师因素对于研究生的科研产出既存在直接的影响,又会通过其他因素间接地影响科研产出,即组织因素可以通过自身因素(0.154)间接的影响科研产出,学校因素可以通过自身因素、导师因素及组织因素(0.233)交叉影响科研产出,导师因素可以通过自身因素和组织因素(0.169)影响科研产出。

研究生科研绩效各影响因素指标变量的总影响效应系数如图9.14所示。

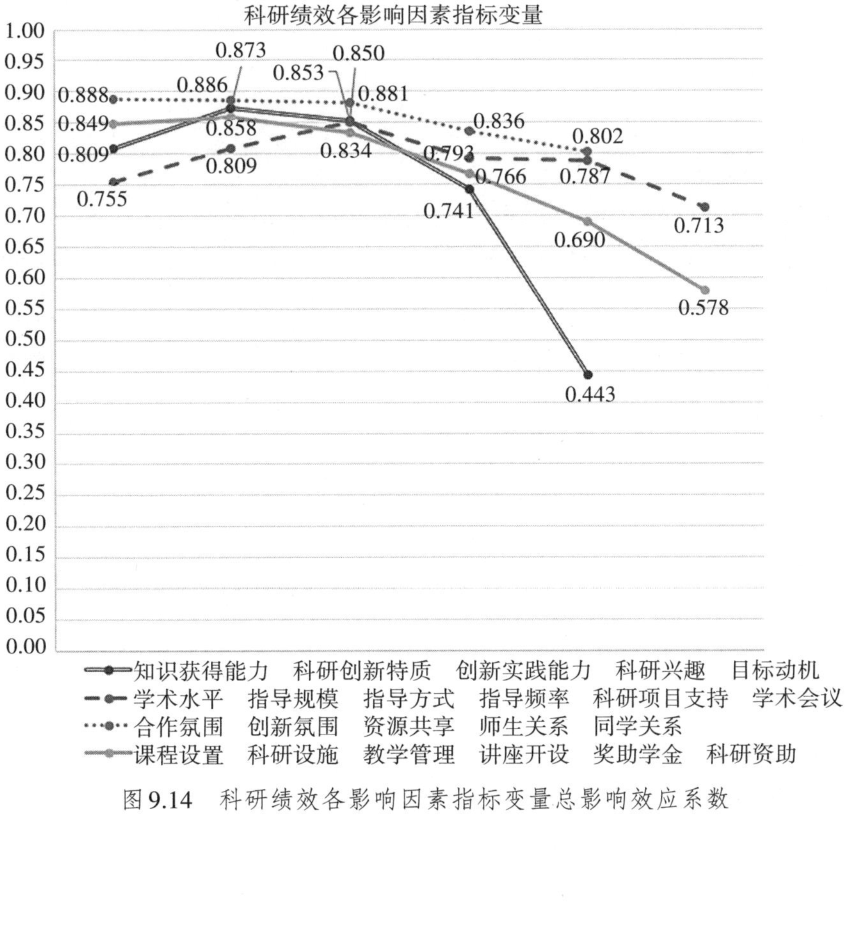

图9.14 科研绩效各影响因素指标变量总影响效应系数

在自身影响因素中，科研创新特质(0.873)对其的影响最为显著，其次是创新实践能力(0.853)和知识获得能力(0.809)；在导师因素中，指导方式(0.850)对导师因素的影响最为显著，其次是指导规模(0.809)和指导频率(0.793)；在组织因素中，合作氛围(0.888)和创新氛围(0.886)对其的影响最为显著，其次是资源共享(0.881)和师生关系(0.836)；在学校因素中，科研设施(0.858)对学校因素的影响最为显著，其次是课程设置(0.849)和教学管理(0.834)。基于各维度的路径系数、各二级指标的影响效应系数可以清晰地反映出各影响因素对于科研产出的影响程度，从而更有针对性地提升研究生的科研绩效水平。

此外，研究生科研绩效评价指标体系与研究生科研绩效影响因素结构方程模型可以在一定程度上相互参考借鉴，从而更有针对性地提出研究生科研绩效水平提升的对策建议。

9.4.2 提升研究生科研绩效水平的对策

基于研究生科研绩效评价指标体系和研究生科研绩效影响因素的实证分析结果，综合自身因素、导师因素、组织因素及学校因素对研究生科研绩效的影响，可以从以下几个方面提升研究生科研绩效水平。

1. 自身方面

(1)提升研究生科研创新能力

科研创新特质(0.873)、创新实践能力(0.853)、知识获得能力(0.809)是研究生科研创新能力的重要影响因素，可以通过更新教育观念、增强自主性、加强训练、提高逻辑推理能力、联想能力和表达能力等方面促进科研创新能力的提升。同时，积极参与各项科研创新活动，在活动过程中锻炼自身的推理和表达能力，并积累实践经验，有效提升科研创新能力。

(2)培养科研兴趣，增强学习主动性

研究生应加强自身在科学研究和课程学习上的主动性，同时注重培养自身的科研兴趣。对于科学研究的浓厚兴趣将使研究生在研究活动中获得巨大的内在动力，并激励其不懈地进行深入研究；主动参与科学研究活动，并将课程学习与科学研究相结合，逐步激发对于科学研究的浓厚兴趣，最终促进自身科研能力的提升及科研成果的创造。

(3)端正目标动机，提升科研意愿

选择科学研究的目标动机，决定了研究生在从事科研活动过程中的投入和行为方式，并影响其科研产出及科研绩效水平。以提升自身学术能力为目标的研究生将积极寻找发展自身的机会，将注意力集中在提升科学研究技能上，并且更加倾向于具有挑战性的科研项目，最终创造出更出色的研究成果。以学习动机为目标导向的研究生在开展科研活动时，会更加重视自身价值和素质能力的提升，进而促进对科研成果的转化，最终提升自身的科研绩效水平。

2. 导师方面

（1）构建良好的师生互动关系

“导师责任制”在研究生教育中被普遍采用，导师在研究生教育质量的提升中起着十分关键的作用。首先，导师要经常与学生保持有效的沟通，给予学生充分的指导，可以采取多种指导方式，如Seminar形式、兴趣小组、创新团队等，同时注重指导频次和指导规模对于学生科研能力提升的影响，不断改善指导质量，帮助学生快速成长，从而顺利开展科研实践活动。第二，导师应平衡自身在承担教学任务和行政职务时的时间分配，注重对学生的有效指导。第三，导师应积极参加有关指导技能的专业培训，广泛交流教学指导经验，从而培养更多优秀的研究生。第四，导师应在研究生教育中融入更多的因素，如友善、理解和关怀等，努力构建良好的师生互动关系。

（2）重视提升自身学术水平

导师团队的素质和学术水平是提升研究生教育质量的基础和关键性因素。导师的科研能力对研究生学术活动的开展及科研能力的提升至关重要。具有较强科研创新能力及丰富科研成果的导师，能够引领学生在学科未来发展的道路上不断开拓进取，促进学生科研成果的创造。因此，导师要重视自身素质和能力的提升，深入研究具有挑战性的科研项目，同时指导出更多科研成绩优异的学生。

（3）提供有力的科研支持

科研创新实践活动的顺利开展，需要导师给予研究生多方面的支持，包括资源提供及精神支持等。首先，学生需要先进的科研设备和充足的研究经费来开展科研任务，进而创造出优秀的科研成果，出色地完成科研项目。其次，支持并鼓励学生参加学术会议，帮助学生有效地了解学科前沿，不断开拓研究视野，深入学习先进的研究方法和研究成果。第三，学生在开展研究的过程中，遇到有关科研任务的规划、实施等问题时应与导师及时沟通与交流。导师应鼓励学生勇于提出自己的观点，并对差异性观点给予一定的包容，从而训练并提升学生的科研实践能力。

3. 组织方面

（1）营造有利的科研氛围和创新氛围

由于科研任务的复杂性和成果取得的困难性，目前大多数科研任务都是由科研团队共同完成的。在科研活动的开展和科研技能的训练过程中，同学之间的相互影响是切实存在的。在研究的过程中遇到难题和疑惑时,同学之间的讨论与交流,能够激发群体动力,发挥集体智慧,帮助及时解决出现的问题与疑惑,促进科研能力的提升和科研成果的创造。

(2)拓展师生沟通渠道

导师可能会由于担任行政或社会职务等,而忽视对学生的及时指导。学生在科研实践过程中遇到困难时,应主动求助导师,及时与导师进行交流,并定期汇报科研进展情况。此外,师生之间的交流互动,可以加快导师对学生的深入了解,建立良好的师生关系,进而帮助学生及时解决问题,顺利完成科研任务。与此同时,大多数导师都喜欢认真踏实、勤学苦练、积极主动的学生,所以学生应主动通过各种渠道,与导师保持密切的联系,并及时告知导师自身的学习及科研进展情况。

(3)充分利用科研资源

学生要重视导师、院系、学校提供的各种科研资源,主动积极地参与导师所承担的科研项目并参加高水平的学术交流等。科研项目可以有效训练学生发现问题、分析问题和解决问题的能力,同时可以提高学生的科研创新能力和实践能力。此外,同学之间可以通过共享科研资源,建立和谐的同学关系,从而更好地实现科研互助,加速共同成长,进而提升科研能力及促进科研成果的取得。

4.学校方面

(1)加强导师队伍建设

导师队伍的素质和学术水平对研究生教育质量的提升至关重要,高校应加强导师队伍建设。通过完善导师选拔机制、建立导师评价体系、提高导师学术道德、加强导师责任感、注重内部培养和外部引进并重、构建合理奖惩机制和监督机制等措施,强化导师团队的建设。此外,高校也应有效控制导师指导学生的数量,实现资源的有效配置和指导质量之间的平衡。

(2)完善课程设置和加强教学管理

高校应根据研究生培养目标及时更新教学内容,优化课程体系,同时依据学科性质和专业特点,设置一定的选修课和必修课,以拓宽学生的专业知识领域,培养学生的学习兴趣。此外,按照培养方案和培养计划有效开展教学活动,并采取措施确保各项教学规章制度的顺利执行。

(3)加大科研投入

完备的科研设施可以为学生开展科研活动提供必要的物质条件,如实验室、教学科研仪器、图书资料等。学术讲座的开设可以使学生更快地了解学科发展前沿,打破固有的思维定势,增强专业知识的深层理解。奖学金的合理设置可以有效激励学生学习的积极性。加强高校对于师生的科研资助,可以推进科研活动的有效开展。

参考文献

[1]王战军.中国学位与研究生教育40年:1978—2018.北京:中国科学技术出版社,2018.

[2]吴明隆.问卷统计分析实务——SPSS操作与应用[M].重庆:重庆大学出版社,2010:206-277.

[3]吴明隆.结构方程模型——Amos实务进阶[M].重庆:重庆大学出版社,2013:128-150.

[4]梁传杰,毕姗姗.论研究生教育内部质量保障机制之构建[J].武汉理工大学学报(社会科学版),2015,28(05):977-983.

[5]程光德.论研究生教育质量保障长效机制的构建[J].武汉理工大学学报(社会科学版),2015,28(04):789-793.

[6]张月梅,周文翠.国外研究生创新教育初探——以德、美、英、日四国为例[J].继续教育研究,2015(02):141-144.

[7]何亚群.我国研究生教育质量保障体系创新研究——基于复杂系统的分析视角[J].研究生教育研究,2014(06):27-31.

[8]郭艳利.近十年来我国研究生教育质量保障体系研究综述[J].学位与研究生教育,2014(06):49-54.

[9]梁传杰,吴晶晶.论研究生教育质量保障机制之构建——研究生教育关系层次的视角[J].学位与研究生教育,2014(03):52-56.

[10]张建林,赵继承.关于研究生创新教育的述评及其体系的构建[J].现代教育科学,2009(07):29-34+153.

[11]范全新,苗德华,王茹.职技高师研究生培养创新体系的保障机制研究[J].教学研究,2009,32(04):22-25.

[12]别敦荣,陶学文.我国专业学位研究生教育质量保障体系的反思与创新[J].高等教育研究,2009,30(03):42-48.

[13]张海防,耿红.论研究生创新培养模式及质量保障体系的建立[J].教育与职业,2007(06):13-15.

[14]王雪梅,康淑敏.英语专业研究生创新教育思路探析[J].四川外语学院学报,2005(01):129-132.

[15]程望斌,黄红霞,罗朝明,陶跃进,盛莉莎.研究生创新能力培养的探索与实践[J].电脑知识与技术,2019,15(31):154-156.

[16]刘慧,王乐昌,吴慧,于振涛,车晓飞.育人为本 创新教育理念 从思想根源上破解研究生学术不端难题[J].教育教学论坛,2019(04):214-215.

[17]罗文广,蓝红莉,文家燕,戴喜生.以创新为导向的地方高校研究生教育实践体系建构实验技术与管理,2018,35(08):27-30+238.

[18]杨栩,冯诗瑶."双一流"建设背景下基于CDIO理念的研究生创新型人才培养模式研究[J].黑龙江高教研究,2018(08):6-10.

[19]熊俊涛,叶李,卜榕彬,杨振刚,王红军.中日高校研究生创新实践能力培养模式探讨——以工业工程专业为例[J].实验室研究与探索,2018,37(07):223-226+233.

[20]王海燕,李春科,林欢欢,肖敏.研究生创新能力培养体系的构建与实践——以西北工业大学"翱翔创新计划"为例[J].学位与研究生教育,2016(11):28-32.

[21]张旭,李峥,鲁萍.协同创新视角下全日制专业学位硕士研究生实践教学体系构建研究——以江苏科技大学为例[J].文教资料,2016(30):161-162.

[22]薄建柱.研究生创新能力培养体系探究[J].继续教育研究,2016(06):110-112.

[23]胡春平,刘美平,葛宝山.现阶段我国高校研究生创新创业教育:问题及对策——以吉林大学为例[J].黑龙江高教研究,2016(02):77-80.

[24]张斌.我国研究生创新能力培养探索[J].继续教育研究,2015(12):35-37.

[25]胡翔勇,方子帆,张世梅,吕俊丽.地方高校研究生教育体系创新研究与实践——以三峡大学为例[J].学位与研究生教育,2015(01):44-48.

[26]刘红斌,杨志群,陈丽冰.研究生创业教育的现状与对策[J].高教探索,2014(03):119-122.

[27]陶俊勇,邝溯琼,杨定新.以创新人才培养为导向的研究生实践教学体系探索[J].实验室研究与探索,2013,32(11):317-320+363.

[28]柯颖.我国高校研究生创新能力培养浅析[J].沿海企业与科技,2011(03):101-104.

[29]童洪志. 研究生创新能力培养保障体系研究[D].重庆大学,2010.

[30]彭莉,易中华,瞿明仁,梁海平.研究生课程创新性实践教学体系的建设与实践[J].黑龙江畜牧兽医,2010(05):150-152.

[31]谢晨岚,王灿平.浅谈对研究生创新素质教育理念的思考[J].科协论坛(下半月),2009(10):148-149.

[32]童洪志,方祯云,冯斌,郑小林,杨胜.知识经济背景下高校创新人才孵化器建设模式探讨[J].北京理工大学学报(社会科学版),2009,11(05):130-133.

[33]王青霞,赵会茹.加强研究生课程体系建设 提高工科研究生创新和实践能力[J].学位与研究生教育,2008(S1):94-96.

[34]许克毅,郭艳利 ,靳珠.研究生教育思想教育理念的革新与发展研究综述[J].学位与研究生教育,2005(10):6-12.

[35]瞄准国际前沿培养创新人才——南京大学研究生课程体系改革与实践[J].学位与研究生教育,2005(01):16-18.

[36]黄小芳.高等教育内涵式发展水平评价的理论及实践探索[J].江西社会科学,2019,39(09):239-246.

[37]汪霞.研究生课程的衔接性设计:原理、经验与策略[J].研究生教育研究,2019(03):22-28.

[38]刘燕,蒋时红,高剑峰,刁青蕊,白娟,苗明三.基于创新能力培养的中医学研究生课程体系改革探讨[J].时珍国医国药,2019,30(05):1224-1225.

[39]罗黎敏,叶荟,唐慧丽.基于人才能力培养导向的研究生课程体系优化研究——以浙江农林大学为例[J].黑龙江畜牧兽医,2018(11):242-244.

[40]康若祎,夏凯.研究生创新能力培养目标下课程体系改革的思考[J].高等农业教育,2013(12):93-96.

[41]郑冬梅,刘二莉,燕瑛.研究生课程教学质量评估体系的探索与实践[J].北京航空航天大学学报(社会科学版),2009,22(S1):13-16.

[42]许斌,高才,马洪芳.加强课程体系建设 培养硕士研究生的创新能力[J].现代教育科学,2008(09):145-147.

[43]张三强.美国研究生课程设置的特点及对我国研究生学术能力培养的启示[J].辽宁教育研究,2006(01):92-94.

[44]陈花玲,仇国芳 ,王俐 ,王琳.改革研究生课程体系 培养研究生创新能力[J].学位与研究生教育,2005(06):26-29.

[45]顾明远.学习和解读《国家中长期教育改革和发展规划纲要(2010-2020)》[J].高等教育研究,2010,07:1-6.

[46]李雁冰.论教育评价专业化[J].教育研究,2013,10:121-126.

[47]张炳江.层次分析法及其应用案例[M].北京:电子工业出版社,2014.

[48]冯艳飞,童晓玲.研究型大学创新创业教育质量评价模型与方法[J].华中农业大学学报(社会科学版),2013,01:122-128.

[49]徐辉.高校创新创业人才培养的评价标准[J].江苏高教,2009,06:107-108.

[50]李世佼.大学生创新创业教育体系的构建[J].黑龙江高教研究,2011,09:119-121.

[51]崔利旗,马卫华.影响重大科研项目团队合作绩效的关键因素研究[J].科技管理研究,2017,37(14):104-112.

[52]施俊.高校人才引进评价的科学性指标构建分析[J].黑龙江高教研究,2017(03):105-107.

[53]杜兴艳.基于AHP的高校毕业生就业质量跟踪及实证研究[J].教育评论,2017(02):65-69.

[54]陈志霞,郭金元.研究生胜任力结构模型构建及其预测作用[J].学位与研究生教育,2018(07):55-60.

[55]朱贺玲,袁本涛.新公共管理及其对大学治理的影响——德、英、美三国的经验[J].中国高教研究,2018(03):24-30.

[56]崔利旗,马卫华.影响重大科研项目团队合作绩效的关键因素研究[J].科技管理研究,2017,37(14):104-112.

[57]沈玖玖,吴成,蒋雨婷,胡志伟.数据素养对科研绩效的影响模型分析[J].情报理论与实践,2017,40(06):44-50.

[58]李艳琴,李小平.高层次科研人才绩效评价体系特征与构建[J].中国高校科技,2017(1):99-101.

[59]余峰.基于创新能力的研究生培养模式改革研究[D].华中师范大学,2009.